제2판

형법총론강의

김 형 만 저

형지사

주요참고서목록

〈한국〉

김일수	새로쓴 형법총칙	박영사(2006)
박상기	형법총론	박영사(2007)
배종대	형법총론	홍문사(2008)
손동권	형법총칙론	율곡출판사(2005)
손해목	형법총론	법문사(1998)
신동운	형법총론	법문사(2006)
안동준	형법총론	박영사(1999)
이재상	형법총론	박영사(2008)
이태언	형법총론	형설출판사(2000)
이형국	형법총론	법문사(2007)
오영근	형법총론	박영사(2005)
임 웅	형법총론	법문사(2005)
정성근	형법총론	법지사(1998)
정성근/박광민	형법총론	법지사(2001)
조준현	형법총론	대원사(2000)
진계호	형법총론	대왕사(2007)
차용석	형법총론강의 I	고시연구사(1998)

〈日本〉

今上益雄	刑法總論	北樹出版(1998)
內田文昭	刑法概要(上卷)	青林書院(1995)
大塚 仁	刑法概說(總論)	有斐閣(1997)
大谷 實	刑法講義總論(第4版)	成文堂(1995)
木村光江	刑法(第2版)	東京大學出版會(2002)
川端 博	刑法總論講義(第2版)	成文堂(2006)
———	レクチャー刑法總論(第2版)	法學書院(2005)

————	集中講義刑法總論	成文堂(1993)
曾根威彦	刑法總論(第4版)	弘文堂(2000)
団藤重光	刑法綱要總論(第3版)	創文社(1990)
內藤 謙	刑法講義總論(上)(中)(下1)	有斐閣(1983)
中 義勝	講述犯罪總論	有斐閣(1991)
中山硏一	概說刑法總論	成文堂(1992)
野村 捻	刑法總論(增補版)	成文堂(1998)
林 幹人	刑法總論(第2版)	東京大學出版會(2008)
平野龍一	刑法概說	東京大學出版會(1966)
掘內捷三	刑法總論(第3版)	有斐閣(2004)
前田雅英	刑法總論講義(第4版)	東京大學出版會(2006)
松宮孝明	刑法總論講義(第3版)	成文堂(2004)
山口 厚	刑法總論(第2版)	有斐閣(2007)
三原憲三/津田重憲	刑法總論講義(第4版)	成文堂(2006)
西田典之	刑法總論	成文堂(2006)
井田 良	刑法總論の理論構造	成文堂(2006)
淺田和茂	刑法總論	成文堂(2006)

제2판 서문

2008년에 증보판을 내면서 늦었지만 전면개정에 착수하려고 하였다. 그러나 처음 의도와는 달리 제2판도 부분개정에 그쳤음을 시인한다. 다만 그동안 초판과 증보판에서 다루지 못했던 부분을 상당히 보충함과 동시에 근간에 변경된 판례들을 소개하여 개정판의 면모를 가질 수 있게 되어 불행 중 다행이라고 생각한다.

이미 상당수의 형법교과서가 출간되어 독자의 목적에 따라서 교재를 선택할 수 있게 되었지만, 그러나 아직도 형법은 법학을 전공으로 하지 않는 일반 독자는 물론 대학에서 법학을 공부하는 학생들에게도 어려운 과목 중의 한 분야임에 분명하다. 이러한 상황을 감안하여 본서는 많은 부분을 시각적으로 입체화하려고 애를 썼으며 또한 분량을 최소화하여 초판에서 의도했던 대로 모든 독자들에게 형법에 대한 조감도를 갖게 하여 자신의 형법관(刑法觀)을 형성하게 하고자 하는 것이 가장 큰 목적이다. 다만 이러한 과정에서 반드시 필요한 부분을 다루지 않은 것은 아닌지 하는 의문도 든다. 또한 본서는 강의안으로 저술되어 이 과정에서 참고한 수많은 선배교수님들의 저서를 일일이 각주로 처리하지 않고 일괄적으로 교재의 앞부분에 소개하는 것에 그치는 우도 범하였다.

모쪼록 가능한 한 반복 학습을 통하여 이론의 숲이라고 할 수 있는 범죄론의 체계를 빨리 파악하는 것이 형법을 이해하는 지름길이 아닌가 한다.

독자 여러분의 건승을 빈다.

2009. 3. 경현제에서

저자

머리말

본서는 저자가 대학 강단에서 10여년간 형법을 강의를 하면서 준비해 왔던 강의안을 수정하고 가필한 것이다. 형법에서 다루어지는 범죄들은 각종 매스컴을 통해 매일 접하는 것임에도 불구하고 이해하기에 어려운 학문영역이라는 소리를 종종 듣곤 한다. 이러한 이유는 저자들의 인생관이 직접 투영(投影)되는 형법학의 학문적 특성에서도 찾아볼 수 있겠지만, 가장 근본적인 이유는 아직도 형법학이라는 학문이 우리 것으로 완전히 소화되지 않은 부분들이 많기 때문이 아닌가 생각한다. 더구나 몇 년 전부터 불기 시작한 일제 잔재 청산 운동으로 우리 형법학은 한글화되지 않은 독일법의 수입상으로 전락하지는 않았는가 우려하지 않을 수 없다.

형법총론은 범죄론을 중심으로 한 범죄에 관한 「요소론(要素論)」으로서 무엇보다도 범죄를 구성하는 이론체계를 파악하는 것이 매우 중요하다. 따라서 본서는 내용면에서 무엇보다도 범죄성립에 관한 이론적 체계를 독자들이 알기 쉽게 하기 위하여 이론적 설명보다는 각종 그림과 도표를 이용한 점에 그 특징이 있다고 하겠다. 그리하여 학부과정에서 꼭 다루어야 할 부분들을 반복하여 읽음으로써 독자 스스로 형법의 조감도(鳥瞰圖)를 그릴 수 있도록 하는데 역점을 두었다. 또한 본서는 형식면에서 기존의 관행을 탈피하였다. 즉 본서는 많은 선배교수님들의 연구성과에 힘입어 쓰여졌기 때문에 각각 그 출전을 밝히는 것이 도리겠으나 본서의 집필의도인 강의안으로서 기본적인 사고를 이해하는 것과 이론의 전체적인 정합성이 중요하다고 판단되어 생략하였다. 그러나 인용문을 대신해서 주로 참고한 교과서를 참고일람으로 별도 표기하였다. 이러한 저자의 의도가 본서에 어느 정도 실현되었는가의 판단은 독자들에게 맡기며 독자들의 따가운 채찍도 아울러 기대해 본다.

끝으로 저자가 연구자로서 살아갈 수 있도록 지도해 주신 한양대학교 차용석 명예교수님과 일본 明治大學의 지도교수이신 川端 博 교수님께도 이 자리를 빌어서 다시 한번 감사드린다. 그리고 연구자의 아내로서 늘 집안의 버팀목을 대신해 준 아내와 사랑스러운 현철이 유리에게도 고마움을 함께 표해 본다. 또한 본서 편집에서부터 출판에 이르기까지 정성으로 도와주신 유성렬 사장님에게도 진심으로 감사를 드린다.

2008. 2

저자 김 형 만

차 례

주요참고서목록/1
제2판 서문/3
머리말/5

제1편 서 론

제 1 장 형법과 형법학 ——— 23

제 1 절 형법의 개념 ······ 23

1. 형법의 의의 및 종류/23
2. 형법의 내용/24

제 2 절 형법학의 의의 ······ 25

1. 규범학으로서 형법/25
2. 사실학으로서 형사학/26

제 3 절 형법의 규범적 성격 ······ 26

1. 가설적 규범/26
2. 행위규범과 재판규범/27
3. 평가규범과 의사결정규범/27

제 4 절 형법의 기능 ······ 28

1. 규제적 기능/28
2. 사회질서유지기능/28
3. 기능 상호간의 관계/29

제 5 절 형법의 역사 ······ 30

1. 형법의 기원/30
2. 형법의 발달/31

제 2 장 형법의 기본원칙 ——— 33

제 1 절 죄형법정주의 ······ 33

1. 의의와 연혁/33
2. 사상적 배경/34
3. 죄형법정주의의 파생원칙/35

제 2 절 겸억주의 ······ 37

제 3 절 책임주의 ······ 38

1. 주관적 책임/38
2. 개인적 책임/39

제 3 장 형법의 적용범위(형법의 효력) 40
제 1 절 시간적 적용범위 …… 40
1. 의 의/40 2. 행위시법주의와 재판시법주의/41
3. 한시법과 백지형법/42
제 2 절 장소적 적용범위 …… 43
1. 의 의/43 2. 입법주의/44
3. 우리 형법의 태도/45
제 3 절 인적 적용범위 …… 47
1. 의 의/47 2. 적용상의 예외/47

제 4 장 형법이론 49
제 1 절 형법이론의 근본문제 …… 49
제 2 절 구파 및 신파 형법이론의 형성과 전개 …… 50
1. 구파(고전학파)의 형법이론/50 2. 신파(근대학파)의 형법이론/52
3. 「학파의 논쟁」과 그 후의 전개/53

제2편 범 죄 론

제 1 장 범죄의 의의와 종류 59
제 1 절 범죄의 의의 …… 59
1. 실질적 의미의 범죄와 형식적 의미의 범죄/59
2. 범죄의 성립요건/60
3. 범죄의 처벌조건/62
4. 범죄의 소추조건/62
제 2 절 범죄의 종류 …… 64
1. 결과범과 거동범/64 2. 침해범과 위험범/65
3. 상태범과 계속범/65 4. 일반범 · 신분범 · 자수범/66
제 3 절 범죄론 체계 …… 67
1. 범죄론 체계의 의의/67 2. 현대 범죄이론의 형성/67

제 2 장 행위론 70

제 1 절 행위론의 의의 70

제 2 절 행위개념의 기능 71

1. 통일요소로서의 기능/72
2. 결합요소로서의 기능/72
3. 한계요소로서의 기능/72

제 3 절 행위론에 관한 학설 72

1. 인과적 행위론/72
2. 목적적 행위론/73
3. 인격적 행위론/74
4. 사회적 행위론/75

제3편 구성요건

제 1 장 구성요건이론 79

제 1 절 구성요건의 의의 79

1. 의 의/79
2. 구성요건사실과 구성요건해당성/80
3. 구성요건과 위법성 및 책임성과의 관계/80

제 2 절 구성요건의 기능 82

1. 죄형법정주의적 기능/82
2. 범죄개별화 기능/82
3. 위법성추정 기능/83
4. 고의규제적 기능/83

제 3 절 구성요건의 종류 84

1. 기본적 구성요건과 수정된 구성요건/84
2. 개방적 구성요건과 폐쇄적 구성요건/85

제4절 구성요건의 요소 85

1. 객관적 구성요건요소/86
2. 주관적 구성요건요소/90
3. 기술적 구성요건요소와 규범적 구성요건요소/93

제 2 장 부 작 위 범 95

제 1 절 부작위의 의의와 종류 95

1. 의 의/95
2. 종 류/96
3. 부진정부작위범의 문제성/97

제 2 절 부진정부작위범의 성립요건 98

1. 작위(보증인적)의무/98 2. 작위가능성/100
3. 작위와 구성요건적으로 「동가치성」/100

제 3 절 관련문제 ······101
1. 인과관계/101 2. 부작위범의 미수/101
3. 부작위범과 공범/102

제 3 장 인과관계 ―― 103

제 1 절 인과관계의 개념 ······103
1. 의의 및 기능/103
2. 인과관계의 성격과 범죄론체계상의 지위/104

제 2 절 인과관계의 이론 ······104
1. 조건설/104
2. 원인설/105
3. 상당인과관계설/105
4. 조건설의 문제점을 해결하기 위한 이론/107

제 3 절 인과관계의 판단 ······108
1. 조건관계/108 2. 상당인과관계의 판단/112

제 4 장 고 의 ―― 114

제 1 절 고의의 의의와 체계상의 지위 ······114
1. 고의의 의의/114 2. 고의의 본질/115
3. 고의의 범죄론체계상 지위/116

제 2 절 고의의 성립요건 ······117
1. 고의의 인식적 요소/117 2. 고의의 의사적 요소(고의의 종류)/119

제 5 장 착 오 ―― 122

제 1 절 착오의 의의와 종류 ······122
1. 의 의/122 2. 종 류/123

제 2 절 구성요건적 착오 ······124
1. 의 의/124 2. 종 류/124
3. 구성요건적 착오를 해결하기 위한 학설/126

제 6 장 과 실 —— 129

제 1 절 과실의 의의와 체계상의 지위 ……129

1. 과실과 과실범의 의의/129
2. 과실범의 구조와 범죄론 체계상의 지위/130

제 2 절 과실의 성립요건 ……132

1. 범죄사실의 불인식/132
2. 정상의 주의태만(주의의무위반)/132
3. 결과의 발생/134

제 3 절 과실의 종류 ……134

1. 인식 있는 과실과 인식 없는 과실/134
2. 업무상과실과 중과실/134
3. 감독과실/135

제 4 절 과실범의 처벌을 제한하는 원리(객관적 주의의무의 제한원리) ·136

1. 허용된 위험의 원칙/136
2. 신뢰의 원칙/136

제 7 장 결과적가중범 —— 138

제 1 절 의의와 가중의 근거 ……138

1. 의 의/138
2. 가중의 근거/139

제 2 절 결과적가중범의 종류 ……140

1. 진정결과적가중범과 부진정결과적가중범/140
2. 고의의 결과적가중범과 과실의 결과적가중범/140

제 3 절 결과적가중범의 성립요건 ……141

1. 고의의 「기본범죄행위」/141
2. 기본행위의 고의를 초과한 「중한 결과의 발생」/141
3. 기본행위와 중한 결과발생과의 「인과관계」/141
4. 중한 결과발생에 대한 「과실」/142

제 4 절 관련문제 ……142

1. 결과적가중범과 미수/142
2. 결과적가중범의 공범/142

제4편 위 법 성

제 1 장 위법성의 개념 — 147

제 1 절 위법성의 의의 및 본질 ……147

1. 의 의/147
2. 위법성의 본질/148

제 2 절 위법성조각사유 ……153

1. 의 의/153
2. 위법성조각사유의 일반원리/153

제 2 장 개별 위법성조각사유 — 156

제 1 절 정당행위 ……156

1. 의 의/156
2. 법령에 의한 행위/156
3. 업무로 인한 행위/159
4. 사회상규에 위배되지 않는 행위/160

제 2 절 정당방위 ……161

1. 의의 및 정당화 근거/161
2. 정당방위의 성립요건/161
3. 과잉방위/164
4. 오상방위/165
5. 오상과잉방위/165

제 3 절 긴급피난 ……166

1. 의의 및 본질/166
2. 성립요건/168
3. 긴급피난의 특칙/170
4. 과잉피난과 오상피난/171

제 4 절 자구행위 ……172

1. 의의 및 본질/172
2. 성립요건/173
3. 과잉자구행위와 오상자구행위/175

제 5 절 피해자의 승낙에 의한 행위 ……176

1. 의의 및 유형/176
2. 위법성조각의 근거/177
3. 성립요건/178

제 6 절 추정적 승낙 ……180

1. 의의 및 유형/180
2. 위법성조각의 근거/181
3. 성립요건/181

제5편 책 임 성

제 1 장 책임의 개념 ——— 185

제 1 절 책임의 의의 및 「책임주의」 ……185

1. 의 의/185
2. 책임주의/185

제 2 장 책임의 근본이론 ——— 187

제 1 절 책임의 본질 ……188

1. 도의적 책임론/188
2. 사회적 책임론/188

제 2 절 책임의 기초 ……189

1. 행위책임론/189
2. 성격책임론/189
3. 인격책임론/190

제 3 절 책임의 내용 ……191

1. 심리적 책임론/191
2. 규범적 책임론/191

제 4 절 책임의 요소와 판단 ……192

1. 책임요소/192
2. 책임판단의 「주관성」/193

제 3 장 책임능력 ——— 194

제 1 절 책임능력 의의와 본질 ……194

1. 의 의/194
2. 본 질/195
3. 책임능력의 체계적 지위/196
4. 책임능력의 존재시기/197

제 2 절 책임무능력과 한정책임능력 ……198

1. 의 의/198
2. 책임무능력자 및 한정책임능력자/198

제 3 절 원인에 있어서 자유로운 행위 ……200

1. 의 의/200
2. 학설의 상황/201
3. 원인에 있어서 자유로운 행위의 요건/203
4. 효과/204

제 4 장 책임의 조건 — 205

제 1 절 위법성의 인식 …… 205

1. 위법성의 인식의 의의와 내용/205
2. 위법성인식의 체계적 지위/206

제 2 절 위법성의 착오(법률의 착오) …… 209

1. 위법성의 착오의 의의/209
2. 위법성 착오의 종류/210
3. 위법성착오의 효과/212

제 3 절 기대가능성 …… 214

1. 기대가능성의 개념/214
2. 기대가능성의 판단기준/215
3. 기대가능성의 종류/216
4. 기대가능성의 착오/217

제 4 절 강요된 행위 …… 218

1. 의의 및 법적성격/218
2. 성립요건/218
3. 효 과/219

제6편 미수범론

제 1 장 범죄의 실현단계 — 223

제 1 절 실현단계에 따른 3개의 범죄유형 …… 223

1. 예비죄와 음모죄/224
2. 미수범/225
3. 기수범/225

제 2 절 예비죄 · 음모죄 및 미수범의 처벌근거 …… 226

1. 주관적 미수론/226
2. 객관적 미수론/226

제 3 절 미수범의 종류 …… 228

제 2 장 미수범(장애미수) — 229

제 1 절 장애미수의 의의 …… 229

제 2 절 장애미수의 성립요건 …… 230

1. 주관적요건/230
2. 객관적 요건/230

제 4 절 장애미수의 처벌 …… 233

제 5 절 관련문제 …… 233

1. 거동범/233 2. 과실범/234
3. 결과적가중범/234 4. 부작위범의 미수/234

제 3 장 중지범(중지미수) 235

제 1 절 의 의 235

제 2 절 중지미수의 법적 성격 235

1. 형사정책설/236 2. 법률설/237
3. 종합설/238

제 3 절 중지미수의 성립요건 238

1. 주관적 요건/238 2. 객관적 요건/240

제 4 절 중지미수의 처벌 242

제 5 절 관련문제 243

1. 예비 · 음모의 중지/243 2. 공범과 중지미수/244

제 4 장 불능범(불능미수) 245

제 1 절 불능미수의 개념 245

1. 의 의/245 2. 불능범과 구별되는 개념/246

제 2 절 불능미수의 성립요건 247

1. 실행의 착수/247 2. 결과발생의 불가능/247
3. 위험성/248

제 3 절 불능미수의 처벌 250

제7편 공 범 론

제 1 장 정범과 공범 253

제 1 절 정범의 개념 253

1. 의 의/253 2. 직접정범과 간접정범/255

제 2 절 공범의 개념 255

1. 의 의/255 2. 공범의 종류/256

제 3 절 정범과 공범의 구별 257

1. 주관설/257 2. 객관설/258
3. 행위지배설/258

제 2 장 공범의 기초 260

제 1 절 공범의 본질 260

1. 범죄공동설/260 2. 행위공동설/261
3. 공동의사주체설/261 4. 검 토/261

제 2 절 공범의 종속성 262

1. 의 의/262 2. 실행종속성(종속성의 유무)/262
3. 요소 종속성(종속성의 정도)/264

제 3 절 공범의 처벌근거 265

1. 책임공범설/266 2. 위법공범설(불법공범설)/266
3. 인과공범설(야기설)/266

제 3 장 공동정범 268

제 1 절 의 의 268

제 2 절 성립요건 269

1. 공동실행의 의사/269 2. 실행행위의 공동/269

제 3 절 공동정범의 처벌 270

제 4 절 관련문제 270

1. 공동정범과 신분/270 2. 공동정범의 미수/270
3. 공동정범과 합동범/271

제 5 절 공동정범의 성립범위에 관한 특수한 문제 271

1. 승계적 공동정범/271 2. 편면적 공동정범/272
3. 과실의 공동정범/273 4. 공모공동정범/274
5. 예비죄의 공동정범/276

제 4 장 간접정범 277

제 1 절 의의 및 정범성의 근거 277

1. 의 의/277 2. 정범성의 근거/277

제 2 절 성립요건 278

1. 피이용자의 범위/278 2. 이용행위/279
3. 결과의 발생/279

제3절 간접정범의 처벌 ……280

1. 간접정범의 기수/280 2. 간접정범의 미수/280

제4절 관련문제 ……281

1. 부작위에 의한 간접정범/281 2. 실행의 착수시기/281

제 5 장 교사범 —— 282

제 1 절 의 의 ……282

제 2 절 성립요건 ……282

1. 교사자의 교사행위/283 2. 피교사자의 실행행위/284

제 3 절 교사범의 착오 ……284

1. 피교사자에 대한 착오/284 2. 실행행위에 대한 착오/285

제 4 절 교사범의 처벌 ……286

제 5 절 관련문제 ……287

1. 미수의 교사/287 2. 교사의 교사/287

제 6 장 종 범 —— 288

제 1 절 의 의 ……288

제 2 절 종범의 성립요건 ……288

1. 방조자의 방조행위/289 2. 정범의 실행행위/290

제 3 절 종범의 처벌 ……290

제 4 절 관련문제 ……290

1. 종범의 착오/290 2. 교사의 방조/291
3. 방조의 방조/291

제 7 장 공범과 신분 —— 292

제 1 절 신분과 그 공범상의 취급 ……292

제 2 절 신분의 의의와 종류 ……292

1. 신분의 의의/292 2. 신분의 종류/293

제 3 절 형법 제33조의 의미 ······ 294
1. 다수설/294 2. 소수설/295
제 4 절 소극적 신분과 공범 ······ 295
1. 위법조각적 신분과 공범/295 2. 책임조각적 신분과 공범/296
3. 형벌조각적 신분과 공범/296

제8편 죄 수 론

제 1 장 죄수의 개념 ―― 299
제 1 절 의 의 ······ 299
제 2 절 죄수결정의 기준 ······ 299
1. 행위표준설/299 2. 법익표준설/300
3. 의사표준설/300 4. 구성요건표준설/300
5. 검 토/301

제 2 장 일 죄 ―― 302
제 1 절 일죄의 의의 ······ 302
제 2 절 법조경합 ······ 303
1. 의 의/303 2. 종 류/303
3. 법조경합의 효과/304
제 3 절 포괄일죄 ······ 304
1. 의 의/304 2. 포괄적 일죄의 유형/305
3. 포괄일죄의 효과/306

제 3 장 수 죄 ―― 307
제 1 절 수죄의 의의와 입법례 ······ 307
1. 수죄의 의의와 종류/307 2. 수죄의 입법례/307
제 2 절 상상적 경합 ······ 308
1. 의 의/308 2. 성립요건/309
3. 상상적 경합의 효과/309

제 3 절 실체적 경합(競合犯) ……310
1. 의 의/310
2. 성립요건/310
3. 실체적 경합의 처분/311

제9편 형 벌 론

제 1 장 형벌의 개념과 종류 — 315
제 1 절 의의 및 본질 ……315
제 2 절 종 류 ……315
1. 사 형/316
2. 자유형/317
3. 재산형/318
4. 명예형/319

제 2 장 형의 양정 — 321
제 1 절 의 의 ……321
제 2 절 양형의 단계 ……321
1. 법정형/322
2. 처단형/322
3. 선고형/322
제 3 절 형의 가중과 감경 ……323
1. 형의 가중/323
2. 형의 감경/323
3. 가중·감경의 순서/324
제 4 절 양형의 기준과 조건 ……324
제 5 절 누 범 ……325
1. 의 의/325
2. 누범의 성립요건/325
3. 누범의 법적효과/325

제 3 장 형의 선고유예·집행유예·가석방 — 326
제 1 절 선고유예 ……326
1. 의 의/326
2. 선고유예의 요건/326
3. 선고유예의 효과 및 실효/327
제 2 절 집행유예 ……327

1. 의 의/327 2. 집행유예의 요건/328
3. 집행유예의 효과/328 4. 집행유예의 실효와 취소/329

제 3 절 가 석 방 ······ 329
1. 의 의/329 2. 가석방의 요건/330
3. 가석방의 기간 및 보호관찰/330 4. 가석방의 효과/330
5. 가석방의 실효와 취소/331

제 4 장 형의 시효와 소멸 —— 332

제 1 절 형의 시효 ······ 332
1. 의 의/332 2. 시효의 기간/332
3. 시효의 효과/333 4. 시효의 정지와 중단/333

제 2 절 형의 소멸 ······ 334
1. 의 의/334 2. 소멸의 원인/334

제 5 장 보안처분 —— 335

제 1 절 의 의 ······ 335

제 2 절 형벌과 보안처분 ······ 335
1. 이원주의/335 2. 일원주의/336
3. 대체주의/336

제 3 절 소년법상의 보안처분 ······ 336
1. 법적 규정/336 2. 보호처분의 개념과 종류/336

제 4 절 보안관찰법상의 보안처분 ······ 337
1. 보안관찰의 개념/337 2. 보안관찰의 내용/338

제 5 절 치료감호법상의 보안처분 ······ 338
1. 치료감호의 요건/338 2. 치료감호의 내용/339
3. 보호관찰/339

◇ 찾아보기 ······ 341

제 1 편

서 론

제 1 장 형법과 형법학
제 2 장 형법의 기본원칙
제 3 장 형법의 적용범위(형법의 효력)
제 4 장 형법이론

형법과 형법학

제1절 형법의 개념

1. 형법의 의의 및 종류

범죄에 대한 법적 효과로서 형벌 내지 보안처분을 규정한 모든 국가규범을 형법이라고 한다. 형법은 범죄의 성립요건과 그 범죄에 부과될 법적 효과로서 형벌의 내용을 규정한 모든 국가적 법규범을 의미하는 실질적 의미의 형법(광의의 형법)과, 1953년에 법률 제293호로 공포된 형법전(刑法典), 즉 형식적 의미의 형법(협의의 형법)으로 구분할 수 있다. 또한 형식적 의미의 형법전은 일반적인 범죄를 대상으로 하는 점에서 보통형법(普通刑法)이라고 하고, 이 형법전 이외에 규정된 형벌법규를 특별형법(特別刑法)이라고 하며 이 경우 행정형법(도로교통법 등)도 포함한다.

형법은 형벌권의 주체로서 국가와 그 객체인 범인과의 관계를 규율하는 법으로서 공법(公法)에 속하고, 형벌권의 발동에 관한 실질적 법률관계를 규율하는 법으로서 실체법(實體法)에 속한다. 또한 실체법으로서의 형법을 실현하기 위한 절차법을 형사소송법이라고 한다.

[보안처분과 실질적 의미의 형법]

1) 보안처분과 형법

보안처분(保安處分)을 형법의 개념 속에 포함시킬 것인가에 대하여 견해의 대립이 있으나, 보안처분은 행위자의 범죄반복이라는 위험성을 기초로 하여 사회방위를 목적으로 과해지는 제재를 말한다. 예를 들면 한정책임능력자나 약물중독자 등의 범죄예방을 위하여 이들을 시설에 구금하여 치료·개선하기 위한 처분을 말한다. 따라서 범죄를 근거로 과해지는 형벌과는 그 성질을 달리한다.

2) 실질적의미의 형법

실질적 의미의 형법은 광의의 형법이라고도 하며 여기에는 군형법, 국가보안법, 폭력행위 등 처벌에 관한 법률, 화염병사용 등의 처벌에 관한 법률, 성폭력범죄의 처벌 및 피해자보호 등에 관한 법률, 도로교통법, 경범죄처벌법, 식품위생법, 관세법 등이 있다. 그리고 보안처분을 규정하고 있는 법률은 보호관찰법, 치료감호법, 소년법 등이 있다.

2. 형법의 내용

형법은 사회통제의 수단이라는 점에서 다른 규범과 같지만, 국가가 형벌이라는 제재수단을 사용하여 그 준수를 강제하는 점에서 다른 규범과 구별된다. 이때 국가 형벌권(刑罰權)의 근거와 한계를 명백히 해야 하는데, 이것이 바로 형법내용의 핵심을 이루는 것이라고 할 수 있다.

국가의 형벌권행사가 어떠한 근거에 의해서 정당화되는가 하는 문제는 결국 현대국가의 역할이 무엇인가와 관계하고 있다고 볼 수 있다. 국민주권주의와 개인의 존엄을 기초로 하여 국민의 기본적 인권 존중을 그 기본적 원리로 하는 현행 헌법 하에 있어서, 국가의 임무는 개인의 생활이익과 그 집합체로서 사회 이익의 보호, 그리고 그들의 이익을 유지하고 촉진하기 위한 모든 기구와 장치를 보호하는 것에서 찾지 않으면 안 된다. 반면에 범죄는 이러한 모든 이익과 기구를 침해하고 위험에 처하게 하는 행위이기 때문에, 국가형벌권의 근거는 결국 국민의 생활이익을 보호하기 위하여 범죄의 발생을 억제하는 것에 있다.

그러나 형벌이 물리적 제재수단 가운데서 가장 강력한 것이라고 할 때에 국가형벌권의 행사는 국민이 승인하는 범위 내에서, 즉 「국민의 합의」 내에 제한되지 않으면 안 된다. 이것은 국정을 최종적으로 결정하는 권한이 일반국민에게 있다는 국민주권주의의 원칙으로부터 도출되는 당연한 귀결이다. 따라서 국민의 합의를 얻지 못한 형벌권의 행사는 형벌권의 남용(濫用)으로서 허용되지 않는다.

국가 형벌권에 대한 이와 같은 제한은 정치적으로는 국민주권주의 및 민주주의의 원리에서 유래하지만, 국가형벌권의 한계를 설정하기 위하여 법적으로는 국가권력에 의한 사회통제(제1차적 통제) 이외에 국가권력 그 자체에 대한 사회통제(제2차적 통제)가 법의 임무로 생각되어 왔다. 그리고 형법에 있어서 제2차 사회통제를 제도적으로 보장하고 있는 원리가 죄형법정주(罪刑法定主義)의 원칙이다.

제2절 형법학의 의의

가장 넓은 의미의 형법학은 실체적 형법을 대상으로 하는 학문분야 이외에 형사절차를 대상으로 하는 형사소송법학, 범죄와 형벌에 관한 실증적인 사실을 해명하기 위한 학문인 형사학, 그리고 행형법학 등을 포함하는 것을 말한다.

1. 규범학으로서 형법

형법학(刑法學)은 일반적으로 범죄와 형벌 내지 보안처분에 관련된 법을 대상으로 하는 학문분야를 말한다. 여기에는 실정형법의 해석을

임무로 하는 형법해석학과 그 외에 형법이론, 형법사학 및 비교형법학 등이 있다. 이들은 현행 형법의 규범적 의미를 해석에 의해 체계적으로 인식하는 학문이기 때문에 사실(事實)의 학문인 형사학(刑事學)과 구별된다.

2. 사실학으로서 형사학

형사학(刑事學)에는 범죄와 형벌에 관한 실증과학인 범죄학과 또 그 범죄학을 기초로 하는 범죄대책학으로서 형사정책학이 있다. 즉 형법학을 범죄성립의 인정을 위한 전제로서 범죄성립에 관한 요소론(要素論)이라고 한다면, 형사학은 범죄현상 및 원인 등을 내용으로 하는 학문으로서 범죄에 관한 원인론(原因論)이라고 할 수 있다.

제3절 형법의 규범적 성격

현대 사회에 있어서 규범(規範)의 하나인 형법이 어떠한 기능을 하는가 하는 문제를 고찰하기 위하여 우선 형법규범의 논리구조를 분석하는 것이 일반적이다. 물론 개개의 형벌법규의 내용을 분석하고 그 법규가 가지는 의미를 명확히 하는 것은 형법각론의 임무이다. 따라서 형법총론에 있어서 고찰해야 하는 것은 형벌법규의 일반적 성질 및 그 적용에 관한 일반원칙이며 그것은 다음과 같다.

1. 가설적 규범

형법은 범죄와 형벌의 관계를 규정한 법으로서, 예컨대 일정한 범죄를 법률요건으로 하고 이에 해당하는 경우 형벌이라는 법률효과를 발생하게 하는 형식으로 규정된 가설적 규범(假設的規範)이다. 즉 형법 제250조를 예로 들면 「사람을 살해한 자」를 법률요건으로서, 「사형・무기 또는 5년 이상의 징역에 처한다」는 법률효과를 규정하여 범죄와 형벌의 종류 및 범위를 한정하고 있다.

2. 행위규범과 재판규범

법규범은 그 수명자(受命者)가 누구이냐에 따라 행위규범(行爲規範)과 재판규범(裁判規範)으로 분류할 수 있으나, 형법규범은 행위규범인 동시에 재판규범이다. 즉 형법 제250조 전단의 법률요건 중에는 「사람의 살해」를 금지(禁止)하는 내용의 행위규범이 규정되어 있을 뿐만 아니라, 후단의 법률효과에는 재판관에게 그 「위반자에게 5년 이상의 형벌을 적용」할 것을 명령(命令)하는 내용의 재판규범으로서도 작용하고 있다.

3. 평가규범과 의사결정규범

형법은 일정한 행위를 범죄로 하여 형벌을 부과하기 때문에 그 일정한 행위는 형법상 가치 없는, 즉 무가치하고 위법한 행위로 평가된다. 이때 형법에 규정된 일정한 행위는 적법 또는 위법한 행위로서 평가하는 가치판단의 기준이 된다. 이러한 관점에서 형법을 평가규범(評價規範)이라고 한다. 동시에 형법은 일반국민에게 형법이 가치 없다고 평가한 위법행위를 하지 않도록 의사결정의무를 부과한다. 즉 어떤 행위를 함에 있어서 의사결정의 기준을 제공하기도 한다. 이러한 의미에 있어서 형법을 의사결정규범(意思決定規範)이라고 한다.

이러한 평가규범과 의사결정규범과의 관계에 대해서 논란이 있지만, 일반국민에게 일정한 의사결정을 요구하기 위해서는 법적 평가, 즉 평가규범이 논리적으로 선행되어야 한다. 법규범은 인간 의사에 대해 명령(의사결정규범)으로서 작용하기 위해서는 그것 이전에 어떠한 행위를 명령하고 또는 금지하는가 그 내용을 법으로 확정하지 않으면 안 되기 때문이다.

제4절 형법의 기능

형법은 사회통제 수단의 하나이기 때문에 그 수단으로서의 형법이 「무엇을 목적으로 하고, 어떠한 기능」을 하고 있는가를 검토할 필요가 있다. 이 기능을 형법의 기능이라고 한다.

1. 규제적 기능

국가는 형법을 통하여 국가가 처벌할 범죄행위를 명백히 하여 국민의 행동을 규제하는 기능을 한다. 이 기능을 규제적 기능(規制的機能)이라고 한다. 즉 일정한 행위를 범죄로 하고 이것에 형벌을 부과하여, 그 행위가 법적으로 무가치하다는 것을 표시하는 기능을 함과 동시에 행위자에 대해서는 그러한 범죄행위를 하지 않도록 내심(內心)적으로 의사결정을 명령하는 기능을 말한다. 전자가 평가적 기능이고, 후자가 의사결정적 기능(意思決定的機能)이다. 이것은 형법규범으로서 평가규범 및 의사결정규범에 각각 대응한다.

2. 사회질서유지기능

형법뿐만 아니라 모든 법률의 궁극적 과제는 사회질서를 유지하여 공동생활의 안전을 도모하는 데 있다고 할 수 있다. 그러나 형법의 기능이 다른 법률의 그것과 구별되는 것은 형벌이라는 강력한 강제수단에 의하여 그 목적을 수행하는 점과 사회질서유지의 최후수단(最後手段, ultima ratio)이라는 점에 있다. 이러한 사회질서유지기능(社會秩序維持 機能) 혹은 사회보호적 기능(社會保護的機能)은 「법익보호적 기능」과 「보장적 기능」으로서 나타난다.

(1) 법익보호적 기능

형법은 일정한 범죄행위에 대해서 형벌을 부과할 것을 예고(豫告)하고, 또한 실제 범죄행위에 대해서는 형벌을 부과하여 범죄를 방지함으로써 범죄로부터 국민의 특정한 이익, 즉 법익(法益)을 보호하는 기능을 하고 있다.

(2) 보장적 기능

형법은 일정한 범죄행위에 대해서만 형벌을 부과한다고 명백히 규정하고 있어 국가의 형벌권 발동을 제한하고 있다. 그리하여 국가권력의 남용으로부터 범죄자 및 일반국민의 권리 및 자유를 보장하는 기능을 하고 있다. 즉 형법은 국가의 형벌권을 제한하여 한편으로는 선량한 국민의 자유를 보장하고, 다른 한편으로는 범인이 범한 범죄행위에 대해서만 처벌하여 범인의 인권도 보장하고 있다. 이것을 형법의 마그나 카르타(Magna Charta)적 기능이라고도 한다.

3. 기능 상호간의 관계

형법의 이러한 기능 등은 서로 보완·견제·대립되어 있다. 즉 형법의 규제적 기능을 강조하게 되면 국가는 국민에게 행동의 기준으로서 국민을 윤리적·도덕적인 방향으로 강요하게 된다. 따라서 이것은 현대사회처럼 가치관이 다양화되어 가는 시대에 있어서 바람직하다고 볼 수 없다. 오히려 형법은 그 기능이 범죄방지에 있고, 그것은 국민의 안전을 보호 하는 보호적 기능과 국가의 형벌권 행사로부터 국민을 보호하려는 보장적 기능에 있다고 하지 않으면 안 된다. 그러나 현실적으로 이러한 두 기능도 서로 대립관계에 있기 때문에 여기서 형법의 입법 및 해석에 관한 원인이 존재한다.

〈형법의 기능〉

형법의 기능
- 규제적 기능(행위를 규율하는 기능)
  - 평가기능(위법을 국민에 알리는 기능)
  - 의사결정기능(국민의 의사를 결정하게 하는 기능)
- 사회질서유지기능
  - 법익보호기능(일반예방기능 · 특별예방기능)
  - 인권보장기능(겸억주의)

제5절 형법의 역사

1. 형법의 기원

오늘날 형법은 국가가 법질서를 유지하기 위하여 범인에게 형벌을 부과하는 것을 내용으로 하는 국가적이고 공법적인 성격을 갖는다. 이러한 성격의 형법이 확립된 것은 역사적으로 볼 때 그리 오래된 것은 아니다. 형법은 본래 개인 간의 복수감정과 원시적인 종교 감각을 기초로 하는 부족적이고, 사법적(私法的)인 성격을 가지고 있었다. 즉 형법은 원시사회에서 부족의 생활 질서를 침해한 자에게 부족장이 가하는 제재제도(制裁制度) 안에서 그 기원(起源)을 찾아볼 수 있다.

2. 형법의 발달

형법의 발달은 그 역사적 발전과정을 추상화하여 혹은 형벌사조(刑罰思潮)를 중심으로 복수시대 · 위하시대 · 박애시대 · 과학시대 등으로 구분할 수 있다.

(1) 복수시대(원시사회~국가성립 이전)

원시사회는 족장을 중심으로 하는 부족사회로서 부족의 내부 질서를 침해하는 자는 족장에 의하여 추방을 당하였다. 또한 부족 외부로부터의 침해에 대해서는 부족 사이에 복수투쟁이 이어지게 되고, 결국 한 부족이 전멸할 때까지 계속되는 폐해가 발생하였다. 이처럼 현대 형벌의 기원을 혈족간의 복수에서 찾는 것이 통설의 입장이다. 그러나 그 후 형벌은 시대의 발달에 따라 점차 제한되어 동해보복(同害報復), 피난처(避難處), 속죄(贖罪) 등의 제도로 발전되어 갔다.

(2) 위하시대(국가성립 이후)

근대 국가의 성립으로 복수시대와 같은 사형벌(私刑罰)은 금지되고 형벌이 국가화 되기 시작하였다. 그러나 이 시기(16세기~17세기)의 형법은 집권자인 국왕이 범죄와 형벌을 자의적(恣意的)으로 판단하고 결정하는 죄형전단주의(罪刑專斷主義) 사상 하에 있었기 때문에 그 형벌은 매우 준엄하고 위하(威嚇)적이었다.

(3) 박애시대(18세기 초~19세기 중엽)

18세기 초 유럽은 로크 · 몽테스키외 · 루소 등에 의하여 주장된 이성적이고 자유주의적인 인간관에 기초한 계몽사상(啓蒙思想)의 영향 아래 법치주의의 사상이 강조되었다. 따라서 형벌제도도 개인의 자유와 인권을 존중하기 위한 왕의 통치수단으로서 개선되었다. 즉 범죄와 형벌은 미리 법률로 정해져 있지 않으면 안 된다고 하는 죄형법정주의가 형법의 기초원칙으로 확립되었고, 형벌은 현저히 완화되어 인도적으로 되었다. 이 시대를 형벌의 박애시대(博愛時代) 또는 법률화시대(法律化時代)라고도 한다.

(4) 과학시대(19세기 말 이후~현대)

19세기 말 유럽은 산업혁명으로 범죄가 급증하였다. 특히 소년범 및 누범이 격증하여 종래 자유의사를 전제로 한 구파의 형법이론은 그 한계에 도달하였다. 따라서 이 시대에 있어서 범죄는 자유의사에 의한 것이 아닌, 일종의 사회적 현상 내지 병리적 현상으로 파악되기 시작하였다. 이러한 범죄에 대한 새로운 인식, 즉 자연과학적이고 실증적인 방법에 의한 연구가 시도되었으며 이 시기를 형벌의 과학화시대(科學化時代)라고 한다.

형법의 기본원칙

제 1 절 죄형법정주의

1. 의의와 연혁

(1) 의의

죄형법정주의는 죄형전단주의에 대응하는 개념으로서, 일정한 행위를 범죄로 하고 이 행위에 대해서 형벌을 부과하기 위해서는 행위 이전에 범죄와 형벌이 법률로 규정되어 있지 않으면, 어떠한 행위도 처벌할 수 없다는 근대 형법의 기본원칙을 말한다. 죄형법정주의는 「法律 없으면 犯罪 없고, 刑罰 없다(Nullum crimen, Nulla poena sine lege)」는 표어로 표현되기도 하나, 그 이론적 기초에는 인권보장적 요청과 민주주의 요청에 근거하고 있다.

(2) 연 혁

죄형법정주의의 원칙은 1215년 영국의 대헌장(Magna Charta)에서 유래된 이래 1628년의 권리청원과 1689년의 권리장전에 의해서 다시 확인되었다. 그리고 이 원칙은 미국으로 전해져 1787년 미연방헌법의 「사후법금지(ex post facto law)」와 1791년의 수정헌법에 「적정절차의 보장(due process of law)」이 보충되었다. 이와 같이 죄형법정주의 사상은 영미법계에서는 형사절차 면에서 나타났다는 점에 그 특징이 있다.

그러나 유럽대륙에서는 실체 형법상의 원칙으로 나타났다. 즉 1789년의 프랑스 인권선언은 「법률은 필요한 형벌만을 엄격하고 명백하게 규정하지 않으면 안 되고, 누구도 범죄에 앞서서 제정·공포되거나 적법하게 적용된 법률에 의하지 않으면 처벌되지 않는다」고 규정하여, 죄형법정주의가 명시적으로 선언되었으며, 이것이 1810년의 프랑스 형법전에 최초로 명문화되었다. 그 이후 세계의 모든 국가들이 헌법이나 형법전에 죄형법정주의를 규정하여 법의 기본원리로 삼고 있다.

2. 사상적 배경

죄형법정주의의 성립은 몽테스키외 등에 의하여 강조된 국법사상(國法思想)으로서의 『삼권분립론』과 형사정책 사상으로서 포이에르바하의 『심리강제설』을 기초로 확립되었다.

(1) 국법사상으로서 『삼권분립』

몽테스키외(Montesquieu)는 국가권력의 자의적(恣意的)인 행사로부터 국민의 자유를 보장하기 위해서 국가권력은 분리되어야 한다고 하는 삼권분립론(三權分立論)을 주장하였다. 그리하여 그 한 기관인 사법부는 입법부가 이미 범죄와 형벌로 규정한 법률에 구속되며, 법원은 기계적으로 이 법률을 적용할 뿐이다. 따라서 유추해석은 물론 형의 양정(量定)도 허용되지 않는다. 이리하여 삼권분립론은 국민주권에 의해 비로소 죄형의 법정을 기초할 수 있다고 하였다.

(2) 형사정책 사상으로서 『심리강제설』

포이에르바하(Feuerbach)는 계몽적 이성인을 전제로 하여 인간은 쾌락을 추구하며 불쾌를 피하려고 하는 타산적인 행동을 한다고 보았다. 그리하여 미리 범죄와 형벌을 법률로 예고(豫告)하면, 일반인의 심리를 강제하게 되어 범죄를 예방할 수 있다고 하였다. 그러나 심리강제설(心理强制說)은 모든 범죄에 타당하지 않을 뿐만 아니라, 이 설이 전제하고 있는 타산적인 인간상과 현실의 인간 실태가 일치하지 않아 오늘날 일반적으로 부정되고 있다.

따라서 이와 같은 견해는 연혁적인 의미가 있을 뿐이고, 현대에 있어서의 죄형법정주의는 자유주의를 기초로 한 인권존중주의에 근거하고 있다고 할 수 있다.

3. 죄형법정주의의 파생원칙

죄형법정주의의 의미 또는 내용으로부터 논리 필연적으로 주장되는 원칙을 죄형법정주의 파생원칙이라고 한다.

(1) 관습형법배제의 원칙

이 원칙은 법률주의 원칙으로부터 유래된 것으로서 범죄와 형벌은 「성문(成文)」의 법률에 의하여 규정되어야만 하고, 불문법인 관습법(慣習法)은 형법의 법원(法源)이 될 수 없다고 하는 원칙을 말하며, 성문법주의(成文法主義)라고도 한다. 만약 관습법도 형법의 법원이 된다면 존재가 불확실한 법에 의해서 처벌되거나, 법관의 자의를 초래할 우려가 있어 죄형법정주의의 근본취지에 어긋나기 때문이다.

그러나 개개의 구성요건해석에 있어서 사회생활상의 관습이나 해당 지역의 관습법을 고려하지 않으면 안 되는 불가피한 경우가 있다. 예컨대 수리방해죄(제184조)에 있어서 방해의 대상이 되는 수리권(水利權)

은 대부분의 경우 관습에 의해서 인정된다.

(2) 소급효금지의 원칙

소급효금지(遡及效禁止)의 원칙은 형법의 시간적 적용범위에 관한 문제로서, 행위 시에 범죄로 규정되어 있지 않은 행위에 대해서 행위 후에 형벌을 새로 규정하여 처벌할 수 없다는 원칙을 말한다. 이 원칙은 영미법상 사후법금지의 원칙에서 유래된 것으로 우리 헌법 제13조 1항과 형법 제1조 1항에 행위시법주의(行爲時法主義)로 명시되어 있다. 소급효를 금지하지 않을 경우, 법적 안정성과 예측가능성이 침해되어 개인행동의 자유를 보장할 수 없기 때문이다.

그러나 형법 제1조 2항과 3항은 예외적으로 행위자에게 유리한 경우에 한하여 소급효를 인정하고 있는데, 이것은 인권보장적 요청이라고 하는 죄형법정주의 정신에 위배되지 않기 때문이다.

(3) 유추해석금지의 원칙

유추해석은 법 해석의 한 방법으로서 일반적으로 인정되어 왔다. 그러나 형법상에서는 형벌법규를 벗어나 자의적으로 형법을 해석하여 적용하게 되면 개인의 자유가 침해되기 때문에 유추해석(類推解釋)은 금지되고 엄격한 해석이 요구된다. 유추해석은 법의 적정절차에 의하지 않은 법의 창조이며, 재판관에 의한 사실상의 입법이기 때문이다.

그러나 모든 유추해석이 금지되는 것이 아니고, 피고인의 인권보장을 위한 요청으로서 피고인에게 유리한 경우에는 허용된다. 따라서 위법 또는 책임조각, 형벌감경이나 면제 등에 대한 유추해석은 가능하다.

(4) 절대적 부정기형 금지의 원칙

형벌의 내용 및 기간이 전혀 규정되어 있지 않은 형을 절대적 부정기형(絶對的不定期刑)이라고 한다. 이러한 형벌의 법정방법은 죄형법정주의에 반하기 때문에 절대적으로 금지된다는 원칙을 말한다.

그러나 형의 장기 또는 단기를 정하여 언도하고 집행기관에게 그 집행 범위 내에서 재량을 위임하는 것과 같은 『상대적 부정기형』도 우리 형법은 채택하고 있지 않다. 그러나 소년법 제60조에 있어서는 자유형에 대한 상대적 부정기형을 인정하고 있다.

[법정형, 처단형, 선고형]

법정형(法定刑)은 형벌법규가 규정하고 있는 형벌을 의미하고, 처단형(處斷刑)은 법정형에 형법 제51조의 「양형의 조건」에 의하여 가중·감경을 가한 형을 말한다. 예컨대 강도죄의 법정형은 3년 이상 15년 이하이지만(제333조, 제42조), 법률상 감경이 되는 경우에는 1년 6월 이상 7년 6월 이하의 징역이라는 처단형이 된다(제55조). 또한 선고형(宣告刑)이라고 하는 것은 처단형의 범위 내에서 판사가 현실적으로 선고하는 형을 말한다.

제 2 절 겸억주의

형법은 모든 위법행위를 대상으로 하지 않고, 형벌이 필요 불가결한 경우에 한하여 적용되어야 한다. 이것을 겸억주의(謙抑主義)원칙이라고 한다. 형법은 법적 효과로서 형벌이라고 하는 매우 강력한 물리적 제재를 동반하는 사회통제 수단이기 때문에 그 부작용을 고려하지 않을 수 없다. 따라서 형법은 생활이익을 보호하기 위한 「최후의 수단(ultima ratio)」으로서, 다른 제재 수단(윤리적 제재·민사적 손해배상·행정절차에 의한 제재 등)으로 충분하지 않은 경우에 한하여 보충적으로 적용된다. 이를 「형법의 보충성(補充性)」 또는 「형법의 2차적 성격」이라고도 한다. 그 결과 형법의 대상이 되는 행위는 사회질서유지를 위해 필요 최소한의 영역에 제한되어야 한다.

이러한 겸억주의가 형법의 기본원칙으로서 현대에 있어서도 승인되는 이유는, 만약 형법이 생활이익을 위한 것이라 할지라도 곧바로 발동해서는 안 된다는 것을 의미한다. 즉 형벌은 물리적 강제력에 의해 사람의 자유나 재산권을 박탈하는 것으로서 그것 자체만으로는 바람직하지 않지만, 그 제재가 사회질서유지를 위해 필요 불가결한 수단이기 때문이다.

제 3 절 책임주의

위법행위를 한 행위자를 비난할 수 있는 경우가 아니면 형벌을 부과할 수 없다는 것을 책임주의(責任主義) 원칙이라고 한다. 이 원칙은 근대형법의 기본원칙으로서 「책임 없으면 형벌 없다(nulla poena sine culpa)」는 것을 그 내용으로 한다. 또한 책임주의는 범죄성립을 제한하는 원리로서 「소극적 책임주의(消極的責任主義)」라고도 한다(이것에 대하여 책임이 있으면 반드시 이에 상응하는 형벌을 과하여야 한다는 사상을 「적극적 책임주의(積極的責任主義)」라고 한다).

책임은 행위자가 위법한 행위를 한 것에 대한 법의 입장으로부터 가해지는 비난 내지는 그 가능성을 의미하지만, 책임주의를 근본원칙으로 하는 근대 형법에 있어서는 특히 「주관적 책임」과 「개인적 책임」이 그 내용을 이루고 있다.

1. 주관적 책임

주관적 책임은 객관적 책임 내지 결과적 책임에 대응하는 개념이다. 행위자에게 책임을 묻기 위해서는 객관적인 범죄결과의 발생만으로 부족하고, 행위자에게 책임능력과 고의·과실, 그리고 적법행위에 대한 기대가능성이라고 하는 주관적 책임이 있는 경우에 한하여 행위자를 비난할 수 있고 처벌할 수 있다는 사상이다.

2. 개인적 책임

개인적 책임은 단체 책임에 대응하는 개념으로, 행위자는 자기가 행한 개인적 행위에 대해서만 비난될 뿐 특정한 단체에 가입되어 있다는 것을 이유로 타인의 범죄에 의하여 처벌되지 않는다는 사상이다. 이와 같이 책임주의는 근대사회의 개인존중사상과 함께 발전하여 근대 형법에 있어서 개인의 자유와 권리에 대한 보장원리의 하나가 되었다고 할 수 있다.

형법의 적용범위(형법의 효력)

현행 형법이 현실적으로 적용되는 범위를 형법의 적용범위라고 한다. 어떤 행위가 범죄로 성립하여도 누구에 의하여, 언제, 어디에서 행하여졌는가에 따라서 형법의 적용에 대한 제약을 받는 경우가 있다.

제1절 시간적 적용범위

1. 의 의

형법을 구체적인 사실에 적용할 때, 어느 때를 기준으로 할 것인가의 문제를 형법의 시간적 적용범위의 문제 또는 시제(時際)형법의 문제라고 한다. 형법은 형벌불소급의 원칙에 따라 그 시행 시부터 폐지될 때까지 효력을 갖고 이 기간 내의 범죄행위에 대해서만 적용된다. 그러나 행위 시와 재판 시 사이에 형벌법규의 변경이 있는 경우에, 어느 때의 형법을 적용시킬 것인가 문제가 된다.

2. 행위시법주의와 재판시법주의

형법 제1조 1항은 「범죄의 성립과 처벌은 행위시 법률에 의한다」고 규정하여, 행위시법(行爲時法)을 원칙으로 하고 있다. 따라서 행위시법(구법)이 추급되고 재판시법(신법)은 소급하지 않는다. 그러나 형법 제1조 2항, 3항에서는 행위자에게 유리한 경우에 예외적으로 재판시법주의를 취하고 있다. 이것을 나누어 살펴보면 다음과 같다.

(1) 행위 후 처벌법규가 신설된 경우

헌법 제13조 1항 및 죄형법정주의의 원칙에 의하여 신법이 소급되지 않고, 행위시법이 적용(형법 제1조 1항)되어 처벌법규 신설 전의 행위는 범죄로 되지 않는다. 다만 실행행위가 재판시법 전후에 걸쳐 있는 경우에는 재판시법도 행위시법에 포함되기 때문에 신법우선(新法優先)의 원칙에 따라 신법이 적용된다.

(2) 행위 후 처벌법규가 폐지된 경우

범죄 후 법률의 변경에 의하여 그 행위가 범죄를 구성하지 아니하거나(제1조 2항 전단), 형이 폐지된 경우에는 형사소송법 제326조 4호에 의하여 면소판결(免訴判決)을 하도록 하여 신법에 따르고 있다.

여기서 「범죄 후」란, 실행행위의 종료를 의미하며 결과발생이나 객관적 처벌조건까지는 포함하지 않는다. 또한 실행행위가 신·구 법률의 변경 전후에 행하여진 경우에는 재판시법인 신법을 적용하여야 한다(1995년 개정형법 부칙 제3조). 또한 「법률의 변경에 의하여」라고 할 때의 법률은 형식상의 법률 이외에 명령·규칙·조례·백지형법에서의 보충규범 등을 포함한 모든 법률의 변경을 의미한다.

(3) 행위시 및 재판 시 모두 범죄이나 형의 경중이 있는 경우

형법 제1조 2항 후단은 「범죄 후 법률의 변경에 의하여 형이 구법보다 경한 때」에는 신법에 의한다고 규정하여 재판시법이 적용된다. 「형이 구법보다 경한 때」의 형은 법정형을 의미하며, 이 때 형의 경중은 형법 제50조에 의하여 결정된다.

(4) 재판 확정 후 법률의 변경으로 범죄를 구성하지 아니한 경우

재판의 기판력(旣判力)에 의하여 범죄는 유죄로 되지만, 형법 제1조 3항에 의하여 형의 집행만이 면제된다.

3. 한시법과 백지형법

(1) 한시법

법률의 폐지 전에 일정한 유효기간을 예정하고 있는 형벌법규를 한시법(限時法)이라고 하며, 이를 협의의 한시법이라고 한다. 또한 특별한 일시적 사정에 대처하기 위하여 제정된 형벌법규를 광의의 한시법이라고 한다. 이러한 한시법의 문제는 재판까지 많은 시간을 필요로 하는 현재 사법시스템 하에서 일정한 유효기간 또는 일시적 특수사정이 경과한 후, 그 유효기간 중에 행하여진 범죄행위를 사실상 처벌할 수 없다는 것에 있다.

독일은 추급효 인정에 관한 명문의 규정(제2조 4항)을 두고 있어 이를 입법적으로 해결하고 있다. 그러나 우리나라는 이에 관한 규정이 없기 때문에 추급효인정설 · 추급효부정설(다수설) · 동기설(판례) 등이 대립하고 있다. 다수설인 추급효부정설에 따르면 우리나라는 독일과 같은 규정을 두고 있지 않을 뿐만 아니라, 유효기간의 경과도 법률의 변경으로 보아 추급효를 인정하지 않는 것이 죄형법정주의 관점에서 타당하다고 주장하고 있다.

(2) 백지형법

법률이 일정한 형벌만을 규정하고 범죄성립요건의 전부 또는 일부를 다른 법률이나 행정명령에 위임하고 있는 법규를 백지형법(白地刑法)이라고 한다. 예컨대 형법 제112조의 중립명령위반죄가 여기에 속한다. 여기서 중립명령이란, 외국간의 전쟁이 발생하여 이에 대한 중립명령이 발하여진 때 구성요건이 확정된다. 따라서 중립명령은 전쟁발생 전에는 공백상태에 있기 때문에 백지형법이라고 하며, 이 공백을 보충하는 규범을 보충규범(補充規範)이라고 한다.

[동기설]

동기설은 한시법 등에 있어서 형이 폐지된 경우에, 그 형의 폐지가 가벌성에 관한 법적 견해의 변경인가 또는 단순한 사실관계의 변경인가를 구별하여, 전자의 경우에는 형의 폐지로 인하여 처벌할 수 없지만 후자는 가벌성을 인정하는 견해로써 판례의 입장이다. 예컨대 주차금지구역에 주차하여 단속되었으나 재판 시 그 구역이 주정차 지역으로 변경된 경우라 할지라도 단속을 면할 수 없다. 왜냐하면 주차금지구역의 변경은 단순한 사실관계의 변경에 불과하기 때문이다.

제2절 장소적 적용범위

1. 의 의

형법의 장소적 범위는 형법의 효력이 미치는 지역을 말한다. 즉 어떠한 장소에서 발생한 범죄에 대하여 자국의 형법을 적용시킬 것인가에 관한 것을 의미한다. 따라서 장소적 적용범위와 재판권(裁判權)의 개념은 구별되어야 한다. 즉 재판권은 특별한 조약에 의하지 않는 한, 원칙적으로 한 나라의 영역 전체에 미치는 법원의 권한을 의미하기 때문이다. 그러므로 외국에서 범죄를 범한 범인에게 자국의 재판권을 행사하기 위해서는 그 범인을 인도받지 않으면 안 된다.

2. 입법주의

장소적 적용범위에 관해서는 속지주의·속인주의·보호주의·세계주의 등 4개의 입법주의가 있다.

(1) 속지주의

자국의 영토(영공·영해·북한도 포함)내에서 범한 범죄에 대해서는 범인의 국적을 불문하고 자국의 형벌법규를 적용한다는 원칙을 속지주의(屬地主義)라고 한다.

(2) 속인주의

자국민이 범한 범죄에 대해서는 그 범죄지를 불문하고 자국의 형법을 적용한다는 원칙을 속인주의(屬人主義)라고 한다.

(3) 보호주의

자국 또는 자국민의 법익을 침해하는 범죄에 대해서는 범인의 국적과 범죄지를 불문하고 자국의 형법을 적용한다는 원칙을 보호주의(保護主義)라고 한다. 보호주의와 세계주의는 범인 또는 범죄지를 불문으로 한다는 점에서 같지만, 보호주의는 자국 또는 자국민의 중요한 이익보호를 그 목적으로 한다는 점에서 구별된다.

(4) 세계주의

범죄의 국제화 추세에 따라 국제사회가 공통으로 대처하지 않으면 안 되는 반인륜적 범죄행위에 대해서, 범죄지 또는 범인의 국적을 불문하고 각국은 자국의 형법을 적용한다는 원칙을 세계주의(世界主義)라고 한다. 항공기납치·통화위조·마약밀매·인신매매 등의 범죄가 여기에 속한다.

3. 우리 형법의 태도

현행 형법은 속지주의를 원칙으로 하고 있으나, 속지주의는 외국에서 발생한 범죄에 대하여 형벌권을 행사할 수 없기 때문에 속인주의와 보호주의에 의하여 이것을 보충하고 있다.

(1) 원칙 -- 속지주의

형법 제2조는 「본법은 대한민국의 영토 내에서 죄를 범한 내국인과 외국인에게 적용한다」고 하여 속지주의를 원칙으로 하고 있다. 여기서 대한민국의 영토란, 「한반도와 그 부속도서」(헌법 제3조)를 의미하므로 북한도 당연히 대한민국의 영역에 속하나 재판권이 미치지 못할 뿐이다.

그리고 형법은 제4조에서 「대한민국 영역 외에 있는 대한민국의 선박 또는 항공기내에서 죄를 범한 외국인에게도 적용된다」고 규정하고 있어 기국주의(旗國主義)에 의한 속지주의를 연장하고 있다.

(2) 보충 -- 속인주의와 보호주의

1) 속인주의

형법 제3조는 「본법은 대한민국의 영역 외에서 죄를 범한 내국인에게 적용한다」고 하여 속인주의(屬人主義)에 의한 속지주의를 보충하고 있다. 여기서 내국인이란, 대한민국의 국적을 가진 자를 말하고 범행 당시에 대한민국 국민임을 요한다.

2) 보호주의

형법 제5조는 대한민국 영역 외에서 내란·외환 및 통화위조죄 등 중요한 범죄를 범한 외국인에 대하여, 제6조는 대한민국 영역 외에서 대한민국 또는 대한민국 국민에 대하여 제5조에 기재한 이외의 범죄를 범한 외국인에게 적용할 수 있도록 하여 보호주의(保護主義)에 의한 속지주의를 보충하고 있다.

(3) 외국판결의 효력

각국은 형벌법규의 적용범위에 관해서 독자적인 입법주의를 채택하고 있기 때문에 같은 범죄행위가 두 나라 이상의 형법이 적용되는 사태가 발생할 수 있다. 따라서 우리 형법은 원칙적으로 외국에서 받은 판결의 효력을 인정하지 않고 다시 재판을 하지만, 단지 「외국에서 형의 전부 또는 일부의 집행을 받은 자에 대하여는 형을 감경 또는 면제할 수 있다」(제7조)고 규정하여 임의적 감면사유로 규정하고 있다. 즉 외국에서 받은 판결에 대해서는 일사부재리(一事不再理)원칙(헌법 제13조 1항)의 예외를 인정하고 있다.

[국제사법공조]

> 피의자나 증거가 외국에 있기 때문에 충분한 수사 및 재판을 진행할 수 없을 때에 특히 형사법분야에 있어서 국제적 협력관계가 매우 필요로 하게 된다. 이와 같은 국제사법공조는 범인 인도, 증거의 제공, 서류의 송달 등으로 분류되며, 국제사법공조의 일반적인 원칙은 다음과 같다. 즉 ① 정치범 공조금지, ② 순수한 군사범죄 및 조세범죄 등은 자국이 독자적으로 처리해야 하고, 또 처리할 수 있는 범죄에 대해서는 공조가 제한되며, ③ 공조가 허용되는 범죄는 양국 모두 처벌할 수 있는 행위에 한정된다. 또한 ④ 자국에서 처리할 수 없는 내용을 공조 상대국에 요청할 수 없다는 것 등이다.

(4) 범죄인의 인도

위에서 살펴본 바와 같이 형법의 장소적 적용범위와 재판권이 미치는 범위는 서로 일치하지 않는다. 즉 재판권은 특별한 조약이 없는 한 원칙적으로 자국의 영역 내에 제한되기 때문이다. 따라서 외국으로 도피 중인 범인에 대해서 재판권을 실현하기 위해서는 범인을 자국으로 인도(引渡) 받지 않으면 안 된다. 이것이 이른바 국제사법공조(國際司法共助)의 문제이다. 범인의 인도에 관해서 「범죄인인도조약(犯罪人引渡條約)」은 그 인도의 대상이 되는 범죄 및 절차를 규정하고 있다.

제 3 절 인적 적용범위

1. 의 의

형법이 적용되는 사람의 범위를 형법의 인적범위라고 한다. 형법은 원칙적으로 시간적 · 장소적 적용범위 내의 모든 사람에게 미친다. 그러나 일정한 인적사유가 있는 사람에 대해서는 형법이 적용되지 않는다. 이것을 형벌권 발동의 인적 장해(人的障害)라고 한다.

2. 적용상의 예외

(1) 국내법상의 예외

1) 대통령

헌법 제84조는 대통령에 대하여 「내란 또는 외환의 죄를 범한 경우를 제외하고는 재직 중 형사상소추를 받지 아니 한다」고 규정하여 형사상 특권을 인정하고 있다.

2) 국회의원

국회의원에 대해서도 불체포특권(헌법 제44조) 및 국회에서 직무상 행한 발언과 표결에 관하여 국회 외에서 책임을 지지 아니한다(헌법 제45조)고 규정하고 있다. 이것은 국회의원의 신분보장을 위하여 그 특권을 인정하고 있는 것이다.

이러한 대통령과 국회의원의 특권은 범죄성립 후에 고려되는 일종의 인적처벌조각사유(人的處罰阻却事由)이기 때문에 이러한 사람과의 공범이 성립될 수 있음은 물론 이러한 행위에 대한 정당방위도 가능하다.

(2) 국제법상의 예외

1) 외국의 원수 · 외교관 · 사절

국제법상의 치외법권(治外法權)을 가지는 외국의 원수와 외교관, 그 가족 및 내국인이 아닌 종사자에 대해서는 형법이 적용되지 않는다.

2) 국내에 주둔하는 외국의 군대

협정에 의하여 주둔하고 있는 외국의 군대에도 우리 형법이 적용되지 않는다. 그러나 한국과 미국 사이의 주둔군 지위협정(Status of Forces Agreement)에 따르면 공무집행과 관련 없이 범한 범죄와 미군 가족에 대해서는 형법이 적용된다.

형 법 이 론

제1절 형법이론의 근본문제

「무엇을 범죄로 하고 왜 범인을 처벌하는가」 하는 문제, 즉 범죄와 형벌에 관한 기초이론을 형법이론이라고 한다. 이 가운데 범죄에 관한 것을 범죄이론(犯罪理論)이라 하고, 형벌에 관한 것을 형벌이론(刑罰理論)이라고 한다. 형법이론의 근본문제는 결국 「형벌은 어떠한 근거로부터 어떠한 의미로 부과 되는가」로 표현할 수 있다. 이것에 대해서는 "범죄가 행하여졌기 때문에 형벌을 부과 한다"는 입장과 "범죄가 행하여지지 않도록 하기 위하여 형벌을 부과 한다"는 입장이 대립되어 있다. 즉 전자를 응보형론(應報刑論)이라고 하고, 후자를 목적형론(目的刑論)이라고 한다.

이러한 문제를 중심으로 한 논쟁은 특히 계몽사상 이후, 자본주의 발전에 따른 상습범과 누범(累犯)이 격증하는 사회적 배경과 새로운 형법전을 둘러싼 입법운동과 관련하여, 1890년대부터 1910년에 걸쳐 독일의 빈딩(Binding)과 비르크마이어(Birkmeyer)를 대표로 하는 구파(고전학파)와 리스트(Liszt)를 대표로 하는 신파(근대학파) 사이에 전개된 것이다.

제2절 구파 및 신파 형법이론의 형성과 전개

1. 구파(고전학파)의 형법이론

(1) 전기구파

18세기 말부터 19세기 초, 근대 시민사회의 성립기에 들어선 유럽은 앙시아레짐(舊體制)의 형벌제도에 대하여 강한 비판을 제기함과 동시에, 이것을 근본적으로 개혁하려고 하는 계몽주의 형법사상 아래에서 전기구파의 형법이론으로서 전개되었다. 앙시아레짐의 형법제도 특색은 i) 법과 종교 및 도덕의 불가분성, ii) 죄형전단주의, iii) 신분에 의한 처벌의 불평등성, iv) 사형과 신분형을 중심으로 한 형벌의 가혹성 등에 있다. 이러한 기초에는 왕권신수설과 결부된 속죄응보사상(贖罪應報思想)과 절대왕정의 권위를 나타내는 위하형벌사상(威嚇刑罰思想)이 존재하고 있다.

이것에 대해서 계몽주의 형법사상은 형벌제도를 종교와 왕권의 권위로부터 해방시켜 인간의 합리적 이성에 기초시켰다. 또한 국가형벌권의 근거와 한계를 사회계약설에 기초하여, i) 법과 종교 및 도덕과의 구별, ii) 죄형법정주의의 확립, iii) 신분에 의한 처벌의 불평등 철폐, iv) 합리적이고 목적론적인 형벌관에 의한 가혹한 형벌의 폐지를 주장하였다.

베카리아(Cesare Beccaria)는 계몽사상을 형법이론에 처음으로 도입하였으나, 이를 이론화하고 체계화한 것은 포이에르바하이다. 베카리아는 재판과 잔학한 형벌제도를 반대하여 『犯罪와 刑罰(*Dei delitti e delle pene*)』(1764)을 저술하였다. 그는 이 저서에서 고문에 의해서 얻은 허위자백을 기초로 한 오판을 비판하고, 죄형의 법정, 죄형의 균형과 형벌에 관해서는 일반예방과 특별예방을 목적으로 하는 상대주의를 주장하였다. 또한 포이에르바하(Feuerbach)는 칸트의 영향을 받아 법과 도덕을 구별하고, 범죄는 법의 위반이며 권리의 침해로서 범죄를 방지하기 위하여 심리강제의 필요성을 강조하였다.

(2) 후기구파

전기구파의 형법이론은 1840년대 이후 후기구파의 형법이론으로 변화되기 시작하였다. 개인의 자유를 존중하는 자유주의적 입장을 유지하면서, 점차 형이상학적인 도의적 응보사상(道義的應報思想)이 강조되어 갔다. 이러한 배경에는 자유의사를 기초로 한 절대적 응보형론(絶對的應報刑論)을 주장한 칸트와 헤겔의 관념론철학 및 초개인적 민족정신을 강조한 역사주의라고 하는 시대사조의 영향이 있었다.

칸트(Kant)는 범죄란 자유의사를 가진 이성적 존재인 인간에 의해서 행해지는 것이고, 형벌은 범인이 범죄를 범하였다는 이유로 범인에게 부과되는 것이다. 따라서 형벌은 다른 목적을 위한 수단이 되어서는 안 된다고 하는 절대적 응보형론을 주장하였다.

헤겔(Hegel)은 변증법(辨證法) 이론에 의해서 범죄는 법의 부정이고, 형벌은 법의 부정인 범죄를 재차 부정하는 것에 의하여 법을 회복하는 것이라고 하였다. 이 경우 법의 부정으로서 범죄는 일정한 질적, 양적 범위를 갖기 때문에 범죄의 부정으로서 형벌도 그것과 동질·동양(同質·同量)의 범위의 것이어야 한다는 절대적·등가적 응보형론을 주장하였다.

이러한 후기구파는 범죄와 형벌의 균형을 주장하여 범죄론을 「객관주의」적으로 구성하려고 한 점은 전기구파와 공통점이 있으나, 도의적인 의미를 강조하여 국가의 형벌권을 절대적으로 기초 시켜 형벌의 국가주의화와 권위주의화를 하려고 한 점에 있어서 전기구파와 구별된다.

2. 신파(근대학파)의 형법이론

19세기 후반 자본주의의 발달에 따른 사회변동으로 범죄, 특히 누범 및 상습범의 현저한 증가는 구파 형법이론의 한계를 가져왔고, 그 결과 신파(근대학파)형법이론이 등장하였다. 신파는 당시 자연과학의 발전을 기초로 실증과학적 방법에 의한 범죄연구, 특히 범죄자를 연구하여 범죄예방에 의한 사회방위를 주장하는 형법이론과 형사정책을 강조하였다.

신파는 범죄의 생물학적 요인을 중요시하는 이태리의 『형사인류학파』와 사회적 원인을 중요시하는 독일의 『형사사회학파』가 있다. 전자에 속하는 롬브로조(Lombroso)는 범죄자의 두개골 및 체형을 조사하여 그 인류학적 특징을 명확히 하고 「生來的 犯罪人(delinquente nato)」이라는 개념을 주장하여 신파의 선구자가 되었다.

그리고 범죄의 심리학적 연구를 시도한 가로팔로(Garofalo)는 롬브로조의 사상을 법률적으로 발전시켰으며, 그의 교과서 『범죄학(*Criminologia*)』(1885)에서는 범죄를 자연범과 법정범으로 구별하여 범죄의 본질은 자연범에 있다고 주장하였다.

페리(Ferri)는 범죄원인을 범죄사회학적인 방법에 중점을 두고 그 원인을 인류학적·사회학적·물리학적인 원인으로 분류하였다. 그리고 의사자유를 전제로 하는 후기구파적 도의적 책임은 실증적으로 증명할 수 없는 환상에 불과하다고 부정하여 「사회적 책임」을 주장함과 동시에, 종래 책임과 형벌의 개념을 배척하고 범죄자의 「위험성」과 「제재(制裁)」의 개념을 제안하였다.

또한 리스트(Liszt)는 이탈리아학파의 형법이론을 계승하여, 실증주의적 입장으로부터 고전학파에 대항하였다. 그는 "벌을 받아야 하는 것은 행위가 아니라 행위자"라고 하여 행위자의 사회적 위험성을 강조하는 한편, 형벌은 일정한 법익보호를 목적으로 부과되는 것으로서 범죄인은 그 반사회성의 강약에 따라 분류되고 그에 상응한 처우를 받게 될 때 사회방위가 실현된다고 주장하였다.

3. 「학파의 논쟁」과 그 후의 전개

이와 같은 신파의 주장에 대해서 후기구파로부터 재반론이 시도되어, 19세기말부터 20세기 초에 걸쳐 양 학파간의 논쟁이 다시 전개되었다. 특히 구파를 대표하는 비르크마이어와 신파의 대표적 학자인 리스트와의 논쟁은 유명하며 그 대표적인 논쟁의 요점은 다음과 같다.

(1) 「학파 논쟁」의 요점

1) 범죄인상

우선 논쟁의 이론적 전제인 범죄인상(犯罪人像)에 관해서, 구파는 인간을 자유의사에 의하여 이성적으로 자신의 행동을 통제할 수 있는 「추상적인 인간」을 상정하였다. 이에 대하여 신파는 구체적으로 유전적인 소질과 그가 처한 환경에 의하여 필연적으로 범죄를 범하지 않을 수 없는 「숙명적인 인간」을 전제로 하였다.

2) 형벌론

형벌의 본질에 관해서 구파는 「응보형론(應報刑論)」을 주장하여 형벌을 과거에 행한 일정한 악행(惡行)에 대한 반작용으로서 파악하였으며, 신파는 「목적형론(目的刑論)」 의하여 형벌을 장래의 범죄에 대한 사회의 방위수단으로써 해석하였다. 응보형론 가운데 특히 과거의 범죄에 대해서 속죄를 중시하는 것을 「속죄형론」이라고 하며, 또 목적형론을 순화하여 형벌의 목적을 범죄자의 교육 개선에 있다고 하는 「교육형론」이 있다.

또한 구파는 기본적으로는 응보형론의 관점으로부터 형벌의 목적도 아울러 고려하는 상대주의 입장에 서 있다. 즉 형벌을 규정하고 또 형벌의 현실적인 집행과정을 통해 일반인을 위하여, 사전에 범죄를 예방한다고 하는 「일반예방론(一般豫防論)」을 주장하였다. 이것에 대하여 신파는 형벌을 부과하여 범죄자를 위하 또는 개선함으로써 다시 범죄를 범하지 않도록 예방한다고 하는 「특별예방론(特別豫防論)」을 주장하였다.

3) 범죄론

구파의 형법이론은 형벌을 도의적 응보로서 이해하여 형벌의 대소는 범죄자가 행한 「위법행위」에 상응하여 결정되며(행위주의), 이 때 외부에 나타난 위법행위 자체가 과형의 기초로서 현실적인 의미를 갖는다(현실주의). 따라서 구파의 범죄론은 「객관주의(客觀主義)」에 이르게 된다.

이것에 대해서 신파의 형법이론에 따르면 형벌의 대소는 범인의 「사회적 위험성」의 대소에 상응하기 때문에(행위자주의), 이 때 위법행위는 범죄자의 위험성을 징표하는 것에 불과하다(징표주의). 따라서 신파의 범죄론을 「주관주의(主觀主義)」라고 한다.

〈신 · 구학파의 이론적 대립〉

구 분	사상적 배경	범죄인상	범 죄	책 임	형 벌
구파 (고전학파)	18C말-19C초 계몽주의	자유의사를 가진 추상적인간 (비결정론)	객관주의 행위주의 현실주의	행위책임 의사책임론 도의적책임론	응보형론 절대주의 또는 상대주의(일반예방)
신파 (근대학파)	19C말 자연과학에 의한 실증주의	소질과 환경에 규정된 구체적 인간 (결정론)	주관주의 행위자주의 징표주의	성격책임론 사회책임론	목적형론 교육형론 상대주의(특별예방)

(2) 「양 학파의 통합」에 의한 새로운 형법이론

양 학파 사이의 논쟁은 1920년 독일에서 완화되기 시작하여 지금은 두 학파의 주장을 통합하려는 경향이 일반화되어 있다. 즉 제2차 대전

직후 주장된 인격적 책임론은 고전학파의 행위책임론과 근대학파의 성격책임론에 관해 그 통합을 지향하고 있으며, 또 그 후 독일에서 유력하게 전개되었던 벨첼(Welzel) 등의 목적적 행위론도 행위의 본질적 요소로서 목적성을 추구하여 주체적 존재로서 행위자를 상정하여 양 학파를 통합하려는 태도를 나타내고 있다고 할 수 있다.

또한 프랑스 앙셀(Marc Ancel)의 신사회방위론(La dèfensn socialle nouvelle, 1970)은 신파의 사회방위론에 입각하는 한편 자유의사도 긍정하여, 그에 따른 책임 개념을 범죄자 처우에 적극적으로 이용하여야 한다고 주장하여 역시 두 학파의 통합을 목적으로 하고 있다고 하겠다.

제 2 편

범 죄 론

제 1 장　범죄의 의의와 종류
제 2 장　행위론

범죄의 의의와 종류

제1절 범죄의 의의

1. 실질적 의미의 범죄와 형식적 의미의 범죄

범죄란 실질적 의미에 있어서 사회 공동질서를 침해하는 사람의 행위를 의미한다. 이러한 의미에서의 범죄는 정신장애자의 행위나 유아의 행위도 포함된다. 형사학(범죄학)이 대상으로 하는 범죄는 바로 이러한 「실질적 의미의 범죄」를 말한다. 그러나 형법학상의 범죄는 형벌의 대상이 되는 범죄만을 의미하기 때문에 고도의 정신장애자나 유아의 행위는 여기에서 제외된다. 즉 형법상의 범죄는 그 기본원칙(죄형법정주의, 겸억주의, 책임주의)에 따라 형벌을 과하여야만 하는 가벌적 행위(可罰的行爲)만을 의미한다. 따라서 형법학상의 범죄란, 형벌법규에 위반하고 가벌적으로 평가된 사회 침해적 행위에 제한되는데 이를 「형식적 의미의 범죄」라고 한다.

2. 범죄의 성립요건

어떤 행위가 형법상의 범죄로 성립하기 위하여 필요한 요소를 「범죄의 성립요건」 또는 「범죄구성요소」라고 한다. 형법상 범죄는 구성요건에 해당하고 위법, 유책한 행위를 말한다. 즉 범죄성립요소는 구성요건해당성 · 위법성 · 책임성(유책성)의 3요소이다.

(1) 구성요건해당성

범죄가 성립하기 위해서는 우선 행위가 구성요건에 해당하여야 하는데, 이 때 구성요건이란, 형벌법규에 규정된 개별적 범죄유형을 의미한다. 이와 같이 행위가 구성요건에 해당하는 사실을 「구성요건해당성(構成要件該當性)」이라고 한다. 죄형법정주의를 기본원칙으로 하는 형법상 범죄는 단지 반사회적인 침해행위만으로는 부족하고 성문의 형벌법규가 규정한 구성요건에 해당해야 한다.

이와 같이 범죄성립에 있어서 구성요건해당성이라는 형식적 판단을 위법성 또는 책임성이라는 실질적 판단에 앞서서 하는 것은, 판단하기가 쉬운 것부터 어려운 것으로 판단하여 가는 것이 사고경제적(思考經濟的)이기 때문이다.

(2) 위법성

범죄성립의 제2요소는 「위법성(違法性)」이다. 위법성이란, 행위가 법질서에 위반하는 성질을 말한다. 구성요건은 반사회적인 위법행위를 유형화 · 정형화하여 규정하고 있기 때문에 구성요건에 해당하는 행위는 일반적으로 위법하다. 그러나 이것은 어디까지나 「원칙적」으로 위법하다는 것을 의미하고, 「예외적」으로 적법한 경우가 있다. 예컨대 정당방위와 같은 위법성조각사유에 의해서 사람을 살해한 경우처럼 행위가 구성요건에 해당하지만 위법성이 조각되는 경우, 즉 실질적으로 위법하지 않을 때에는 범죄가 성립되지 않는다.

위법성은 이와 같이 위법성조각사유의 유무라고 하는 형태로 구성요건에 해당하는 행위에 대하여, 그 행위가 위법한가 또는 적법한가를 법질서 전체에 비추어 판단하는 구체적이고 실질적인 판단을 말한다.

(3) 책임성

범죄성립의 제3요소는 「책임성(責任性)」이다. 범죄가 성립하기 위해서는 구성요건에 해당하고 위법한 행위가 유책하지 않으면 안 된다. 책임이 없는 행위자의 행위는 구성요건에 해당하고 위법한 행위라고 하더라도 범죄로 되지 않는다. 즉 책임무능력자, 책임조건을 구비하지 않은 자의 행위는 처벌되지 않는다. 여기서 책임이란, 법적 비난 및 그 가능성을 말한다.

이와 같이 형법상 범죄는 「구성요건에 해당하는 위법하고 유책한 행위」로 정의된다. 즉 형법상 범죄는 원칙적으로 구성요건에 해당하는 모든 행위이다. 그러나 어떤 행위가 구성요건에 해당하더라도 범죄가 성립하지 않는 경우가 있다. 그 근거가 되는 사유를 「범죄성립조각사유(犯罪成立阻却事由)」라고 하며, 「위법성조각사유(제20조~제24조)」와 「책임조각사유(제9조~제11조)」가 있다.

〈범죄성립요건〉

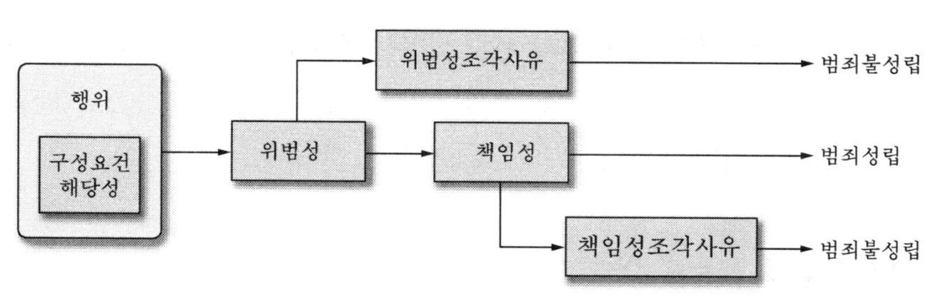

3. 범죄의 처벌조건

일반적으로 형법상 범죄는 그 성립에 필요한 요건을 구비하면 이에 대하여 국가의 형벌권이 발동한다. 그러나 일정한 범죄는 범죄성립 후 형벌권 발동에 필요한 조건이 필요한데, 이것을 「처벌조건(處罰條件)」이라고 한다. 여기에는 「객관적 처벌조건」과 「인적 처벌조각사유」가 있다.

(1) 객관적 처벌조건

범죄가 성립되었다고 하더라도 형벌권의 발동을 위해서는 일정한 조건이 필요한데, 이를 객관적 처벌조건(客觀的處罰條件)이라 한다. 사전수뢰죄에 있어서 「공무원 또는 중재인이 된 사실」(제129조 2항)이나, 파산선고에 있어서 「파산선고의 확정」(파산법 제366조, 제367조) 등은 범죄성립과 관계없이 단지 형벌권의 발생만을 좌우하는 외부적이고 객관적인 사유이다.

(2) 인적 처벌조각사유

범죄성립요건을 구비하면 범죄 자체는 성립하나 일정한 사유가 존재할 때 정책적으로 형벌권의 발동을 제한하는 경우가 있다. 이 형벌권발동 제한사유를 인적 처벌조각사유(人的處罰阻却事由)라고 한다. 친족상도례(제328조, 제344조)에 있어서 「직계혈족・배우자・동거친족・동거가족 또는 그 배우자」 등의 신분관계에 있는 자, 중지범(제26조)에 있어서 형이 「면제」가 되는 경우가 그것이다.

4. 범죄의 소추조건

범죄가 성립하고 형벌권이 발생한 경우라도 그 범죄를 소추하기 위하여 소송법상 필요한 조건을 소추조건(訴追條件) 또는 소송조건(訴訟

條件)이라고 한다. 형법이 규정하고 있는 소추조건에는 「친고죄」와 「반의사불벌죄」가 있다. 그리고 특별법상에 규정된 「고발」도 있다.

(1) 친고죄

피해자 또는 일정한 고소권자의 고소가 있어야 비로소 소추 내지 실제재판을 할 수 있는 범죄를 친고죄(親告罪)라고 한다. 친고죄로 하는 이유는 공소제기가 오히려 피해자에게 불이익을 초래하는 경우와 피해법익이 경미한 경우가 있다. 전자에 속하는 것으로 강간죄(제297조) 등 성범죄가 있고, 후자에는 사자의 명예훼손죄(제308조)와 모욕죄(제311조)가 있다.

(2) 반의사불벌죄

피해자의 명시한 의사에 반하여 논할 수 없는 범죄를 반의사불벌죄(反意思不罰罪)라고 한다. 공소제기는 피해자 의사와 관계없이 할 수 있으나, 처벌은 피해자의 의사에 반하여 할 수 없는 범죄를 말한다. 이때 피해자가 처벌을 희망하지 않으면, 그 의사표시를 1심판결선고 전까지 해야만 한다. 폭행죄(제260조), 과실치상죄(제266조), 협박죄(제283조), 명예훼손죄(제307조) 등이 여기에 해당한다.

(3) 특별법상의 「고발」

조세범처벌법(제6조), 관세법(제284조 1항) 등 특별법상 고발(告發)이 소추요건으로 되어 있는 범죄가 있다. 이러한 범죄는 사건의 대량성・기술성・전문적 특수성을 고려하여 해당 기관의 고발이 있어야 공소를 제기할 수 있도록 하였다.

제 2 절 범죄의 종류

범죄는 그 기준에 따라 다양하게 분류할 수 있다. 즉 i) 행위주체와 관련하여 신분범과 비신분범, ii) 행위의 태양(態樣) 및 그 의미에 따라서 결과범과 거동범, 침해범과 위험범 등으로 구별된다. 그리고 이외에도 iii) 구성요건 실현형태에 따라서 기수범과 미수범, 단독범과 공범으로 구별되고, 또 iv) 범죄행위형태에 따라서 고의범과 과실범, 작위범과 부작위범 등으로도 구별하지만, 여기서 설명하지 않는 범죄는 각 해당분야에서 살펴보기로 한다.

1. 결과범과 거동범

범죄의 행위태양에 따른 분류로서 구성요건의 내용이 행위뿐만 아니라 결과의 발생까지도 필요로 하는 가에 따라 『결과범(結果犯)』과 『거동범(擧動犯)』으로 분류할 수 있다. 결과범은 구성요건의 내용이 일정한 결과의 발생을 필요로 하는 범죄로서 실질범(實質犯)이라고도 한다. 살인죄(제250조), 상해죄(제257조), 강도죄(제333조), 손괴죄(제366조) 등의 대부분의 범죄가 해당한다. 이에 대하여 거동범은 구성요건의 내용이 결과발생을 필요로 하지 않고, 일정한 행위만을 대상으로 하는 범죄로서 형식범(形式犯)이라고도 한다. 폭행죄(제260조), 주거침입죄(제319조 1항), 위증죄(제152조 1항), 무고죄(제156조) 등이 여기에 속한다.

범죄를 결과범과 거동범으로 구별하는 실익은 결과범이 구성요건요소로서 행위와 결과 사이에 인과관계를 필요로 하지만, 거동범은 구성요건적 행위와 결과 사이의 인과관계는 물론 법익침해의 위험성조차 필요로 하지 않는 범죄로서 형식적으로 구성요건에 해당하는 행위가 있을 때 성립하는 범죄를 말한다.

〈결과범과 거동범〉

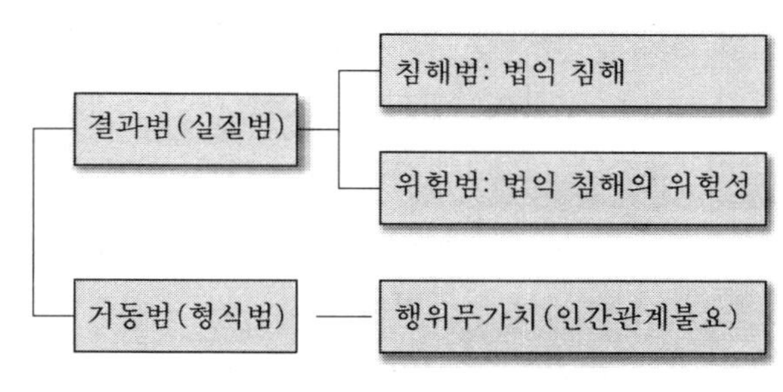

2. 침해범과 위험범

범죄는 법익침해의 정도에 따라 『침해범(侵害犯)』과 『위험범(危險犯)』으로 구별한다. 침해범은 구성요건의 내용이 법익의 현실적 침해를 요하는 범죄를 말하며, 살인죄(제250조), 상해죄(제257조), 절도죄(제329조) 등이 여기에 해당한다. 이에 대하여 위험범은 구성요건의 내용이 법익의 현실적인 침해까지를 필요로 하는 것이 아니지만, 적어도 법익침해의 위험성은 있어야 성립하는 범죄로서 위태범(危殆犯)이라고도 한다. 방화죄(제164조 이하), 통화위조죄(제207조), 업무방해죄(제314조) 등이 여기에 해당한다.

3. 상태범과 계속범

범죄유형은 결과발생의 형태에 따라서 세 가지로 분류할 수 있다. 일정한 법익침해 및 위험의 발생에 의해서 곧바로 범죄가 성립되며, 법익침해의 상태도 종료하는 범죄를 『즉시범(卽時犯) 또는 즉성범(卽成犯)』

이라고 한다. 살인죄(제250조) 등이 여기에 속한다. 이것에 대하여 일정한 법익침해의 발생에 의하여 범죄는 종료되지만, 그 이후 새로운 범죄사실을 구성하지 않는 법익침해 상태가 계속되는 범죄를 『상태범(狀態犯)』이라고 하며, 절도죄(제329조)가 그 대표적인 범죄이다. 예컨대 절취한 재물을 손괴한 경우 절도죄 이외에 손괴죄에 의하여 별도로 처벌받지 않는다. 이것을 불가벌적 사후행위(不可罰的事後行爲)라고 한다. 그리고 『계속범(繼續犯)』은 구성요건적 행위가 계속되는 동안 위법행위는 물론 범죄도 계속되는 범죄로 체포·감금죄(제276조), 약취·유인죄(제287조)가 여기에 속한다.

이와 같이 범죄를 즉성범 또는 상태범과 계속범을 구별하는 것은, 계속범은 범죄가 일정기간 계속되기 때문에 그 기간에 협력행위를 하면 공범이 성립되며, 공소시효도 진행되지 않는다는 점에서 이들 범죄와 구별할 실익이 있다(형사소송법 제252조).

4. 일반범 · 신분범 · 자수범

범죄는 정범(正犯)이 될 수 있는 행위자의 범위에 따라 일반범·신분범·자수범으로 분류할 수 있다. 『일반범(一般犯)』은 누구나가 정범이 될 수 있는 범죄로서 대부분의 범죄가 이에 속한다. 이에 대하여 『신분범(身分犯)』은 구성요건에 행위의 주체에 대해 일정한 제한이 있는 범죄를 말한다. 또한 신분범은 일정한 신분이 있는 자만이 범할 수 있는 진정신분범과 신분으로 인하여 형의 가중 또는 감경이 되는 부진정신분범으로 구분할 수 있다. 전자로는 수뢰죄(제129조), 위증죄(제152조), 횡령죄(제355조 1항), 배임죄(제355조 2항) 등이 있고, 후자에 해당하는 범죄는 존속에 대한 범죄, 업무상의 범죄 등이 있다. 또한 범죄는 행위자 자신이 직접 실행해야만 범할 수 있는 범죄를 『자수범(自手犯)』이라고 하며 위증죄가 있다.

제3절 범죄론 체계

1. 범죄론 체계의 의의

범죄론은 범죄성립에 관한 일반이론으로서 형법총론의 주요부분을 이루고 있다. 그 가운데 중심이 되는 것은 범죄의 일반적 성립요건에 관한 이론적 체계, 즉 「범죄론 체계(犯罪論體系)」이다. 범죄론 체계가 중요한 의의를 갖는 것은 i) 국가가 처벌해야 할 범죄가 무엇이고, ii) 어떠한 행위에 대하여 형벌을 부과하여야 하는가를 명백히 하고 있으며, iii) 또한 범죄를 인정함에 있어서도 통일적인 원리에 의하여 형사사법에 감정이나 자의성이 개입되지 않도록 한 점에 있다.

범죄론 체계에 관한 벨링 이래의 주된 논의의 대상은 범죄를 구성하는 요소들 사이에 서로 모순 없이 논리적 일관성을 유지하려는 것에 있었다. 즉 범죄론 체계를 논하는 궁극적인 목적은 「범죄의 본질을 명백히 하는 것」에 있다고 생각되어져 왔다. 그러나 범죄의 본질은 자연과학처럼 존재하는 것을 대상으로 하는 것이 아니기 때문에 그 본질을 명백히 하는 것은 불가능하다. 그렇기 때문에 형법이 대상으로 하는 범죄란 범죄방지를 위하여 정책적으로 형사사법기관이 창출하는 것으로서 그것은 과학적인 설명보다는 합목적으로 설명이 가능할 뿐이다.

2. 현대 범죄이론의 형성

(1) 벨링(Beling)의 3분설

벨링은 현재 형법이론의 기본을 완성시킨 학자로서 그 이전에 주장되었던 행위·위법·책임이라는 범죄론 체계에 행위와 위법 사이에 「구성요건」이라는 영역을 설정하여, 이것을 「구성요건(構成要件)」이라고 하였다.

1906년에 발간된 그의 저서 『犯罪理論(*Lehre vom Verbrechen*)』에 의하면, 구성요건은 「범죄유형의 윤곽(Umriss des Verbrechentypus)」으로서, 이 유형에 해당하는 행위만이 범죄가 성립된다고 주장하였다. 즉 「구성요건해당성이 없으면 범죄 없다」는 그의 표현처럼 구성요건을 통하여 죄형법정주의를 철저히 하려고 하였다. 이러한 목적 하에 그의 구성요건개념은 규정되었다.

따라서 구성요건은 국민 누가 보아도 인식할 수 있도록 규정되어야 하기 때문에 그것은 「법률적 가치평가로부터 독립된 객관적 · 기술적 · 몰가치적(가치중립적) 유형」이라고 성격을 규정하였다. 그 결과 구성요건으로부터 규범적 요소(수뢰죄에 있어서 「뇌물」), 주관적 요소(통화위조죄에 있어서 「행사의 목적」)는 배제될 수밖에 없었다.

(2) 엠 · 에 마이어(M. E. Mayer)의 「위법유형으로서 구성요건」

M · E 마이어는 벨링의 구성요건이론을 계승 · 발전시켜 구성요건과 위법성을 구분하면서도, 구성요건을 단지 유형적이고 형식적인 것으로만 이해하는 것은 불가능하다고 하였다. 뿐만 아니라 어떤 행위가 구성요건에 해당하면 그 행위는 위법성을 징표(徵表)하기 때문에 구성요건은 위법성의 인식근거(認識根據) 내지 징표로 이해하여 양자의 관계를 접근시켰다. 즉 구성요건과 위법성을 「불과 연기」의 관계로 파악하여, 구성요건에 해당하는 행위는 위법한 행위로 추정(推定)된다고 주장하였다. 그 결과 구성요건과 위법성의 관계로부터 구성요건상에서 규범적 구성요소와 주관적 구성요건요소를 인정하게 되었다.

(3) 메츠거(Mezger)의 「신구성요건론」

규범적 구성요건요소와 주관적 구성요건요소를 더욱 철저히 주장한 이론의 대표자는 메츠거이다. 그는 위법의 실질적인 근거를 법익의 침해 또는 그 위험성에 있다고 보고, 구성요건이란 그러한 행위 가운데에서 형벌로서 처벌해야 할 유형적인 법익침해 또는 그 위험성이 있는 행위를 법적으로 규정한 것이라고 하였다. 즉 구성요건을 「위법행위의 유형」이라고 하여, 구성요건은 위법성의 인식근거에 불과한 것이 아니고 그 존재근거(存在根據)라고 주장하였다.

따라서 위법성을 기초하는 모든 요소, 즉 주관적 요소나 규범적 요소도 구성요건요소가 된다고 하였다. 더구나 메츠거는 구성요건과 위법성조각사유와의 관계는 「원칙」과 「예외」의 관계로서, 구성요건에 해당하는 행위는 원칙적으로 위법하지만 위법성조각사유가 존재하면 예외적으로 위법성이 조각된다고 하였다.

(4) 소극적 구성요건론(Merkel, Frank)

메츠거에 의해 구성요건과 위법성은 밀착되었으나 이것을 더욱 심화시킨 것은 키일(kiel)학파들에 의하여 주장된 소극적 구성요건이론(消極的構成要件論)이다. 이 이론은 정당방위처럼 범죄성립을 조각하는 「소극적 사유(消極的事由)」도 구성요건요소로 파악하였다. 따라서 어떠한 행위가 위법성 조각사유에 해당하면 처음부터 그 행위는 구성요건에 해당하지 않게 된다. 그 결과 범죄론 체계는 구성요건해당성, 위법성, 책임성의 3단계가 아닌 구성요건해당성(=위법성), 책임성의 2단계로 구성된다. 이 이론은 이른바 제3의 착오라고 하는 위법성전제사실에 관한 착오를 사실의 착오로 설명할 수 있는 이론적 근거를 제공하였다는 점에 그 의미가 있다.

〈범죄론체계〉

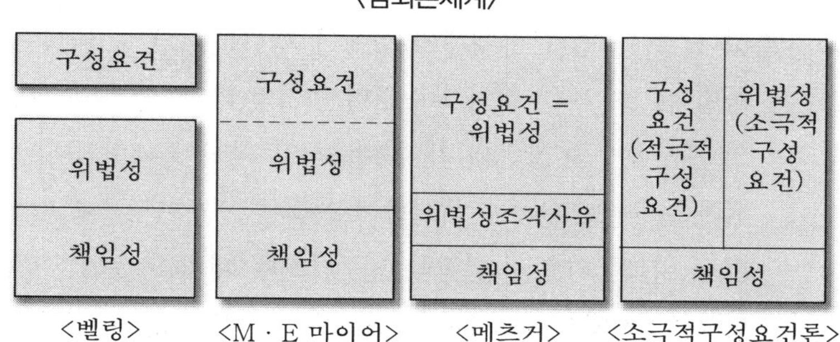

행 위 론

제 1 절 행위론의 의의

범죄를 「구성요건에 해당하고 위법, 유책한 행위」라고 정의하는 것은 오늘날 지배적인 견해이다. 이러한 범죄개념의 실체인 「행위」가 무엇이며, 그 기능 및 체계적인 위치는 어디인가를 논의하는 것이 행위론(行爲論)의 과제이다.

형법은 범죄성립의 전제가 되어 있는 「행위」가 무엇인가에 관해서 형법학설사상 오랜 기간 동안 논쟁을 불러왔고 또 많은 학설들이 주장되었다. 따라서 그렇게 많은 학설 중에서 어느 학설이 가장 타당한가에 대한 판단기준은 행위가 범죄론 체계상에서 갖는 기능에 있다고 할 수 있다. 또한 범죄론 체계에 있어서 행위론을 구성요건론 앞에 위치시켜 독립적으로 논할 것인가(이른바 벌거벗(裸)은 행위론), 또는 구성요건론의 내부에서 논할 것인가에 대해서도 학설이 대립되어 있다. 그러나 행위론을 구성요건론과 독립하여 논하는 경우에도 「행위」의 요건을 범죄성립요건의 기초로 인정할 뿐, 범죄론 체계를 행위론 · 구성요건론 · 위법성론 · 책임성론의 4단계 구조를 인정하지 않는 것이 일반적이다. 즉 행위는 구성요건과 관련 없이 생각할 수 없기 때문에 행위를 구성요건적 행위로 이해하면 족하다. 따라서 「벌거벗(裸)」은 행위를 논할 의미는 없다.

제 2 절 행위개념의 기능

범죄는, 법에 의하여 금지된 「행위」를 실행하는 것이기 때문에 우선 모든 범죄는 행위가 아니면 안 된다. 즉 행위란 범죄개념의 기초가 되는 사실 내지는 기본적 요소이다. 이를 「행위주의원칙(行爲主義原則)」이라고 한다. 따라서 사상, 성격, 의견, 인격 등은 그 자체만으로 범죄를 구성할 수 없고, 외부적으로 표현된 행위, 즉 신체적 동 · 정(身體的 動 · 靜)만이 형법의 대상이 된다.

외부적으로 표현된 행위자의 신체적 동 · 정에는, 적극적인 신체활동(動)인 작위와 그 소극적 활동인 부작위(靜)가 있다. 형법상 작위(作爲)는 물론 일정한 부작위(不作爲)도 범죄가 된다. 또한 행위자의 신체적 동정은 그의 주관적 태도에 따라 고의 또는 과실로 구분되며, 형법은 이것을 각각 고의범과 과실범으로 처벌하고 있다. 따라서 형법상의 행위개념은 적어도 형벌의 대상이 되는 모든 범죄를 포함할 수 있는 것이 아니면 안 된다.

마이호퍼(Werner Maihofer)가 행위개념의 기본적 기능을 「기본요소로서의 기능」, 「결합요소로서의 기능」, 「한계요소로서의 기능」으로 구분한 이래 행위개념의 기능에 대한 다양한 견해가 주장되고 있지만, 일반적으로 다음과 같은 세 개의 기능으로 고찰할 수 있다.

1. 통일요소로서의 기능

형법상 모든 범죄를 행위로서 통일적으로 파악하려는 기능을 말한다. 즉 작위범과 부작위범, 고의범과 과실범 등을 행위로서 통일하는 논리적 기능(論理的機能)을 행위의 『통일요소로서의 기능』이라고 하며, 분류기능(Jescheck)라고도 한다.

2. 결합요소로서의 기능

행위에 의해서 범죄의 성립요소인 구성요건해당성 · 위법성 · 책임성 등의 각 요소를 결합하여, 범죄론 체계의 일관성을 유지시키기 위한 체계적 기능(體系的機能)을 행위의 『결합요소로서의 기능』이라고 한다.

3. 한계요소로서의 기능

형법적 평가의 대상을 행위에 한정하여 행위가 아닌 자연현상, 사회현상, 사람의 의사 · 사상을 범죄개념에서 제외하여 처벌범위에 일정한 한계를 지우는 실제적 기능(實際的機能)을 행위의 『한계요소로서의 기능』이라고 한다.

제 3 절 행위론에 관한 학설

1. 인과적 행위론

자연과학적 사고가 지배하던 19세기 후반에 주장된 행위론으로서, 행위란 「사람의 의사에 의한 신체의 동 · 정」이라고 하는 설이다. 목적적 행위론에 의해서 인과적 행위론으로 불리기 시작한 이 설은 i) 행위란 「의사에 의한다」는 주관적 요소로서의 유의성(有意性)과, ii) 물리적으로 지각할 수 있는 「신체의 동 · 정」이라고 하는 객관적 요소로서 유체성(有體性) 또는 거동성(擧動性)을 요구하고 있다.

이러한 인과적행위론은 행위론 차원에서 의사의 존재여부가 중요할 뿐, 의사의 내용은 책임론에서 검토되어야 하는 것으로 이해하여, 의사의 「존재」와 「내용」을 분리한 것에 그 특징이 있다. 따라서 인과적 행위론에 의할 경우 유의성이 결여되어 있는 수면 중의 행동, 반사운동, 무의식적인 동작 등은 의사에 의한 행위가 아니기 때문에 행위가 아니다. 또한 유체성이 결여되어 있는 사상 · 인격 그 자체도 행위라고 할 수 없어 형법의 평가대상이 되지 않는다.

그러나 인과적 행위론에 의할 경우 유의성이 결여되어 있는 과실은 의사의 지배가능성이 있다고 하는 점에서, 또한 유체성의 관점에서 부작위는 단순한 신체의 정지가 아닌 법적 또는 사회적으로 기대된 행위를 하지 않는다는 사회적 의미에 있어서 행위에 포함된다.

2. 목적적 행위론

목적적 행위론은 1930년대 독일의 벨첼(Hans Wezel)에 의하여 주장된 학설로서 2차 대전 이후에 유력설이 되었다. 이 설의 가장 큰 특징은 인간의 행위를 존재론(存在論)적으로 파악한 점에 있다. 즉 행위란, 「행위자가 일정한 목적을 설정한 후 그 목적을 달성하기 위하여 필요한 수단을 선택하고, 그 실현을 위해 인과흐름을 지배하고 조종하는 것」에 행위의 본질이 있다고 파악하였다. 따라서 행위의 본질은 목적추구활동(目的追求活動)에 있으며 「목적성(Finalität)」이야 말로 행위개념의 중심적 요소라고 주장하였다.

앞에서 서술한 인과적 행위론이 행위를 단지 유의적인 것으로 파악한 결과, 의사내용(고의 · 과실)을 행위개념으로부터 분리한 것에 반하여, 목적적 행위론은 행위개념에 있어서 의사내용을 불가피한 것으로 해석하였다. 따라서 목적적 행위개념은 목적성이라고 하는 주관적요소와 신체활동이라는 객관적요소가 결여되어 있는 것은 행위가 아니라고 하였다. 그 결과 과실범에 있어서는 목적성을 인정하기가 곤란하며, 부작위범에 있어서는 인과흐름을 지배하고 조종한다고 하는 목적적 행위가 있다고 할 수 없기 때문에 과실행위 및 부작위는 행위에서 배제되어 행위개념의 통일요소로서의 기능은 물론 결합요소로서의 기능도 설명할 수 없게 된다.

이에 대하여 목적적 행위론자는 과실의 경우에 고의와 다른 의미의 목적성, 즉 「구성요건적으로 중요하지 않은 결과」에 대한 목적성이 있다고 주장하였다. 또한 부작위의 행위성에 대해서도 작위와 부작위는, 「행위자의 목적에 따라서 그 의사를 통제할 수 있는 능력에 의하여 지배 된다」고 하는 점에서 동일하기 때문에 작위와 부작위는 인간의 행태(Verhalten)라고 하는 관념하에 포함시킬 수 있다고 주장하고 있다. 그러나 행위와 비행위(非行爲)라고 하는 상반되는 개념을 하나의 목적적 행위개념에 포섭하는 것은 이론의 포기라고 하지 않을 수 없다.

3. 인격적 행위론

인격적 행위론은 독일의 메츠거(Mezger)와 복켈만(Bokelmann)에 의하여 주장되고 일본의 단도우(團藤)에 의하여 발전된 행위론으로서, 행위를 「행위자 인격의 주체적 현실화」라고 주장하였다. 즉 이 설에 의하면 행위는 소질과 환경에 의해서 결정되는 한편, 구체적인 행위상황 하에서 행위자 자신의 자유로운 의사에 의한 인격의 주체적 현실화로서 행위라고 한다. 따라서 이 설에 따르면 반사운동 및 절대적 강제하의 동작은 행위가 아니지만, 무의식적인 동작도 경우에 따라서는 행위가 될 수 있다. 또한 주체적인 인격태도는 부작위 및 과실의 형태로도 실현될 수 있기 때문에 양자 모두 행위개념에 포함시킬 수 있다.

그러나 이 설은 범죄의 사실적 기초를 이루는 행위개념에 「주체적(主體的)」이라는 다의적인 개념을 사용하여 명확하지 않고, 또한 주체적이란, 결국 자유의사를 의미하기 때문에 「유책(有責)」인 것과 동일한 의미가 된다. 따라서 행위개념에 책임을 앞당겨 논하게 되어 행위개념의 결합요로서의 기능을 만족시킬 수 없다는 비판이 있다.

4. 사회적 행위론

사회적 행위론은 행위를 하나의 사회적 현상으로 파악하는 견해로서 슈미트(Ed. Schmidt)가 주장한 이래 독일의 통설이 되었다. 이 행위론에 의하면 행위를 i) 「사회적으로 의미 있는 사람의 태도」로 정의하는 설과, ii) 「의사에 의하여 지배 가능한 사회적으로 의미 있는 신체의 동·정」으로 정의하는 설로 분류된다. 즉 사회적 행위론은 행위개념을 형법적 가치의 관점으로부터 분리하여 사회적 의미 하에서 구성하였다는 점에 그 특징이 있다.

그러나 i)의 입장은 행위개념으로부터 의사적 요소를 배제하여 형법상 의미 없는 행위(반사적 운동·절대적 강제하의 동작)도 형법적 평가의 대상이 되어 행위의 한계요소로서의 기능을 설명하지 못하는 반면, ii)의 설은 의사지배를 강조하여 형법적 평가의 대상이 되는 객관적 사실을 한정할 수 있으며, 또 자연현상과 행위도 구별할 수 있어 반사운동이나 절대적 강제하의 동작을 행위로부터 배제시켜 행위개념의 기능 가운데 한계요소로서의 기능을 충실히 할 수 있다. 또한 부작위에 대해서도 부작위란, 사회생활상 기대(期待)된 일정한 작위를 하지 않는다는 점에서 사회적 실재성을 갖고 있다. 그리하여 부작위와 작위는 「사회적으로 의미 있는 신체의 동정」이라는 점에서 동일하게 평가하였다.

〈각 행위론의 비교〉

	인과적행위론	목적적행위론	인격적행위론	사회적행위론
행위	유의성(주관) + 유체성(객관) = 통일체			
	유의성〈유체성	유의성〉유체성	주체성〉유체성	유의성 = 유체성
	· 사람의 의사에 의한 신체적 동·정	· 목적추구활동 · 의사에 의하여 지배·조종이 가능한 것만 행위로 파악	· 행위자 인격의 주체적 현실화로서 신체의 동정	· 의사에 의하여 지배가능한 사회적으로 의미있는 신체의 동·정
행위의 중심	인과성	목적성	주체성	사회성
문제점	· 의사내용(고의, 과실)을 행위요소로부터 분리하여 책임요소로 해석	· 목적성이 결여된 과실과 의사에 의해 조종이 불가능한 부작위를 행위로 파악하지 못함.	· 망각범도 행위개념에 포함하여 한계기능을 철저히 한다고 하나, 결합기능을 설명하기가 곤란	· 주장자에 따라 개념이 다양하나, 행위를 사회현상으로 파악하여, 고의·과실, 작위·부작위 등을 행위개념에 포섭함.

제 3 편

구성요건

제 1 장 구성요건이론
제 2 장 부작위범
제 3 장 인과관계
제 4 장 고 의
제 5 장 착 오
제 6 장 과 실
제 7 장 결과적 가중범

구성요건이론

제1절 구성요건의 의의

1. 의 의

형벌법규에 규정된 위법하고 유책한 행위유형을 구성요건(構成要件)이라고 한다. 살인죄의 구성요건이나 절도죄의 구성요건처럼, 「사람을 살해한 자(제250조 1항)」 또는 「타인의 재물을 절취한 자(제326조)」의 행위 등은 우리 일상생활 속에서 발생하는 실질적으로 위법하고 유책한 행위의 일부에 지나지 않는다. 국가는 이러한 실질적으로 위법하고 유책한 행위 가운데에서 형벌로 처벌해야 할 위법한 행위를 선택하고, 그 행위를 유형화하여 법적인 특징을 형벌법규에 규정하고 있는데, 이것을 범죄(犯罪)라고 한다. 이와 같이 하여 형벌법규에 규정되어 있는 위법하고 유책한 행위유형을 구성요건이라고 한다.

구성요건에는 범죄유형을 구성하는 요소가 구체적으로 표현되어 있기 때문에 이것에 의하여 범죄유형의 법적 특징이 명확하게 되고, 그 결과 범죄개별화가 가능하게 된다. 그리하여 범죄가 성립하기 위해서는 무엇보다도 행위가 구성요건에 해당하여야 한다.

2. 구성요건사실과 구성요건해당성

구성요건에 해당하는 범죄사실을 구성요건사실(構成要件事實)이라고 한다. 구성요건이 범죄유형으로서 추상적이고 일반적인 성격을 갖는데 대하여, 구성요건사실은 구체적이고 개별적인 성격을 갖는다. 예컨대 살인죄의 구성요건, 즉 「사람을 살해한 자」는 여러 종류의 살인행위를 포함하는 추상적이고 일반적인 성격을 의미하지만, 구성요건사실은 예컨대 「甲이 몇 월, 며칠, 몇 시에, 어느 장소에서 乙의 심장을 칼로 찔러 살해하였다」고 하는 것처럼 구체적이고 개별적인 사실을 의미한다.

구성요건사실이 구성요건에 해당하는 것을 구성요건해당성(構成要件該當性)이라고 한다. 어떤 구성요건사실이 일정한 구성요건에 해당하는가 그 유무를 판단할 때, 우선 해당 구성요건의 의미를 명확히 해석하여 구성요건사실, 즉 범죄사실을 확정하지 않으면 안 된다. 그리고 그 후 구성요건사실이 해당 구성요건에 합치(合致)하는가를 판단하여야 한다. 이 판단은 구체적인 구성요건사실이 범죄유형인 구성요건에 해당하는가 하는 형식적 판단(形式的判斷)인 동시에 원칙적으로는 가치판단을 필요로 하지 않는 사실판단(事實判斷)의 성격을 갖는다.

3. 구성요건과 위법성 및 책임성과의 관계

(1) 구성요건과 위법성과의 관계

범죄성립요건으로서 구성요건해당성이라는 개념은 앞에서 서술한 것처럼 벨링에 의해서 처음으로 주장되었으며, 그 후 M·E 마이어 및 메츠거에 의해서 계승되고 발전되었다. 구성요건해당성과 위법성과의 관계에 대한 이들 사이의 주장에는 각각 중요한 차이가 있다.

우선 ⅰ) 벨링은 구성요건과 위법성을 엄격히 구분하여 구성요건에는 기술적·객관적인 요소를, 위법성에는 규범적·가치적인 요소로 구성되어 있기 때문에 구성요건은 위법성과는 관계없는 범죄유형이라고 하였다. 이에 대하여 ⅱ) M·E 마이어는 구성요건요소로서 규범적 요소 및 주관적 요소의 존재를 인정하여, 구성요건은 위법성의 인식근거라고 하여 양자의 관계를 밀착시켰다. 즉 구성요건에 해당하는 행위는 보통 위법성이 추정되기 때문에 특히 위법성조각사유가 존재하지 않는 한 위법 하다고 하였다. 또한 ⅲ) 메츠거는 구성요건을 위법행위의 유형으로 파악하여 구성요건과 위법성의 관계를 마이어보다 더욱 밀접한 관계로 파악하였다. 즉 구성요건은 위법성의 존재근거로서 구성요건에 해당하는 행위는 원칙적으로 위법성 해당여부를 검토할 필요가 없고, 위법성조각사유의 유무라는 예외적인 형태로 위법성이 논해질 뿐이다라고 주장하였다.

(2) 구성요건과 책임성과의 관계

구성요건과 책임성의 관계는 위법성의 관계처럼 명백하지 않다. 오늘날 구성요건을 위법행위의 유형으로 인정하는 것에 대해서는 대부분의 견해가 일치되어 있지만, 행위자의 책임까지도 유형화할 것인가, 즉 구성요건의 책임추정기능(責任推定機能)을 인정할 것인가에 대해서는 견해가 대립되어 있다. 그러나 현재의 다수설은 구성요건의 위법성추정기능(違法性推定機能)만을 인정하여, 구성요건에 해당하는 하는 행위는 동시에 위법하기도 하기 때문에 위법성 단계에서 다시 위법한가를 적극적으로 판단하지 않고, 단지 위법성조각사유의 유무만을 판단하는 것에 불과하다. 따라서 구성요건은 위법행위의 유형으로서 파악하는 견해가 타당하다.

〈구성요건과 위법성 및 책임성과의 관계〉

<table>
<tr><th></th><th>구성요건</th><th>위법성</th><th>책임성</th></tr>
<tr><td>원리</td><td>구성요건론
(죄형법정주의)</td><td>객관적 위법성론
실질적 위법성론</td><td>책임주의
규범적 책임론</td></tr>
<tr><td>평가요소</td><td>① 객관적 구성요건요소
② 주관적 구성요건요소</td><td>① 위법성조각사유
② 주관적 위법요소</td><td>① 책임능력
② 책임(고의 · 과실)
③ 기대가능성
④ 위법성의 인식</td></tr>
<tr><td rowspan="2">평가방법</td><td rowspan="2">사실판단
(형식적 · 추상적 · 유형적으로 판단)</td><td colspan="2">가치판단
(구체적 · 실질적 · 비유형적으로 판단)</td></tr>
<tr><td>행위 그것 자체에 대한 평가</td><td>행위를 행위자와 연결하여 판단</td></tr>
</table>

제 2 절 구성요건의 기능

1. 죄형법정주의적 기능

구성요건은 국가가 처벌하는 행위와 처벌하지 않는 행위를 명확히 하고 있기 때문에 국민의 일상생활에 있어서 행위의 기준(行爲基準)된다. 이러한 기능을 구성요건의 죄형법정주의적 기능(罪刑法定主義的機能)이라고 한다. 따라서 구성요건은 비교적 인식이 용이하고 보다 명확한 객관적 요소 및 기술적 요소에 의하여 규정되어 있을 때 보다 그 효과가 크다고 할 수 있다.

2. 범죄개별화 기능

구성요건에 의해서 어떤 범죄를 다른 범죄로부터 구별하는 기능을 범죄개별화 기능(犯罪個別化機能)이라고 한다. 예컨대 구성요건에 기술된 여러 가지의 요소에 의하여 살인과 상해치사, 절도와 강도 등의 각 범죄유형을 개별화할 수 있다. 이러한 기능은 고의와 과실을 구성요건 요소로서 파악하는 견해에 의하면 더욱 그것을 철저히 할 수 있으며, 구성요건해당성만으로도 고의범과 과실범(살인죄와 과실치사죄의 구별)을 구분할 수 있게 된다.

3. 위법성추정 기능

구성요건은 위법행위의 유형으로서 구성요건에 해당하면 원칙적으로 위법성이 추정된다. 즉 행위가 구성요건에 해당하면 예외적으로 위법성 조각사유가 존재하지 않는 한 위법하다. 이 기능을 구성요건의 위법성 추정기능(違法性推定機能)이라고 한다.

또한 일부 학설은 구성요건을 「위법하고 유책한 행위유형」으로서 이해하는데 이러한 경우는 구성요건을 위법성추정기능 뿐만 아니라 책임 추정기능까지도 인정하게 된다. 그러나 이와 같이 구성요건을 파악하면 구성요건의 위법성추정기능 및 범죄개별화기능은 인정할 수 있으나, 고의규제적 기능은 인정할 수 없게 된다.

4. 고의규제적 기능

구성요건에 해당하는 범죄사실을 인식하고 인용한 경우에 고의가 성립된다. 따라서 구성요건은 고의를 인정하기 위하여 필요한 사실의 범위를 결정하는 기능을 한다. 이러한 기능을 고의규제적 기능(故意規制的機能)이라고 한다. 즉 행위자가 인식한 범죄사실의 범위(고의)가 범죄성립 범위를 결정한다.

제3절 구성요건의 종류

구성요건은 여러 가지 관점으로부터 분류된다. 그러나 여기서는 특히 해석론상 의미가 있는 「기본적 구성요건과 수정된 구성요건」, 「개방적 구성요건과 폐쇄적 구성요건」 등으로 나누어 살펴보기로 한다.

1. 기본적 구성요건과 수정된 구성요건

(1) 기본적 구성요건

기본적 구성요건은 예컨대 형법 제250조 1항의 「사람을 살해한 자」와 같이 단독의 행위자가 범죄를 완전히 실현할 수 있도록 규정된 구성요건을 말한다. 형법은 단독의 행위자가 범죄를 완전히 실현하는 형태로서 「단독범」과 「기수범」을 기본적인 범죄로 규정하고 있다.

(2) 수정된 구성요건

수정된 구성요건은 기본적 구성요건, 즉 단독범 및 기수범의 형태로 규정된 구성요건을 전제로 하여 이것을 수정한 형태의 범죄유형을 말한다. 즉 단독범(單獨犯)이라는 기본적 구성요건을 수정한 범죄형태로서 2인 이상의 범인이 협력하여 범죄를 실현하는 「공범(공동정범 · 교사범 · 방조범)」에 관한 범죄유형이 여기에 해당한다. 또한 기수범(旣遂犯)을 수정한 형태로서 범죄의 결과가 발생하지 않았지만 가벌적인 것으로 평가되는 범죄유형으로서 「예비 · 음모 및 미수범」이 있다.

2. 개방적 구성요건과 폐쇄적 구성요건

(1) 개방적 구성요건

벨첼(Hans Welzel)에 의하여 주장된 개방(開放)적 구성요건은 그 적용에 있어서 재판관에 의한 보충이 예정되어 있는 구성요건을 말한다. 따라서 개방적 구성요건은 어떤 행위가 구성요건에 형식적으로 해당하는 것만으로는 부족하고, 재판관의 실질적 판단에 의해서 보충될 때 비로소 구성요건해당성이 확정된다. 이러한 개방적 구성요건에 해당되는 범죄유형으로는 「과실범」과 「부진정부작위범」이 있다.

과실범은 「과실에 의하여 사람을 사망에 이르게 한 자」(형법 제267조)라고 규정되어 있으나, 이 경우 행위자에게 법률상 요구되는 주의의무의 내용은 재판관에 의해서 확정된다. 또한 부진정부작위범에 있어서도 작위의무 있는 자가 살인의 고의를 가지고 수유하지 않아 유아가 굶어 죽은 경우처럼, 부작위에 의한 살인죄가 문제된다. 이 경우 작위의무의 유무와 범위는 결국 재판관의 판단에 맡겨져 있다.

(2) 폐쇄적 구성요건

폐쇄적 구성요건은 형벌법규의 구성요건 내에 범죄를 구성하는 요소가 모두 규정되어 있기 때문에 재판관에 의한 보충을 필요로 하지 않는 구성요건을 말한다. 대부분의 구성요건은 폐쇄적 구성요건에 해당한다.

제4절 구성요건의 요소

구성요건해당성을 판단하기 위한 그 전제로서 구성요건의 확정이 필요하다. 구성요건의 확정이란, 형벌법규에 규정된 개개 구성요건의 내용을 분석하고 해석하여 명백히 하는 것을 말한다. 이 때 구성요건을 이루고 있는 개별요소들을 구성요건요소(構成要件要素)라고 한다. 구성요건요소는 개개의 구성요건에 공통된 일반적 요소가 있다. 이것은 그 성질에 따라 「객관적 구성요건요소와 주관적 구성요건요소」, 「기술적 구성요건요소와 규범적 구성요건요소」로 분류할 수 있다.

1. 객관적 구성요건요소

(1) 행위의 주체

구성요건의 내용을 이루고 있는 행위를 실행하는 자를 행위의 주체라고 한다. 형법상 「……한 者는」 등의 형식으로 규정되어 있고, 이 경우 「者」는 일반적으로 자연인을 의미한다. 원칙적으로 자연인이면 제한이 없지만, 구성요건상 예외적으로 일정한 신분을 필요로 하는 범죄를 신분범이라고 한다. 또한 법인 자체를 처벌하는 형벌법규에 대해서는 법인도 행위의 주체가 될 수 있다.

1) 신분범

구성요건이 행위의 주체로서 일정한 신분을 요하는 범죄를 신분범(身分犯)이라고 한다. 여기서 신분이란, 「남녀의 성별, 내·외국인의 구별, 친족관계, 공무원인 자격과 같은 관계뿐만 아니라 널리 일정한 범죄행위와 관련된 범인의 인적관계의 특수한 지위 또는 상태」를 말한다. 신분범은 수뢰죄(제129조)와 같이 행위자가 일정한 신분이 있는 경우에 범죄가 성립하는 진정신분범과, 존속살인죄(제250조 2항)와 같이 신분이 있는 경우에는 법정형이 가중 또는 감경되는 부진정신분범으로 나누어진다. 그리고 위증죄(제152조)처럼 구성요건에 규정된 일정한 주체만이 그 행위를 할 수 있는 범죄를 자수범(自手犯)이라고 한다.

2) 법인의 범죄능력

(가) 학설의 대립

법률상 「사람」은 자연인과 법인(法人)으로 구별되지만, 행위의 주체로서 법인이 구성요건에 규정된 「……한 者」에 포함되는가에 대하여 학설이 대립되어 있다. 통설과 판례는 여기에 법인은 포함되지 않는다고 보아 법인의 범죄능력을 부정하고 있다.

법인의 범죄능력을 부정하는 학설은, ⅰ) 법인은 의사 및 육체를 갖고 있지 않는 의제적(擬制的) 존재이기 때문에 형법적 평가의 대상이 되는 신체의 동·정으로서 행위를 할 수 없고, ⅱ) 법인은 윤리적 자기결정능력이 없기 때문에 법인에게 형벌의 전제가 되는 윤리적 책임비난을 가할 수 없다. ⅲ) 또한 현행형법은 생명형·자유형을 중심으로 하는 이상, 법인의 처벌에 적당하지 않을 뿐만 아니라, ⅳ) 법인의 기관을 구성하는 자연인을 처벌하면 족하기 때문에 「법인에 범죄능력이 없다」(societas delinquere non potest)는 법언(法諺)에 따르고 있다.

이에 대하여 법인의 범죄능력을 긍정하는 학설은, ⅰ) 법인은 기관을 통하여 의사를 형성하고 그 기관을 통하여 행동하기 때문에 행위능력이 있고, ⅱ) 법인의 행위능력을 인정하는 이상 법인을 비난하는 것도 가능할 뿐만 아니라, 책임의 근거를 반사회적 위험성에서 찾는다고 하면 법인에게도 책임을 물을 수 있다. ⅲ) 또한 법인에게 적합한 재산형이 있기 때문에 법인의 처벌에도 문제가 발생하지 않으며, ⅳ) 형사정책적 관점에서 법인 자체를 처벌대상으로 하는 것은 법인범죄를 억제하는데도 필요하다는 것을 근거로 법인의 범죄능력을 인정하고 있다.

(나) 현행법상의 법인의 처벌

현대 사회에 있어서 법인의 사회적 활동이 중요한 비중을 차지하고 있고, 특별형법 중에서 특히 행정형법의 영역에 있어서 법인의 위법한 활동에 대한 형법적 규제의 필요성이 증가되고 있다.

이에 따라 종래에는 법인 구성원의 위법행위에 대하여 법인을 처벌하는 대위(代位)책임 또는 전가(轉嫁)책임이 주장되어 왔으나, 최근에는 그 구성원과 법인을 함께 처벌하는 양벌규정(兩罰規定)이 일반화되어 있다. 즉 행정형법과 특별형법에는 이와 같은 규정이 산재되어 있는데, 그 예로서 조세범처벌법(동법 제3조), 관세법(동법 제279조), 환경범죄의단속에관한특별조치법(동법 제10조), 성폭력범죄의처벌및피해자보호등에관한법률(동법 제37조) 등이 있다.

(2) 행위의 객체

범죄행위가 향하여진 사람 또는 물건을 행위의 객체(客體)라고 한다. 즉 살인죄에 있어서 「사람」(제250조 1항), 절도죄에 있어서 「타인의 재물」(제329조) 등이 그 예이다. 행위의 객체에 관하여 특히 다음과 같은 두 가지 점에서 주의하여야 한다.

첫째, 행위의 객체와 형벌법규상 보호법익 또는 보호객체와 구분하지 않으면 안 된다. 보호법익은 형벌법규가 그 구성요건에 의하여 보호하려는 이익, 즉 법익(法益)을 말한다. 예컨대 살인죄의 행위객체는 「사람」이지만 보호법익은 사람의 「생명」이다. 또한 공무집행방해죄(제136조)의 행위객체는 「공무원」으로서 사람이지만 보호의 객체는 공무이다. 둘째, 법익이 없는 범죄는 없지만 행위의 객체가 없는 범죄는 존재한다고 하는 점이다. 예컨대 위증죄(제152조)는 「국가의 심판작용」이라는 보호객체는 존재하지만 행위의 객체는 존재하지 않는다.

(3) 행위

행위는 각 구성요건에 규정되어 있는 행위로서 예컨대 「살해한」, 「절취한」 것과 같은 구성요건적 행위를 말하며, 이 행위를 「실행행위(實行行爲)」라고도 한다. 형법 제25조는 「범죄의 실행에 착수하여 행위를……」고 규정하고 있으며, 이 경우 「실행」이 여기에 해당한다. 형법상 행위를 작위와 부작위로 나누는 것에 대응하여, 실행행위도 작위의 형태와 부작위 형태로 나눌 수 있다. 전자가 작위범이고 후자가 부작위범이다.

(4) 결과

구성요건은 일반적으로 일정한 결과의 발생을 그 요소로 규정하고 있다. 이 구성요건요소를 「구성요건적 결과」라고 한다. 이 경우 결과란, 형법 제250조 살인죄에 있어서 사람의 사망과 같이 행위로부터 발생된 외계(外界)의 변동을 말한다.

(5) 인과관계

결과범에 있어서 행위와 결과사이에 일정한 원인과 결과의 관계, 즉 인과관계가 존재하여야 한다. 예컨대 살인의 고의로 실행행위를 하였다고 하더라도 그 행위와 사망이라는 결과 사이에 인과관계가 인정되지 않으면 살인죄의 기수가 성립되지 않는다. 이에 대해서는 뒤에서(제3장) 살펴보기로 한다.

(6) 행위의 상황

구성요건에 따라서는 행위가 일정한 상황 하에서 행하여질 것을 요건으로 하고 있다. 예컨대 형법 제169조의 진화방해죄는 화재에 있어서 진화용의 시설 또는 물건을 은닉 또는 손괴하여 진화를 방해한 경우에 범죄가 성립한다. 또한 제136조의 공무집행방해죄는 직무를 집행하는 공무원에 대하여 폭행 또는 협박하는 경우에 범죄가 성립하게 된다. 이와 같이 일정한 행위가 「화재에 있어서」, 「직무를 집행하는」 등과 같이 구성요건에 규정된 일정한 상황 하에서 행하여질 때 비로소 범죄가 성립하는데 이러한 상황들을 「구성요건적 상황」이라고도 한다.

(7) 행위의 조건

행위의 조건은 행위의 상황과 같이 행위의 외부적 사정이라는 점에서 같지만 행위의 상황이 행위와 동시적으로 존재하는 사정인데 대하여, 행위의 조건은 시간적으로 행위 후에 존재하는 사정이라는 점에서 구별된다. 예컨대 사전수뢰죄(제129조 2항)에 있어서 「공무원이 된 때」가 여기에 해당한다.

(8) 행위의 태양(態樣)

행위를 사회적으로 의미 있는 신체의 동·정이라고 정의할 때, 행위의 태양으로서 중요한 것은 작위와 부작위의 구별이다. 범죄는 대부분 작위의 태양으로 구성되기 때문에 그다지 곤란한 문제가 발생하지 않으나, 예외적으로 부작위에 의해서 범죄를 구성하는 경우에 구성요건해당성과 위법성이 특히 문제가 된다. 더구나 범죄에 따라서는 수단이나 방법이 구성요건요소로서 법정되어 있는 경우가 있다. 예컨대 절도와 강도는 타인의 재물을 타인의 의사에 반하여 점유를 이전하는 점에서 같으나 강도는 그 행위의 수단(태양)이 「폭행 또는 협박」에 의한다는 점에서 절도와 구별된다.

2. 주관적 구성요건요소

(1) 의의

구성요건의 죄형법정주의적 기능을 중시하는 벨링의 범죄론 체계에 의하면 구성요건은 객관적이고 기술적인 요소에 의해서만 구성된다. 또한 「위법은 객관적으로, 책임은 주관적으로」라는 명제(These)에 의할 때에도 행위자의 주관적이고 내심적 태도(고의 또는 과실)는 책임요소로 파악되어, 구성요건은 위법성의 징표 내지 그 유형으로써 주관적 구성요건요소는 인정될 수 없다.

그러나 범죄성립 요소 가운데에는 일정한 주관적 요소가 행위의 위법성의 존부 및 그 정도에 영향을 주는 요소가 있으며, 이것이 일반화되어 있는데 이것을 「주관적 위법요소(主觀的違法要素)」라고 한다. 특히 위법유형(違法類型)으로서 구성요건을 파악하는 현재의 다수설에 의하면 주관적 위법요소는 주관적 구성요소가 되기도 한다. 즉 주관적 구성요건은 행위자가 범죄행위 시에 갖는 내심적 태도로서, 여기에는 「일반적 · 주관적 위법요소」로서 고의와 과실, 그리고 「특수적 · 주관적 위법요소」로서 목적범의 목적, 경향범의 주관적 의도, 표현범의 내심의 표현 등이 있다.

(2) 일반적 · 주관적 요소

구성요건의 일반적 · 주관적 요소라고 하는 것은 모든 범죄구성요건에 필요한 주관적 요소를 말하며 고의와 과실이 여기에 해당한다.

고의(故意)는 범죄사실, 즉 객관적 구성요건에 해당하는 사실을 인식하고 그 내용을 실현하려는 의사를 말하며, 과실(過失)은 부주의에 의하여 범죄사실을 인식하지 못한 것을 말한다. 형벌의 대상이 되는 범죄는 비난 가능한 행위가 아니면 안 되기 때문에 범죄와 행위자 사이에 주관적으로 관계가 있지 않으면 안 된다. 그렇기 때문에 모든 범죄에 있어서 고의 또는 과실은 일반적 · 주관적 요소가 된다. 그러나 어떠한 범죄라도 고의가 인정되면 과실은 인정되지 않기 때문에 양자는 서로 배척관계에 있다.

형법 제13조는 「죄의 성립요소인 사실을 인식하지 못한 행위는 벌하지 아니 한다. 단 법률에 특별한 규정이 있는 경우에는 예외로 한다」고 규정하여, 범죄는 원칙적으로 고의범이며, 과실범은 「법률에 특별한 규정」이 있는 경우에 예외적으로 처벌하는 것에 불과하다. 따라서 모든 범죄에 있어서 고의 또는 과실이라는 일반적 · 주관적 요소가 없는 경우에는 범죄를 구성하지 않는다.

(3) 특수적 · 주관적 요소

구성요건의 특수적 · 주관적 요소는 일반적 · 주관적 요소인 고의 또는 과실이외에 행위자의 내심적 태도를 유형화하여 구성요건요소화한 것을 말한다. 여기에 해당하는 것으로는 목적범 · 경향범 · 표현범이 있다.

일반적으로 고의범에 있어서는 행위자에게 객관적 구성요건에 해당하는 사실의 인식, 즉 고의가 있으면 범죄가 성립하지만, 목적범·경향범·표현범에 있어서는 고의의 인식 범위를 초월한 행위자의 내심적인 요소가 필요하다. 이와 같은 요소를 특수적·주관적 요소 또는 「초과주관적 요소(超過主觀的要素)」라고 한다.

1) 목적범

구성요건의 객관적 요소를 초과하는 일정한 목적을 필요로 하는 범죄를 목적범(目的犯)이라고 한다. 목적범은 통화위조죄(제207조), 문서위조죄(제225조 이하), 무고죄(제156조) 등에 있어서와 같이 「일정한 목적」이 없으면 범죄자체가 성립하지 않는 경우와 영리를 위한 약취·유인죄(제288조), 모해위증죄(제152조 2항), 결혼을 위한 약취·유인죄(제291조) 등에 있어서와 같이 일정한 목적의 존재가 위법성의 정도에 영향을 주는 것에 불과한 경우로 나누어 볼 수 있다. 전자가 진정목적범이고 후자가 부진정목적범이며, 어느 경우에나 일정한 목적이 주관적 위법요소로 규정되어 있다.

2) 경향범

행위자의 「내심의 의도 내지는 주관적 경향」이 구성요건요소로 되어 있는 범죄를 경향범(傾向犯)이라고 한다. 즉 행위자의 주관적 의도가 외부로 표출된 경우에 위법성이 인정되는 범죄로서 공연음란죄(제245조), 강제추행죄(제298조), 모욕죄(제105조, 제311조) 등이 이에 속한다. 이러한 범죄에 있어서는 「성욕을 자극·흥분시킬 성적의도」, 「타인을 경멸할 의도」 등과 같이 행위자의 일정한 내심적 의도 및 경향이 주관적 위법요소로서 요구된다.

3) 표현범

행위자의 「일정한 심리적 과정 또는 상태」를 구성요건요소로 하여, 행위가 그 내심을 표현하였다고 인정되는 경우에 위법성을 인정하는 범죄를 표현범(表現犯)이라고 한다. 예컨대 위증죄(제152조 1항)에 있어서 「선서한 증인」이 자기의 기억에 반하는 허위의 진술, 즉 증인이 목격한 객관적 사실과 다른 심리적 상태의 표현을 하였을 때 위법하며, 이러한 심리적 표현이 주관적 위법요소이다.

〈구성요건 요소〉

- 구성요건요소
  - 객관적 요소
    - 주체, 객체, 행위, 결과, 인과관계, 행위의 상황 행위의 조건, 행위의 태양
  - 주관적 요소
    - 일반요소: 고의, 과실
    - 특수적 요소: 목적범의 목적, 경향범의 주관적의도 표현범의 내심의 표현

3. 기술적 구성요건요소와 규범적 구성요건요소

구성요건요소 중에는 단순한 사실의 인식만으로 그 의미를 확정할 수 있는 요소가 있는가 하면, 그 확정을 위해서 문화적 가치판단까지도 필요로 하는 요소가 있다. 즉 전자를 「기술적 구성요건요소」라고 하고 후자를 「규범적 구성요건요소」라고 한다.

(1) 기술적 구성요건요소

구성요건요소 가운데 가치판단에 의하지 않고 사실의 인식만으로도 그 의미를 확정할 수 있는 요소를 기술적 구성요건요소(記述的構成要件要素)라고 한다. 예컨대 살인죄에 있어서 사람을 살해한 자는 「사람」과 「살해」라고 하는 요소는 사실적 인식만으로 그 의미가 확정되는 요소로서 「서술적 구성요건요소」라고도 한다. 이 경우에도 사람이란, 무엇인가 또 살해의 범위는 어디까지인가 등 명확해 보이는 요소에 대해서도 해석에 의해 확정할 필요가 있다. 그러나 이러한 것들은 사람의

시기(始期)에 대한 통설 및 판례는 진통설을 취하고 있기 때문에 이 해석을 적용함에 있어서 별도의 가치판단을 필요로 하지 않는다.

(2) 규범적 구성요건요소

어떤 행위가 구성요건에 해당하는가를 판단함에 있어서 재판관의 평가, 즉 가치적 판단에 의하지 않고서는 그 의미를 확정할 수 없는 요소를 규범적 구성요건요소(規範的構成要件要素)라고 한다. 구성요건요소 중에는 형법 제136조 공무집행방해죄의 「직무」의 적법성, 제329조 절도죄의 「타인의 재물」 등과 같이 법적평가를 필요로 하는 것과, 제129조 수뢰죄의 「뇌물」, 제245조 공연음란죄의 「음란」, 제307조 명예훼손죄의 「명예」 등과 같이 가치평가를 필요로 하는 요소 등이 있다.

구성요건은 그 기능인 죄형법정주의적 관점에서 보아 가능한 한 기술적이고 사실적인 요소에 의해서 규정되어야 한다. 따라서 가치적 판단을 필요로 하는 규범적 구성요건요소는 구성요건의 명확성이라는 관점에서 배제되어야 한다. 다만 복잡한 사회 현상을 적절하게 대응하기 위하여 필요한 경우에 한하여 필요 최소한의 범위 내에서 이를 인정할 수 있다. 그리고 입법기술상의 이유에 의하여 규범적 요소가 불가결한 경우에도 가능한 한 사실적 요소로 분해하고 환원하여 재판관의 자의적인 판단의 개입을 배제하여야 한다.

부 작 위 범

제 1 절 부작위의 의의와 종류

1. 의 의

인간의 행위는 신체적 동작에 의한 「작위(作爲)」에 의한 것이 보통이지만, 신체적 운동에 의하지 않은 「부작위(不作爲)」에 의해서도 사회적으로 의미 있는 효과를 초래할 수 있다. 이처럼 인간의 부작위는 작위와 함께 범죄적 결과를 발생시키는 수단이라는 점에서 견해는 일치하고 있다. 단지 형법상 작위와 부작위를 구별하는 것은 그 가벌성의 요건이 다르기 때문이다.

작위범은 「……해서는 안 된다」고 하는 금지규범(禁止規範)에 위반하는 범죄인데 대하여, 부작위범은 「……하지 않으면 안 된다」고 하는 명령 · 요구규범(命令 · 要求規範)에 위반하는 범죄이다. 따라서 부작위범의 실행행위는 일정한 작위의무를 위반하는 것을 의미하기 때문에 형법상의 부작위란, 단순한 무(無)가 아니라 법적 또는 사회적으로 요구된 특정한 행위를 하지 않은 것을 말한다.

2. 종 류

부작위범은 구성요건의 규정형식에 따라 「진정부작위범」과 「부진정부작위범」로 구분된다.

(1) 진정부작위범

진정부작위범(眞正不作爲犯)은 구성요건이 부작위의 형식으로 규정되어 있는 범죄를 부작위에 의하여 실현하는 범죄를 말한다. 예컨대 「해산명령을 받고 해산하지 아니한 자(제116조)」, 「집합명령에 위반한 자(제145조 2항)」, 「퇴거의 요구를 받고 응하지 아니한 자(제319조 2항)」와 같이 구성요건 자체가 부작위의 형식으로 규정되어 있는 범죄를 말한다. 이외에도 현행법은 진정부작위범으로서 전시군수계약불이행죄(제103조 1항), 전시공수계약불이행죄(117조 1항) 등의 규정이 있다.

(2) 부진정부작위범

부진정부작위범(不眞正不作爲犯)은 작위의 형식으로 규정되어 있는 구성요건을 부작위에 의해서 실현하는 범죄를 말하며 「부작위에 의한 작위범」이라고도 한다. 예컨대 살해의 고의로 어머니가 유아에게 수유하지 않아 유아를 아사(餓死)시킨 행위는 부작위에 의한 살인죄가 성립한다.

이와 같이 구성요건이 작위의 형식으로 규정되어 있는 구성요건을 부작위에 의해서 실현할 수 있는가 하는 것이 부진정부작위범의 실행행위성의 문제이다. 예컨대 「불을 놓아」, 「살해」라고 하는 용어는 사람의 동작, 즉 작위의 실행행위를 전제로 한 개념이기 때문에 부진정부작위범의 실행행위성은 그다지 간단한 문제는 아니다. 그러나 거동할 수 없는 노인에게 그의 간호사가 식사를 제공하지 않아 사망시킨 경우는 마치 목을 졸라 사람을 질식사시킨 경우와 같다고 하지 않을 수 없다.

이 경우 식사를 제공하지 않은 간호사의 부작위를 「살해」라고 하는 개념에 포함시키는 것은 가능하다. 이러한 의미에서 구성요건적 행위가 특별히 부작위를 배제하는 취지가 아니라고 한다면, 부진정부작위범의 실행행위성을 인정하는 것도 가능하다고 할 수 있다.

3. 부진정부작위범의 문제성

부작위범은 아무 것도 하지 않아 성립하는 범죄가 아니고, 기대된 일정한 행위를 하지 않아서 성립되는 범죄이다. 따라서 일정한 부작위를 실행행위라고 할 수 있기 위해서는 그 행위가 구성요건상 요구된 작위의무에 위반하는 행위가 아니면 안 된다.

진정부작위범의 작위의무(作爲義務)는 구성요건에 명시되어 있기 때문에 그 성립요건에 의문이 생기지 않는다. 예컨대 퇴거불응죄(제319조 2항)에 있어서 「퇴거의 요구를 받은 자」는 그 장소로부터 퇴거하지 않으면 안 된다고 하는 작위의무를 지게 된다. 이 때 그 의무에 위반해서 퇴거하지 않은 부작위가 실행행위가 된다. 그러나 부진정부작위범은 작위범의 형식으로 규정되어 있는 구성요건을 부작위에 의해서 실현하는 범죄이기 때문에 명문의 규정이 없는 부진정부작위범의 성립요건에 있어서는 그 해석상 곤란한 문제가 발생한다.

제 2 절 부진정부작위범의 성립요건

1. 작위(보증인적)의무

(1) 의의

형법 제18조는 「위험발생을 방지할 의무가 있거나 자기 행위로 위험발생 원인을 야기한 자가 그 위험발생을 방지하지 않은 때」에는 부진정부작위범으로 처벌한다고 규정하고 있다. 이 위험발생을 방지해야 할 법적의무를 작위의무(作爲義務)라고 한다. 또한 부진정부작위범의 작위의무는 결과의 발생 방지를 법적으로 보장하여야 할 지위에 있는 자의 의무이기 때문에 이것을 보증인적 의무(保證人的義務)라고도 한다.

(2) 작위의무의 체계적 지위

부진정부작위범에 관한 종래의 통설에 따르면 작위의무는 규범에 관한 것으로 구성요건의 문제가 아니라 위법성의 문제로 파악하였다. 이 설에 의하면 구성요건적 결과와 인과관계가 있는 부작위는 모두 구성요건에 해당하고, 그 가운데 작위의무 있는 자의 부작위만이 위법하게 되어 구성요건은 위법유형으로서의 성격을 잃게 된다. 따라서 부진정부작위범의 문제성을 해소하기 위해서는 작위의무를 구성요건의 문제로 파악하여 해당 구성요건이 예정하는 작위의무를 유형화(類型化)하고, 그 작위의무를 갖는 자의 부작위만이 구성요건에 해당한다고 할 필요가 있다. 이러한 관점으로부터 부작위범의 재구성을 시도한 학설이 나글러(Nagler)의 보증인설이다.

(3) 작위의무의 발생근거

형법 제18조에 규정된 작위의무의 발생근거로서는 선행행위(자기의 행위로 위험발생을 야기한 자) 이외는 명확하지 않아 그 근거에 관해서 학설에 맡겨져 있으나 일반적으로 아래와 같이 형식적으로 파악하고 있다(形式的三分說). 이에 대하여 작위의무를 보호기능의 관점으로부터 분석하여 그 근거를 법익보호의무(친족관계 · 계약 · 사실상 인수)와 위험원관리의무(선행행위 · 위험원관리의무 · 위험행위감독의무)로 분류하여 실질적으로 파악하는 견해(機能說)도 있다.

1) 법령

법령은 공법 또는 사법을 포함한다. 공법상의 작위의무로는 경찰관의 보호조치의무(경직법 제4조)가 있고, 사법상의 작위의무로는 부부간의 부양의무(민법 제826조), 친권자의 보호의무(동법 제913조) 등이 있다.

2) 계약 · 사무관리

계약에 의한 작위의무의 근거로서는 고용계약에 의한 사용자의 보호의무, 간호사의 환자간호의무 등이 있다. 사무관리란, 「의무 없이 타인을 위하여 사무를 관리하는」(민법 제734조)것을 말하는데, 예컨대 노약자를 의무 없이 보호하기 시작한 자는 그 자가 보호를 필요로 하는 한 계속 보호를 해야만 하는 것을 말한다.

3) 선행행위

자기의 행위로 인하여 위험발생의 원인을 야기한 자는 그 위험을 방지하여야 할 작위의무가 있다. 예컨대 자동차를 운전하여 타인에게 상해를 입힌 자는 피해자를 구호해야 할 의무가 있다.

4) 조리

통설은 법령이나 계약 이외에도 사회상규 또는 조리에 의하여도 작위의무가 발생한다고 한다. 즉 동거하는 고용자에 대한 고용주의 보호의무 등이 그것이다.

2. 작위가능성

부진정부작위범이 성립하기 위해서는 행위자의 부작위가 구성요건에 해당하는 것만으로는 부족하고 그 부작위가 위법하지 않으면 안 된다. 즉 행위자는 보증인적 지위에 있는 것만으로 충분하지 않고, 현실로 발생한 작위의무(보증인적의무)에 구체적으로 위반하지 않으면 안 된다. 이 경우 특히 중요한 것은 작위에 의한 「결과회피가능성(結果回避可能性)」이 있어야 한다는 것이다. 즉 행위자가 결과회피를 위한 보증인적 지위에 있었다하더라도 현실적으로 결과회피가 불가능한 경우라면 그 부작위는 위법하지 않기 때문이다. 예컨대 부모가 물에 빠져 있는 자기 자신의 유아를 구조하지 않은 경우에도 그 부모가 수영할 수 없을 뿐만 아니라, 다른 구조방법이 없다고 하면 구조하지 않은 부모의 부작위는 위법하지 않기 때문에 부작위범이 성립하지 않는다.

3. 작위와 구성요건적으로 「동가치성」

부진정부작위범은 작위범의 형식으로 규정되어 있는 구성요건을 부작위에 의해서 실현하는 범죄이다. 따라서 부진정부작위범은 작위범과는 달리 결과와 인과관계에 있는 부작위를 하였다하더라도 그것만으로는 부족하고, 그 부작위와 작위범의 실행행위가 가치적으로 동일시되는 경우에 한해서 그 성립이 인정된다. 이것을 「동가치성(同價値性)의 원칙」이라고 한다. 예컨대 작위에 의한 살인행위와 부작위에 의한 그것이 가치적으로 동등하게 평가되기 위해서는, 운전자가 운전 중 사고로 인하여 빈사(瀕死)상태에 있는 중상자를 방치한 행위만으로 부족하고, 중상자를 인적이 드문 산길에 버리거나, 사고 후 사고차량에 중상자를 싣고 다니던 중 사망한 경우에 구성요건 상에서 동가치성이 인정된다고 할 수 있다. 즉 동가치성을 요구하는 것은 법원(法源)을 근거로 부진정부작위범의 성립을 인정하는 앞의 형식적 삼분설에 대한 그 처벌범위의 한계를 명확히 하기 위한 것이라고 할 수 있다.

제 3 절 관련문제

1. 인과관계

순수한 거동범적 성격을 갖는 진정부작위범에 있어서는 인과관계의 문제가 거론될 여지가 없으나, 부진정부작위범은 결과범으로서 결과가 발생하여야 기수가 된다. 즉 부작위와 결과 사이의 인과관계가 필요하다.

종래 부진정부작위범은 부작위 자체를 단순한 「무(無)」로 파악하여, 무에서 유가 발생할 수 없다는 이유로부터 그 인과관계를 부정하였다. 그러나 형법상 부작위는 「단순한 무가 아니라 법적 또는 사회적으로 기대된 행위를 하지 않는 것」으로서, 만일 이 때에 기대된 행위를 하였더라면 그 결과가 방지되었다라고 하는 경우에만 부작위는 발생한 결과와 인과관계가 인정된다. 단지 작위범의 인과관계는 그 행위를 하지 않았다면 그 결과도 발생하지 않았을 것이라는 작위(그 행위를 하지 않았다면)를 「제거(-)」하여 하는 가언적(假言的)판단인 데 대하여, 부작위범의 경우는 작위(그 기대된 행위를 하였더라면)를 「부가(+)」하여 판단하는 점에 차이가 있을 뿐이다.

2. 부작위범의 미수

진정부작위범은 거동범으로서 그 성격상 미수가 불가능하나, 부진정부작위범은 결과발생을 필요로 하므로 결과가 발생하지 아니한 경우나, 부작위와 결과 사이에 인과관계가 인정되지 아니한 경우에는 미수범(제145조 2항)으로 처벌된다. 그러나 현행 형법 집합명령위반죄, 퇴거불응죄(제319조 2항)는 진정부작위범이면서 그 미수를 처벌하는 규정을 두고 있다.

3. 부작위범과 공범

부작위범에 대하여 적극적인 작위로 교사 또는 방조하는 것을 「부작위범에 대한 공범」이라고 한다. 부작위범에게 구성요건적 상황을 인식하면서 부작위로 나아갈 것을 결의하게 하는 교사는 물론 부작위범에게 그 결의를 강화시키는 방조도 가능하다.

이에 대하여 부작위에 의한 교사 또는 방조를 『부작위에 의한 공범』이라고 한다. 교사는 정범에게 적극적으로 범행을 결의하게 하기 때문에 소극적인 부작위로는 그 성질상 교사의 수단이 될 수 없다. 그러나 부작위에 의한 방조는 방조범에게 작위의무가 있는 한 가능하다. 즉 미성년자인 아들의 절도행위를 방지할 수 있음에도 불구하고 범죄행위를 용이하게 한 부모의 경우는 부작위에 의한 방조로 처벌된다.

인 과 관 계

제 1 절 인과관계의 개념

1. 의의 및 기능

범죄의 대부분은 결과범이다. 결과범이 구성요건에 해당하기 위해서는 실행행위에 의한 일정한 구성요건적 결과가 발생해야 한다. 즉 실행행위와 구성요건적 결과 사이에 「원인」과 「결과」라는 관계가 존재하여야 한다. 이 관계를 인과관계(因果關係)라고 한다. 따라서 결과범에 있어서 인과관계가 인정되지 않으면 범죄는 미수범이 된다.

이러한 인과관계의 기능은 발생한 결과를 객관적으로 행위자의 행위에 귀책(歸責)시킬 수 있는가를 명백히 하는 것에 있다. 만약 결과가 발생하였더라도 인과관계가 인정되지 않으면, 그 결과를 행위에 귀책시킬 수 없기 때문에 범죄는 미수가 된다. 따라서 인과관계는 결과를 필요로 하는 결과범에 있어서 기수와 미수를 구별하는 기능을 한다.

2. 인과관계의 성격과 범죄론체계상의 지위

인과관계는 어떠한 행위로부터 발생한 결과를 그 행위에 환원(還元)시킨다고 하는 의미에서 「객관적」 귀책으로서의 성격을 가지고 있다. 이 점에서 행위를 행위자의 「내부적 주관」에 환원시키는 책임과 구별된다. 또한 인과관계는 구성요건론에 있어서 객관적 「귀책」으로서의 형법적 평가의 대상이 되는 반면, 조건관계는 전형법적(前刑法的)인 순수한 사실개념으로서 행위론에 속하는 것과도 구별된다. 더구나 인과관계는 발생한 결과가 「구성요건적 결과」라고 하기 위해서는 실행행위와 결과 사이의 일정한 관계를 필요로 하기 때문에 그 범죄론체계상의 지위는 이런 의미에서 구성요건해당성의 문제이다.

제 2 절 인과관계의 이론

1. 조건설

행위와 결과 사이에 「조건관계(條件關係)」가 인정되면 형법상 인과관계가 있다고 하는 견해이다. 즉 그 행위가 없었더라면, 그 결과도 발생하지 않았을 것이라는 조건관계공식(conditio sine qua non Formel)이 인정되면 항상 인과관계가 있다고 하는 점에 이 설의 특징이 있다. 이 견해는 모든 조건에 결과에 대한 원인력을 인정하는 점에서 등가설(等價說)이라고도 한다.

그러나 이 설은 행위와 결과 사이에 조건관계만 인정되면, 즉 甲이 乙에게 폭행을 가하여 경상을 입고 乙이 치료하기 위하여 병원에 가던 도중 교통사고로 사망한 경우에도 인과관계를 인정하게 된다. 따라서 조건설은 그 범위가 무제한으로 확대되어 형법상 인과관계의 기능인 객관적 귀책범위를 한정할 수 없다.

2. 원인설

조건설의 부당한 결론을 해소하기 위하여 주장된 이론으로서, 결과에 대한 모든 조건 가운데 일정한 기준에 의하여 「원인(原因)」과 조건을 구별하여, 원인에 대해서만 형법상 인과관계를 인정한다고 하여 개별화설(個別化說)이라고도 한다. 이 설은 어떠한 기준으로 원인과 조건을 구별하는가에 따라 i) 우월적 조건설, ii) 최유력조건설, iii) 최후조건설 등이 주장되었다.

이 학설들은 원인과 조건을 구별하여 인과관계의 범위를 한정하려고 한 점에 그 학설사적 의의가 있다. 그러나 원인설은 무엇이 조건에 비하여 우월하고, 최유력하며, 또 최후조건인가를 객관적으로 명확히 할 수 없다는 점에 문제가 있다.

3. 상당인과관계설

상당인과관계설은 단순히 행위와 결과 사이에 조건관계가 있는 것만으로는 부족하고 결과와 조건관계에 있는 모든 행위 가운데 일반인의 사회생활상 경험에 비추어 통상 그 행위로부터 그 결과가 발생하는 것이 「상당(相當)」하다고 인정되는 경우에 한하여 형법상 인과관계를 인정하는 설이다. 이 설은 행위와 결과 사이의 모든 조건관계로부터 상당하지 않은 경우를 배제하여 형법상 인과관계를 한정하려고 한 점에 그 특색이 있다. 또한 이 설은 언제 그리고 어떠한 사정을 기초로 결과발생에 대한 상당성을 판단하느냐에 따라 다음과 같이 학설이 대립되어 있다.

(1) 객관적 상당인과관계설

재판시를 기준으로 행위당시에 존재한 모든 객관적 사정과, 행위 후 발생한 사정이라도 예측가능한 사정이라면 상당성 판단의 기초가 된다. 즉 행위당시에 이미 객관적으로 존재한 사정은 행위당시에 그 사실을 인식하지 않은 사실이라 하더라도 상당성 판단의 기초가 된다.

(2) 주관적 상당인과관계설

행위 당시에 행위자가 인식한 사정과 인식할 수 있었던 사정만을 기초로 상당성을 판단한다.

(3) 절충적 상당인과관계설

행위시에 일반인이 인식하고 있던 사정 및 행위자가 특히 인식하고 있었던 사정을 기초로 상당성을 판단한다.

〈각 상당인과관계설에 관한 비교〉

구 분	판단자료(기초)	판단기준	기준시기
객관적 상당인과관계설	객관적 사정	판 사	재판시
주관적 상당인과관계설	본 인	본 인	행위시
절충적 상당인과관계설	일반인+본인	일반인	행위시

(4) 상당인과관계설의 문제점

객관적 상당인과관계설은 가능한 한 인과관계를 객관적으로 판단하려고 하는 점에 그 의의가 있으나 행위당시에 존재한 사정이라면 행위자는 물론 일반인조차 알 수 없는 특수한 사정도 상당성의 판단 기초가 되어 인과관계의 범위가 너무 넓어진다. 또한 주관적 상당인과관계설은 행위자가 인식하지 못하면, 일반인이 인식한 사정이라도 상당성 판단에서 배제되어 인과관계의 범위가 너무 좁아지는 등 행위자의 인식정도에 따라 인과관계의 범위가 결정되는 점에 문제가 있다. 이에 대하여 양자의 견해를 절충한 절충적 상당인과관계설은 행위당시에 일반인이 인식가능 했던 사정과 행위자가 특히 인식했던 사정을 고려하여 위와 같은 문제점을 해결하려고 한 점이 타당하며 우리나라의 다수설 및 판례의 입장이기도 하다.

4. 조건설의 문제점을 해결하기 위한 이론

(1) 인과관계중단론

조건설에 의한 부당한 결론을 피하기 위하여 주장된 이론으로서 인과관계의 진행 중에 ⅰ) 타인의 고의·과실행위 및 자연력이 개입하거나, ⅱ) 예상할 수 없었던 이상(異常)한 사실이 개입한 경우에는 인과관계가 중단(中斷)된다는 이론이다. 그러나 조건관계가 있으면 인과관계가 있다고 하는 조건설의 입장에서는 인과관계는 존재 하든가, 존재하지 않든가 택일적이어야지 본래 존재하던 인과관계가 중단한다고 해석하는 것은 부당하다고 하지 않을 수 없다.

(2) 객관적 귀속(책)이론

조건설의 문제점을 해결하기 위하여 독일에서 주장된 이론이다. 이 이론은 「인과관계의 문제」와 「귀책의 문제」를 구분하여, 인과관계에 있어서는 조건설에 따르고, 그 후 객관적 귀속이론에 의하여 귀책범위를 한정하려는 이론이다. 즉 객관적 귀속(客觀的歸屬)이란, 행위가 법적으로 허용되지 않은 위험을 발생시키고, 그 위험이 구성요건에 해당하는 결과를 실현하는 경우에 귀책이 가능하다고 하는 견해로서 다양한 주장이 제기되었다. ⅰ) 행위가 결과발생의 위험을 증가시켰을 경우에 대해서만 객관적 귀책을 인정하는 위험증가이론(危險增加理論), ⅱ) 그 행위가 구성요건상 규범의 보호목적에 해당하는 위험창출이나 위험을 실현한 경우에 귀책을 인정하는 규범보호목적이론(規範保護目的理論),

iii) 법익을 보호해야 할 행위자가 그 법익을 침해한 경우에만 객관적 귀책을 인정하는 규범보호범위(規範保護範圍)의 이론 등이 그것이다.

그러나 객관적 귀속이론은 인과관계를 객관적 귀책의 관점에서 파악하려 하였지만, 위험증가이론에서의 위험창출 내지 증가라고 하는 개념은 실질적인 위험성판단과 유사한 개념으로서 구성요건해당성의 문제로 논하는 것은 타당하지 않다는 비판이 있다. 또한 규범보호목적이론과 규범보호범위의 이론에 대해서는 규범보호목적 내지 범위라고 하는 매우 막연한 개념이기 때문에 불명확한 경우가 많아, 형식적이고 유형적 판단인 구성요건해당성의 판단기준으로서 부적당하다는 비판이 있다.

제 3 절 인과관계의 판단

형법상 인과관계를 판단하기 위해서는 우선 실행행위와 결과 사이에 조건관계가 인정되지 않으면 안 된다. 즉 일정한 실행행위가 없으면 그 구성요건적 결과도 발생하지 않았다고 하는 조건관계의 공식을 전제로 한다. 이 조건관계를 전제로 하여 형법상 인과관계는 앞에서 서술한 절충적 상당인과관계설의 판단 방법에 따라서 인정하여야 한다.

1. 조건관계

형법상 문제가 되는 조건관계는 일정한 실행행위가 없으면 그 구성요건적 결과도 발생하지 않는다고 하는 관계를 말한다. 이 조건관계(條件關係)의 인정을 위하여 다음과 같은 점을 주의하지 않으면 안 된다.

(1) 구체적 · 개별적 조건관계

「그 행위가 없었다면 그 결과도 발생하지 않았을 것」이라는 경우에, 그 행위와 결과 사이의 관계는 구체적이고 개별적으로 파악하지 않으면 안 된다. 예컨대 甲은 乙에게 독약을 마시게 하여 살해하였지만, 甲이 독살하지 않았다고 하더라도 乙은 몇 시간 후에 확실히 사망하였을 경우, 추상적으로는 甲의 행위가 없었다하더라도 乙은 사망하였기 때문에 조건관계의 공식이 적용되지 않는다고 할 수 있다. 합법칙적 조건설(合法則的條件說)은 이 경우 조건관계의 공식을 포기하고 후행사실인 결과가 선행사실인 행위로부터 자연법칙에 따라 발생할 때 조건관계가 있다고 한다. 이에 대하여 논리적 관계설(論理的關係說)은 甲의 독살행위가 없었다하더라도 같은 결과가 발생하였다면 그 행위는 결과에 대한 지배력을 가지고 있지 않기 때문에 조건관계가 인정되지 않는다고 하는 설 등이 주장되었다.

그러나 甲의 행위가 없으면 乙은 그 시점에서 사망하지 않았기 때문에 조건관계공식은 그대로 타당하다. 조건관계는 그 행위가 없었다고 하면, 그 결과가 발생하지 않았을 것이라고 하는 구체적 사실관계를 의미하기 때문에 이 공식이 적용되는 것은 甲의 독살행위라고 하는 개별적 행위이고, 이 행위에 대신할 어떠한 행위나 사실을 「부가(附加)」하여 가정적으로 판단하는 것은 허용되지 않는다. 따라서 현재 어떠한 행위에 의해서 결과가 발생한 경우에 만약 그 행위가 없었음에도 불구하고 다른 사정에 의하여 같은 결과가 발생하였다고 말할 수 있는 경우에도 조건관계는 인정된다.

(2) 택일적 경합관계

택일적 경합관계(擇一的競合關係)는, 복수의 독립된 행위가 경합하여 결과를 발생시킨 경우를 말하고 이를 이중적 인과관계라고도 한다. 예컨대 甲과 乙 두 사람이 독립하여 치사량의 독을 丙이 마실 위스키에

넣어 丙이 그 전부 또는 일부는 마시고 사망한 경우이다. 이 두 사람이 넣은 독이 동시에 효과가 나타나 丙이 사망한 경우, 어느 일방의 행위를 제거하여 판단하여도 결과가 발생하기 때문에 추상적으로 보면 조건관계의 공식은 성립하지 않는다.

그러나 甲과 乙 두 사람이 넣은 독은 한사람이 단독으로 독을 넣은 경우보다도 사망의 시기를 앞당긴 경우에는 구체적으로 丙의 사망에 대하여 조건관계를 인정할 수 있다. 즉 甲과 乙의 두 사람 중 어느 한 사람의 행위(예컨대 甲이 독을 넣는 행위)를 제거하여 판단하면 그 시점에서 사망의 결과는 발생하지 않기 때문이다.

(3) 중첩적 인과관계

단독으로는 결과를 발생할 수 없는 행위가 두개 이상이 중첩하여 결과를 발생시킨 경우를 중첩적 인과관계(重疊的因果關係)라고 한다. 예컨대 甲과 乙 두 사람은 丙을 살해할 의사로 의사연락 없이 각각 치사량에 미달하는 독약을 丙의 커피 잔에 넣었으나, 결국 두 사람의 독약이 합쳐져 치사량에 달해 丙이 사망한 경우를 말한다.

이 경우에 두 사람의 행위는 한 쪽의 행위가 없었다고 한다면 결과가 발생하지 않을 것이기 때문에 甲과 乙의 각각 행위와 丙의 사망에 대한 조건관계가 인정된다. 단지 우연하게 행위가 중첩한 경우는 조건관계는 인정되나 상당인과관계가 부정되어 甲과 乙은 모두 살인미수죄가 성립하게 된다. 그러나 甲과 乙이 의사의 연락이 있으면 조건관계는 물론 상당인과관계도 긍정되어 甲과 乙은 살인기수죄의 공동정범이 된다.

(4) 가정적 인과관계

어느 행위로부터 결과가 발생한 경우에 있어서 만약에 그 행위가 없었다하더라도 다른 사정에 의해서 동일한 결과가 발생한 경우를 가정적 인과관계(假定的因果關係)라고 한다. 예컨대 甲이 만취하여 자동차를 운전하던 중 도로상에서 자고 있는 사람을 치어 사망시켰지만, 만약 甲의 자동차에 의해 사고가 발생하지 않았다하더라도 반대 차선에서 달려오던 乙의 자동차에 의해서 사망한 경우를 말한다. 가정적 인과관계는 그 행위가 없었다고 하더라도 그 결과는 발생하기 때문에 조건관계가 존재하지 않는다고 하는 견해도 있지만, 현재 甲의 자동차 사고에 의하여 乙이 사망한 이상, 그 사이에 당연히 조건관계는 인정되어야 한다.

(5) 역학적 인과관계

조건관계는 자연법칙 등의 경험적 지식을 기초로 판단하지만, 예컨대 공해 또는 의료과실처럼 행위로부터 결과에 이르기는 인과경과가 과학적으로 모두 증명되지 않는 경우에도, 일반적인 경험법칙에 비추어 「A가 없으면 B도 없을 것」이라고 하는 결합관계가 인정되는 한 조건관계를 인정한다. 따라서 행위와 결과 사이에 인과경과가 자연과학적으로 입증되지 않더라도 역학적 증명에 의해서 「합리적인 의심을 갖지 않을 정도」로 인정된 때에는 조건관계의 존재를 인정하여야 한다는 설이 역학적 인과관계(疫學的因果關係)이다.

(6) 조건관계의 단절

동일한 결과를 향한 선행조건이 그 효과가 발생하기 이전에 그것과는 관계없는 후행조건에 의해서 결과가 발생한 경우에 선행조건과 결과 사이의 조건관계를 조건관계의 단절(斷切)이라고 한다. 예컨대 甲이 丙에게 치사량의 독을 마시게 하였으나, 그 독의 효과가 발생하기 전에 甲과 관계없는 乙이 총으로 丙을 살해한 경우에 甲의 행위와 丙의 사망사이의 조건관계를 말한다.

2. 상당인과관계의 판단

형법상 인과관계의 판단은 조건관계의 존재를 전제로 행위당시 일반인이 인식 또는 인식할 수 있었던 일반적인 사정과 행위자가 인식 또는 예견할 수 있었던 특별한 사정을 기초로 하여, 그 행위로부터 그 결과가 발생하는 것이 경험측상 있을 수 있다고, 즉 「상당」하다고 하는 경우에 그 행위와 결과 사이에 인과관계를 인정한다.

(1) 상당성의 내용

행위와 결과사이에 상당인과관계를 인정하기 위해서 엥키쉬(Engisch)는 i) 「행위의 상당성」과, ii) 행위로부터 결과가 발생하기까지의 「인과경과의 상당성」이 있어야 한다고 주장하였다. 즉 행위의 상당성은 광의의 상당성이라고도 하며, 행위에 의하여 발생할 결과의 개연성에 의하여 판단된다. 또한 인과경과의 상당성은 협의의 상당성으로서 광의의 상당성이 있는 행위가, 즉 결과발생의 개연성이 있는 행위가 구체적인 인과경과를 통하여 결과에 실현될 수 있는가, 즉 위험실현과정의 상당성에 의해서 판단된다

그러나 행위 당시에 존재한 사정만으로도 인과관계의 존부를 인정할 수 있는 사례에 있어서는 행위의 상당성만으로도 상당인과관계가 인정되지만, 행위 후 다른 사정이 개입하고 그것이 인과 흐름에 영향을 주는 사례에 있어서는 인과관계의 확정을 위해서는 인과경과의 상당성, 즉 협의의 상당성도 판단하지 않으면 안 된다.

(2) 상당성의 정도

상당인과관계설은 앞에서 서술한 상당성의 내용에 의해서 우연한 결과와 예견할 수 없었으나, 인과과정에 의해서 발생한 결과를 형법상 인과관계로부터 배제한다. 따라서 결과발생의 상당성 정도는 경험칙상

어느 정도의 「가능성」만 있으면 족하고, 「고도의 개연성」까지는 필요로 하지 않는다.

고 의

제 1 절 고의의 의의와 체계상의 지위

1. 고의의 의의

형법 제13조는 「죄의 성립요소인 사실을 인식하지 못한 행위는 벌하지 아니한다. 단 법률에 특별한 규정이 있는 경우에는 예외로 한다」고 규정하여 우리 형법은 죄의 성립요소인 사실을 인식한 행위를 고의(故意)로 규정함과 동시에 고의범을 원칙적으로 처벌하고, 과실범은 특별한 규정이 있는 경우에 한하여 예외적으로 처벌한다고 규정하고 있다. 이것은 형법 각칙에 규정된 일반적인 규정에 의해서도 명백하다.

그러나 고의의 본질론과 관련하여 종래의 학설은 구성요건의 어느 부분을 어느 정도 인식하고, 어떠한 주관적 사정이 있을 때 고의를 인정하고 또 처벌할 수 있는가에 대하여 견해의 대립이 있다. 또한 고의의 범죄론 체계상의 지위에 대해서도 종래의 학설은 「위법은 객관적으로 책임은 주관적으로」라는 명제에 의하여 범죄의 주관적 요소인 고의는 책임요소(責任要素)로 파악하는 것이 일반적인 견해였다. 그러나 제

2차 대전 이후 목적적행위론의 영향과 앞에서 서술한 바와 같이 주관적 위법요소 이론의 발전에 의하여 고의는 일반적·주관적 구성요건요소로서 구성요건에 위치하게 되었다.

2. 고의의 본질

고의가 성립하기 위해 단순히 구성요건에 해당하는 사실의 인식으로 족한가, 아니면 구성요건에 해당하는 사실의 인식만으로는 부족하고 이것을 적극적으로 실현하려는 의사가 있어야 하는가에 관한 논의가 고의의 본질론(本質論)이다. 이에 관한 학설 대립은 형법 제13조가 고의의 성립요소로서 「죄의 성립요소인 사실의 인식」이라는 지적 요소(知的要素)만을 명백히 하고 있을 뿐, 의사적 요소(意思的要素)에 관해서는 언급이 없기 때문이다.

[고의 본질에 관한 학설]

(1) 인식설(표상설)

구성요건적 사실의 인식만 있으면 고의가 성립된다고 보는 설로서 고의의 지적 요소를 중시하는 견해이다. 이 견해에 의하면 「인식 있는 과실」 조차도 고의로 보게 되어 고의의 범위가 부당하게 확대된다.

(2) 의사설

고의가 성립하기 위해서는 구성요건적 사실의 인식만으로는 부족하고 이것을 「적극적」으로 실현하려는 의사가 있어야 한다는 견해이다. 이 견해에 의하면 고의의 의사적 요소를 강조하여, 이것을 소극적으로 실현하려는 의사인 「미필적 고의」는 고의에 포함시킬 수 없어 고의범위가 지나치게 축소된다.

그러나 고의가 지적 및 의사적 요소를 모두 포함한다는 점에 학설과 판례는 일치하고 있어 형법 제13조도 의사적 요소를 전제하고 있다고 해석하여야 한다. 따라서 고의는 행위자가 특정한 구성요건에 해당하는 객관적 사실을 인식하고 그 내용을 실현하려는 의사가 있을 때 성립한다. 이 의미의 고의를 구성요건적 고의(Tatbestandsvorsatz)라고 한다.

또한 고의는 자기의 행위가 법률상 허용되지 않는다는 사실을 행위자가 인식할 수 있었음에도 불구하고 범죄사실을 실현한 점에 있다고 하는 책임요소로서의 책임고의(Vorsatz)가 있다.

3. 고의의 범죄론체계상 지위

범죄론 체계상에서 고의가 구성요건요소인가 책임요소인가에 관하여 견해가 대립하고 있다. 이것은 행위론 및 구성요건의 개념을 어떻게 파악할 것인가의 대립에서 유래하는 것이지만, 그 결정적인 기준은 고의가 「위법성의 유무 및 정도」에 영향을 미치는가의 여부(예컨대 행위자가 피해자를 향하여 권총을 겨누었을 경우, 만약 협박의 의도로 하였다면 생명의 위험성은 없으나, 살해할 의도였다면 살인미수의 고의가 인정되어 위법성의 유무를 결정하게 된다), 즉 고의의 내용을 어떻게 파악하는가에 따라서 다음과 같이 구별된다.

(1) 책임요소설

종래 인과적 행위론은 「위법은 객관적으로, 책임은 주관적 요소」라는 명제에 따라 주관적 요소인 고의와 과실을 책임요소로 파악하여 그 결과 구성요건적 고의의 범죄개별화기능(犯罪個別化機能)을 인정할 수 없게 되었다. 또한 위법성의 평가대상도 객관적인 것에 한정되어 주관적 요소인 고의는 위법성의 유무 및 그 정도에 영향을 줄 수 없다.

(2) 구성요건요소설(위법유형설)

목적적 행위론은 구성요건적 결과를 실현하려고 하는 목적이야말로 행위의 본질적 요소이므로 그 행위의 내용인 고의는 구성요건요소이다. 또한 구성요건은 위법행위를 유형화한 것이기 때문에 구성요건요소인 고의는 위법요소이기도 하다. 이 설에 의하면 고의범은 과실범 내지 무

과실행위와 비교하여 사회적 상당성을 일탈하는 정도가 크며, 또 고의행위는 고의가 없는 행위보다 결과발생에 대한 가능성이 높을 뿐만 아니라 법익침해의 위험성도 크기 때문에 고의에 위법성 가중기능(違法性加重機能)을 인정하게 된다.

(3) 구성요건요소설 및 책임요소설

사회적 행위론의 입장에서 고의를 구성요건요소와 책임요소로서 이중적 지위(二重的地位)와 그 이중적 기능(二重的機能)을 인정하는 설이다. 즉 구성요건적 고의란 범죄사실의 인식을 의미하며, 책임고의는 범죄사실의 인식 이외에 위법성을 기초하는 사실의 인식을 포함한다. 이를 기능면에서 보면 구성요건적 고의는 「범죄개별화기능」을 하지만, 책임고의는 행위자에게 위법성의 인식을 환기시키기 위한 「제소기능(提訴機能)」을 한다. 즉 행위자가 위법성을 기초하는 사실을 인식(책임고의)했을 때 비로소 범죄행위를 포기할 수 있는 동기가 형성된다.

제2절 고의의 성립요건

일반적으로 고의가 성립하기 위해서는 행위자가 특정한 구성요건에 해당하는 객관적 사실(범죄사실)의 인식과 그 내용을 실현하려고 하는 의사가 있어야 한다.

1. 고의의 인식적 요소

고의의 인식대상은 객관적 구성요건요소, 즉 기술적 구성요건요소와 규범적 구성요건요소의 전부이다. 따라서 고의의 인식적 요소도 「사실의 인식」과 「의미의 인식」으로 구별하여야 한다.

(1) 사실의 인식

1) 구성요건적 사실의 인식

고의가 성립하기 위해서는 객관적 구성요건에 해당하는 사실의 전부를 인식하여야 한다. 즉 행위의 주체·객체·행위·결과·행위의 태양(기망·위조) 등과 구성요건요소로 규정되어 있는 형의 가중 및 감경사유(존속살해죄에 있어서 「자기 또는 배우자의 직계존속」) 등도 인식의 대상이 된다.

그러나 주관적 구성요소인 목적범의 목적, 상습범의 상습 그리고 구성요건요소가 아닌 책임능력, 객관적 처벌조건, 소추조건 등은 고의의 인식대상이 아니다. 또한 다수설인 책임설에 의하면 위법성의 인식은 고의와는 별개의 책임요소이기 때문에 인식의 대상이 아니다.

2) 인과관계의 인식

결과발생을 구성요건의 내용으로 하는 결과범에 있어서는 고의의 성립에 인과관계의 인식도 필요하다. 예컨대 아이가 물에 빠져 있다는 소식을 듣고 현장에 달려간 부모가 이미 아이가 사망하였다고 생각하고 구조하지 않은 경우, 설령 그로 인하여 아이가 사망하였다고 하더라도 인과관계가 인정되지 않기 때문에 부작위에 의한 살인죄는 성립되지 않는다. 또한 인과관계의 인식정도는 대체적인 인식(문외한으로서 소박한 인식)으로 족하다. 즉 구체적인 인과경과의 인식을 필요로 하는 것이 아니라 자기의 행위로부터 그러한 결과, 즉 아이가 사망하리라고 일반적으로 인식할 수 있는 정도로 족하다. 단지 결과적 가중범의 경우에는 중한 결과에 대한 인식은 필요하지 않고 예견가능성만으로 족하다(제15조 2항).

(2) 의미의 인식

규범적 구성요건요소가 갖는 문화적 또는 가치적 의미를 이해하는 것을 의미의 인식이라고 한다. 예컨대 고의의 음란물반포죄(제243조)가 성립하기 위해서는 객체인 음란문서가 존재한다는 사실의 인식만으로는 부족하고, 그 문서가 갖는 의미 및 성질을 이해하여야 한다. 즉 객관적으로 음란물의 성질을 갖는 문서의 인식(물체의 인식)과 그 문서가 갖는 음란성(문서성질의 인식)에 대한 인식까지 필요로 한다. 다만 그 인식정도에 관해서 일반인에게 법률상 정확한 의미의 인식을 요구하는 것은 사실상 불가능하기 때문에 「음란한 것」(또한 「타인의 재물」이라고 하기 위해서는 반드시 소유·점유의 법적인 의미를 인식할 필요는 없고, 타인의 물건이라는 인식으로 족하다)이라고 행위자가 주관적으로 인식하고 있으면 의미의 인식이 있다고 하여야 한다. 즉 음란이라는 법적인 의미를 인식할 필요가 없다.

이와 같이 규범적 구성요건요소에 해당하는 것으로는 유가증권위조죄에 있어서 유가증권(제214조), 문서위조죄의 문서성(제225조), 절도죄에 있어서 타인의 재물성(제329조) 등이 있다.

[약물사범과 의미의 인식]

최근 약물사범에 관하여 어느 정도 그 의미를 인식하여야 하는가 문제가 되고 있다. 예컨대 「마약류불법거래방지에관한특별법」에 있어서 이것을 수입한 자가 인체에 유해한 약물로서 인식은 하였지만, 마약(痲藥)이라는 명칭에 대한 인식이 없는 경우에 고의를 인정할 수 있는가 하는 문제가 바로 그것이다. 이에 대한 일본 최고재판소는 그 물건이 「엄격한 법적 규제의 대상이 되어 있을 뿐만 아니라 약리작용을 하는 것으로서 신체에 유해한 약물」이라는 인식으로 족하다고 판시하고 있다(最決平2·2·9 判時1341号157頁). 즉 명칭이나 화학식 등의 인식까지 요구하게 되면 마약류의 소지 및 수입죄의 대부분을 처벌할 수 없기 때문이다.

2. 고의의 의사적 요소(고의의 종류)

고의는 범죄사실을 인식하고 이것을 실현하기 위하여 행위에 나아가려는 의사이기 때문에 고의가 성립하기 위해서는 범죄사실의 인식뿐만 아니라 그 내용을 실현하려는 의사가 필요하다. 이 때 인식내용을 실현하려는 의사의 태도에 따라 고의는 확정적 고의와 불확정적 고의로 구별된다. 이러한 의미에서 고의의 의사적 요소는 「고의의 종류(種類)」라고도 한다.

(1) 확정적 고의와 불확정적 고의

확정적 고의(確定的故意)는 행위자가 구성요건적 결과의 발생을 확정적으로 인식하고 인용한 경우를 말하며, 일반적으로 고의는 확정적 고의를 의미한다. 이에 대하여 불확정적 고의(不確定的故意)는 행위자가 구성요건적 결과의 발생에 대한 인식 또는 예견이 불확정적인 것을 말한다. 여기에는 개괄적 고의 · 택일적 고의 · 미필적 고의 등이 있다.

1) 개괄적 고의

군중을 향하여 살해의 의사로 발포하는 경우처럼 결과발생은 확실하지만 객체가 다수이어서 불확정적인 경우를 개괄적 고의(概括的故意)라고 한다.

2) 택일적 고의

결과발생은 확실하지만 객체가 택일적인 경우를 택일적 고의(擇一的故意)라고 한다. 예컨대 甲 또는 乙 가운데 어느 하나를 살해할 의사로 발포하여 그 중 1명을 살해한 경우를 말한다.

3) 미필적 고의

결과발생가능성은 인식하였으나 그 결과발생 자체가 불확정적인 경우를 미필적 고의(未必的故意)라고 한다. 예컨대 사람에게 상해를 입힐지도 모른다고 생각하면서 사람이 혼잡한 곳을 자전거로 질주한 경우를 말한다.

미필적 고의와 인식 있는 과실은 결과발생의 가능성을 인식하였다는 점에서 같으나 그 결과의 인용여부에 따라 구별된다. 즉 통설과 판례에 따르면 결과발생의 가능성을 인식하고 그것을 인용한 것이 「미필적 고의」이고, 결과발생의 가능성을 인식하였으나 자기능력 등을 믿고 그것을 부인한 것이 「인식 있는 과실」이다.

〈고의와 과실의 구별〉

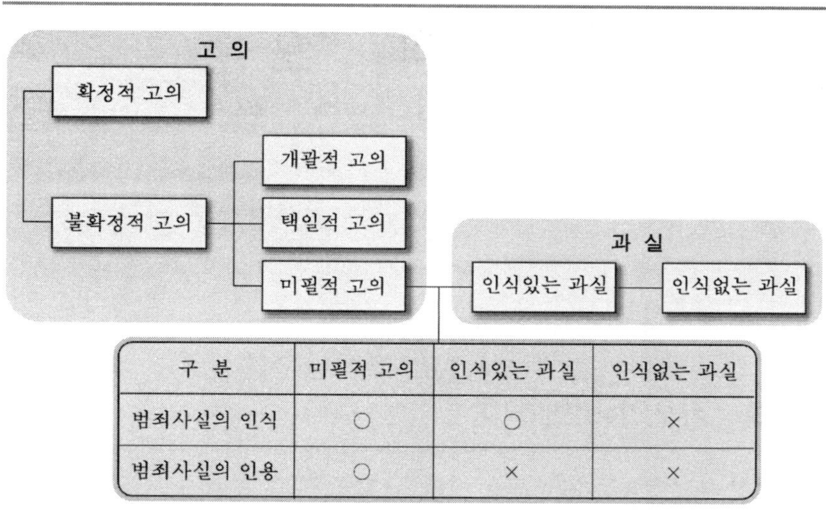

구 분	미필적 고의	인식있는 과실	인식없는 과실
범죄사실의 인식	○	○	×
범죄사실의 인용	○	×	×

(2) 사전고의와 사후고의

사전고의(事前故意)는 범죄사실의 전체에 대해서 이미 인식하고 행위를 한 경우를 말하며, 베버(Weber)의 개괄적 고의라고도 한다. 예컨대 甲은 살해할 의사로 乙의 목을 조인 결과 乙은 질식하였으나, 甲은 당황하여 乙이 사망하였다고 오인하고 범죄사실을 은폐하기 위하여 乙을 강에 버려 익사하게 한 경우를 말한다. 이 문제는 일반적으로 「인과관계의 착오」로 다루어진다.

사후고의(事後故意)는 의사가 수술을 개시한 후 환자를 살해할 고의로 수술을 중지하여 사망하게 한 경우처럼, 일정한 사건이 발생한 뒤에 생긴 고의라는 의미에서 사후고의라고 한다. 이 문제는 부작위범이 문제가 될 뿐이다.

착 오

제 1 절 착오의 의의와 종류

1. 의 의

행위자가 주관적으로 인식한 사실과 객관적으로 발생한 사실이 일치하지 않는 것을 넓은 의미의 착오(錯誤)라고 한다. 현실 생활에 있어서 행위자가 인식한 사실과 발생한 사실이 완전히 일치하는 경우는 그리 흔하지 않을 뿐만 아니라, 그러한 일치하지 않는 모든 사례를 형법상의 착오로 다루는 것도 아니기 때문에 다음과 같은 유형과 형법상의 착오를 구별해야 한다.

2. 종 류

(1) 적극적 착오

행위자가 인식한 사실은 구성요건사실, 즉 범죄사실이나 발생한 사실은 범죄사실이 아닌 경우를 적극적 착오라고 한다. 예컨대 곰을 사람이라고 오인하여 사살한 경우이다. 이 경우에는 형법 제27조의 「불능범」이 문제된다.

(2) 소극적 착오

행위자가 인식한 사실은 범죄사실이 아니지만 현실로 발생한 사실은 범죄사실인 경우를 소극적 착오라고 한다. 예컨대 사람을 곰이라고 오인하여 발포한 경우이다. 형법 제14조의 「과실범」이 문제된다.

(3) 협의의 착오

행위자가 인식한 사실도 범죄사실이고 발생한 사실도 범죄사실인 경우를 협의의 착오라고 한다. 예컨대 사람을 향하여 발포하였는데 옆에 있던 개가 죽은 경우이며, 이것이 「형법상 본래의 착오」이다

(4) 형법상의 착오론

형법상 착오는 「구성요건적 착오」와 그리고 책임론에서 살펴볼 「위법성의 착오」가 있다. 협의의 착오는 행위자가 인식한 사실과 발생한 사실의 모두가 구성요건적 사실이지만, 이것이 일치하지 않는 경우를 말하며, 이를 구성요건적 착오 또는 사실(事實)의 착오라고도 한다. 이러한 구성요건적 착오에 대하여 형법 제15조 1항은 「특별히 중한 죄가 되는 사실을 인식하지 못한 행위는 중한 죄로 벌하지 아니 한다」고만 규정하고 있어 그 해결은 학설에 맡기고 있다고 볼 수 있다.

제 2 절 구성요건적 착오

1. 의 의

구성요건적 착오(構成要件的 錯誤)는 행위자가 주관적으로 인식한 구성요건적 사실과 객관적으로 발생한 구성요건적 사실(결과)이 일치하지 않는 경우를 말한다. 고의가 성립하기 위해서는 구성요건사실, 즉 범죄사실의 인식이 필요하기 때문에 이 사실인식에 대한 착오가 있는 경우에는 고의가 조각된다. 그러나 미세한 부분까지 완전한 일치를 주장하는 것은 현실적으로 불가능하기 때문에 인식한 사실과 발생한 결과가 어느 정도 불일치 할 때 고의를 조각하는가가 구성요건적 착오의 본질문제이다.

2. 종 류

구성요건적 착오는 구성요건의 범위 및 그 요소에 따라 다음과 같이 분류할 수 있다.

(1) 구성요건의 범위에 의한 분류

구성요건적 착오는 구성요건의 범위에 따라 「구체적 사실의 착오」와 「추상적 사실의 착오」로 구분할 수 있다. 우선 ⅰ) 구체적 사실의 착오는 행위자가 인식한 사실과 객관적으로 발생한 결과가 동일한 구성요건에 해당한다고 하여 「동일한 구성요건간의 착오」라고도 한다. 예컨대 甲을 살해할 고의로 권총을 발사하여 乙을 사망시킨 경우와 같이 동일한 구성요건 사이에 사실의 오인이 있는 경우를 말하다.

ⅱ) 추상적 사실의 착오는 행위자가 인식한 사실과 객관적으로 발생한 사실의 모두가 구성요건에 해당하나 서로 다른 구성요건에 해당한다고 하여 「이종(異種)의 구성요건간의 착오」라고도 한다. 예컨대 재물을 손괴할 고의로 사람을 살해한 경우나, 보통살인의 고의로 존속을 살해한 경우와 같이 「서로 다른 구성요건에 속하는 사실 사이에 오인」이 있는 경우를 말한다.

(2) 구성요건의 요소에 의한 분류

구성요건요소는 고의의 인식대상이기 때문에 그 요소에 따라 「객체의 착오」, 「방법의 착오」, 「인과관계의 착오」로 분류할 수 있다

ⅰ) 객체의 착오는 甲을 乙로 오인하여 살해한 경우처럼, 침해행위는 본래 인식한 객체에 향하여졌으나 그 대상을 잘못 인식하여 다른 객체에 결과가 발생한 경우를 말한다. ⅱ) 방법의 착오는 甲을 살해하려고 발포하였는데 잘못하여 옆에 있던 乙이 사망한 경우처럼, 행위의 수단 또는 방법이 잘못되어 의도하지 않은 대상에 결과가 발생한 경우를 말하며 「타격(打擊)의 착오」라고도 한다. 그리고 ⅲ) 인과관계의 착오는 행위자가 인식한 사실과 객관적으로 발생한 사실은 일치하지만 행위자가 예견하지 않은 인과경로를 따라 결과가 발생한 경우를 말한다. 예컨대 甲은 乙을 익사시키기 위하여 다리 위에서 甲의 등을 떠밀었으나 乙은 강으로 떨어지면서 다리의 교각에 머리를 부딪쳐 사망한 경우를 말한다.

통설과 판례는 고의가 성립하기 위한 인과관계의 인식은 상세하고 구체적인 인식을 필요로 하지 않는다는 점에서 일치하고 있다. 따라서 행위자가 인식한 인과과정과 현실로 발생한 인과과정의 불일치가 중대한 것인 경우에 한하여 고의를 조각할 뿐이다. 이 경우 중대성의 판단기준은 결국 「상당인과관계의 범위」의 여부에 의하여 결정되기 때문에, 이것은 결국 착오의 문제가 아니라 「인과관계의 문제」로 취급되어야 한다.

이와 같이 구체적 사실의 착오와 추상적 사실의 착오 그리고 객체의 착오·방법의 착오·인과관계의 착오 등은 서로 다른 관점에서 구성요건적 착오를 분류한 것이다. 따라서 구체적 사실의 착오와 추상적 사실의 착오에는 각각 객체·방법·인과관계의 착오가 발생할 수 있다. 그러나 추상적 사실의 착오의 경우에는 구성요건상 서로 다른 객체가 존재하여야 하기 때문에 인과관계의 착오는 발생할 수 없다.

3. 구성요건적 착오를 해결하기 위한 학설

(1) 구체적 사실의 착오

구체적 사실의 착오에 관해서 「구체적 부합설」과 「법정적 부합설」이 대립하고 있다. ⅰ) 구체적 부합설(具體的符合說)은 독일의 통설 및 판례의 입장으로서 행위자가 인식한 사실과 객관적으로 발생한 사실이 「구체적」으로 일치할 때 고의가 성립한다고 한다. 따라서 행위자가 인식한 대로 결과가 발생한 객체의 착오는 고의가 조각되지 않지만, 인식한 사실과 다른 결과가 발생한 방법의 착오는 고의가 조각된다.

이에 대하여 ⅱ) 법정적 부합설(法定的符合說)은 행위자가 인식한 사실과 객관적으로 발생한 사실이 「구성요건이나 죄질(罪質)」이 동일한 경우에는 고의가 조각되지 않는다는 설이다. 따라서 구체적 사실의 착오는 추상적 사실의 착오와는 달리 행위자가 인식한 사실과 객관적으로 발생한 사실 모두가 동일한 구성요건에 속하므로 객체의 착오이든 방법의 착오이든 고의·기수가 성립하게 된다. 우리나라의 통설 및 판례의 입장이다.

또한 ⅲ) 추상적 부합설(抽象的符合說)은 행위자가 인식한 사실과 객관적으로 발생한 사실이 모두 범죄사실인 이상, 즉 양자가 「추상적」으로 일치하는 범위 내에서 고의·기수를 인정하기 때문에 법정적 부합설보다 고의의 성립범위가 매우 넓어진다. 따라서 객체의 착오, 방법의 착오를 묻지 않고 언제나 고의·기수가 성립한다.

〈구체적 부합설과 법정적 부합설의 비교〉

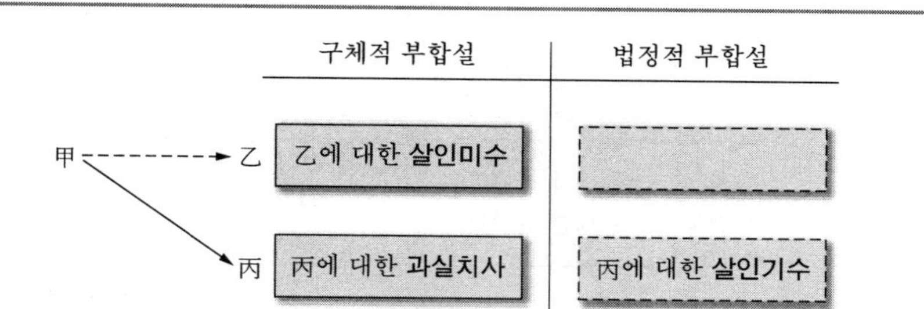

(2) 추상적 사실의 착오

추상적사실의 착오에 있어서도 어느 범위 내에서 고의를 인정할 것인가에 대하여 「법정적 부합설」과 「추상적 부합설」이 대립하고 있다. i) 법정적 부합설은 행위자가 인식한 사실과 객관적으로 발생한 사실이 동일한 구성요건에 해당하는 경우에만 고의가 성립되기 때문에 구성요건이 서로 다른 추상적 사실의 착오에 있어서는 원칙적으로 발생한 사실의 고의가 성립되지 않는다. 따라서 행위자가 인식한 사실에 대한 미수와 객관적으로 발생한 사실에 대한 과실을 논하여 양자 사이에 상상적 경합(제40조)관계를 인정할 수 있을 뿐이다.

〈구성요건적 착오〉

	구체적 사실의 착오		추상적 사실의 착오	
	인식⇒甲에 대한 살인 결과⇒乙에 대한 살인	인식⇒A에 대한 손괴 결과⇒B에 대한 손괴	인식⇒살 인 결과⇒기물손괴	인식⇒기물손괴 결과⇒살 인
구체적 부합설	갑에 대한 살인미수 을에 대한 과실치사	A의 손괴 미수 B의 과실손괴 (불가벌)	살인미수 과실손괴 (불가벌)	손괴미수 과실치사의 경합
법정적 부합설	을에 대한 살인	B의 손괴	살인미수 과실손괴 (불가벌)	손괴미수 과실치사의 경합
추상적 부합설			살인미수 기물손괴의 경합	손괴죄 과실치사의 경합

이에 대하여 ii) 추상적 부합설은 인식한 사실과 발생한 사실의 양자가 추상적으로 일치하면 고의를 인정할 수 있지만, 형법 제15조 1항의 규정에 의하여 ⓐ 경한 사실의 인식으로 중한 결과가 발생한 경우와, ⓑ 중한 사실의 인식으로 경한 결과가 발생한 경우로 나누어 고찰하여야 한다. 추상적 부합설에 따르면 이 경우 모두 경한 사실에 대한 고의·기수를 인정하고, 중한 사실에 대해 과실을 인정하고 있다. 이러한 추상적 부합설은 행위자의 반사회적 위험성을 범죄성립의 근거로 이해하는 주관주의적 범죄이론으로서 현재 이를 지지하는 견해는 존재하지 않는다.

과 실

제1절 과실의 의의와 체계상의 지위

1. 과실과 과실범의 의의

형법 제14조에 의하면 「과실」은 정상의 주의를 태만히 하여 죄의 성립요소를 인식하지 못한 것을 말하며, 특별한 규정이 있는 경우에 한하여 처벌한다. 따라서 행위자가 정상의 주의를 다하였더라면 자기의 행위가 구성요건을 실현할 수 있다는 것을 인식을 할 수 있음에도 불구하고, 부주의로 인하여 그 가능성을 인식하지 못하여 구성요건적 결과를 실현한 범죄를 「과실범(過失犯)」이라고 한다. 이러한 과실범은 고의범이 구성요건적 결과를 인식하고 인용하였다는 점에서 본질적으로 구별된다.

2. 과실범의 구조와 범죄론 체계상의 지위

(1) 과실범의 구조

과실범의 객관적인 구조는 고의범의 경우와 다르지 않다. 따라서 구성요건단계에서 실행행위와 구성요건적 결과 사이의 상당인과관계가 필요하며, 실행행위는 일반적으로 결과발생의 현실적 위험성이 있는 행위가 아니면 안 된다. 그러나 범죄사실을 인식하면서 그 행위를 실현하는 고의행위와 부주의로 범죄사실을 야기한 것에 불과한 과실행위는 외형적으로는 동일하다고 하더라도 일반인이 느끼는 위험의 정도는 다를 수밖에 없다. 따라서 과실의 실행행위와 고의행위는 다르게 구성할 필요가 있다.

또한 과실범의 주관면은 일반인의 주의능력을 기초로 하는 일반적 구성요소로서의 과실과 행위자 본인의 주의능력을 기초로 하는 책임요소로서의 과실로 구성된다. 과실범의 구조상 특색은 이 주관면에서 나타난다.

(2) 범죄론 체계상의 지위

1) 책임요소설

종래의 인과적 행위론은 범죄를 객관면과 주관면으로 구분하여 객관적이고 외부적인 요소는 위법성으로, 주관적이고 내부적인 요소는 책임성에 속한다고 하여 「위법은 객관적으로 책임은 주관적으로」라는 표어가 나타났다. 위법과 책임을 이와 같은 기준에 따라 구분할 때 행위자의 주관적 사정인 고의가 책임에 속한다고 하는 것에는 의심의 여지가 없다. 그러나 문제가 되는 과실은 부작위범처럼 행위자에게 기대된 일정한 행위를 하지 않은 신체적 해태(懈怠)가 아니라 정신적 해태, 즉 부주의한 내심적 태도로서 파악하여 과실을 고의와 나란히 책임의 종류 또는 형식으로 파악하였으며 이를 구과실론(舊過失論)이라고 한다.

따라서 과실의 내용도 결과발생에 대한 예견의무위반이라고 하는 외부적 행동과 무관하게 행위자의 주관적 사실에서 찾지 않을 수 없다. 즉 행위자가 주의하였더라면 결과발생을 예견할 수 있음에도 부주의하여 결과를 발생시킨 점에 과실범의 본질이 있다고 한다.

2) 구성요건요소설

주관적 위법요소의 발견과 개개 행위자의 행위사정을 기초로 한 기대가능성 개념의 출현은 고의와 과실을 책임요소로부터 구성요건 내지는 위법성으로 위치시켰다. 이와 같은 범죄론체계 구조상의 변화와 현대 사회생활의 변화는 이른바 신과실론의 등장을 재촉하였다.

신과실론(新過失論)은 과실의 내용인 주의의무위반을 단지 내심(內心)의 주의의무(예견의무)에 그치지 않고 일정한 행위와 관계된 의무위반으로 이해하였다. 즉 현대사회의 교통기관발달과 의료행위 등은 결과발생이 어느 정도 예견되더라도 사회생활상 필요 불가결한 행위이기 때문에 오히려 더욱 장려되어야 한다. 따라서 이 경우 비록 결과가 발생하더라도 행위자가 결과발생을 회피하기 위하여 사회생활상 필요로 하는 일정한 「기준행위」를 하였다면 과실이 없고 위법하지도 않다고 한다. 따라서 일정한 기준행위의 일탈(逸脫)이 과실범의 실행행위이며, 그 본질이다. 이러한 의미에서 과실은 위법요소 내지는 구성요건 요소로 파악되었다.

3) 구성요건요소설 및 책임요소설

과실도 고의와 마찬가지로 구성요건요소인 동시에 책임요소로서 이중적 지위를 가진다고 하는 설이다. 이 설은 과실의 내용인 주의의무위반을 객관적 주의의무위반과 주관적 주의의무위반으로 나누어, 전자는 사회생활상 누구에게나 요구되는 객관적 주의의무로서 주관적 구성요건요소인데 반하여, 후자는 행위자 개인의 주의능력을 기준으로 하는 주관적 주의의무로서 책임요소가 된다고 한다.

〈구과실론과 신과실론의 비교〉

	구과실론	신과신론
체계론	책임요소	위법요소
주의의무	예견가능성중심 (부주의로 결과를 예견하지 못한 것이 과실의 본질)	회피가능성중심
예견가능성	구체적	—
처벌범위	확대(예견가능성이 있으면 모두 처벌가능하기 때문에 처벌범위)	한정(예견가능성이 있었어도 결과회피의무를 다하면 과실범불성립)

제 2 절 과실의 성립요건

1. 범죄사실의 불인식

과실이 성립하기 위해서는 우선 고의가 존재하지 않을 것을 요건으로 한다. 범죄사실을 인식하고 그 인식한 행위를 인용한 경우에는 고의범이 성립되고 과실범은 논할 여지가 없기 때문이다. 따라서 과실은 범죄사실의 「인식」이 없는 경우와 인식은 있으나 그 행위를 인용하지 않은 경우에 과실이 성립한다. 전자를 「인식 있는 과실」이라 하고, 후자를 「인식 없는 과실」이라고 한다.

2. 정상의 주의태만(주의의무위반)

(1) 주의의무위반의 의의

과실범이 성립하기 위해서는 부주의가 필요하다. 부주의(不注意)라고 하는 것은 법률상 필요로 하는 주의의무에 위반하는 것을 말한다. 형법이 고의 이외에 과실을 처벌하는 것은 일반국민에게 사회상활상 필요로 하는 주의의무를 다하여, 구성요건적 결과가 발생하지 않도록 주의할 것을 요구하고 있다는 것을 의미한다.

(2) 주의의무의 내용

과실범은 행위자가 일정한 주의를 하였더라면 자기의 부주의한 행위로 인하여 결과가 발생할 수 있다는 것을 예견할 수 있고, 또 그 예견으로부터 적절한 조치(결과회피)를 취할 수 있었을 경우에 한하여 성립한다. 즉 주의의무는 일정한 범죄적 결과의 발생을 예견해야 할 결과예견의무(結果豫見義務)와 그 결과예견의무를 전제로 하여 결과를 회피해야 할 결과회피의무(結果回避義務)를 그 내용으로 한다. 이와 같이 결과예견의무는 논리적으로 결과회피의무를 선행하게 된다.

(3) 주의의무의 기준

주의의무의 내용은 어떠한 사람의 주의능력을 표준으로 하여 정할 것인가에 대하여 학설이 대립되어 있다. ⅰ) 주관설 또는 행위자표준설은 행위자 본인의 주의능력을 기준으로 하여 부주의 유무를 판단하려는 견해이다. 이에 대하여 ⅱ) 객관설인 통설 및 판례의 입장은 사회일반인의 주의능력을 기준으로 부주의의 유무를 판단한다고 하여 평균인표준설이라고도 한다. 따라서 이 설에 의하면 주의의무가 평균인보다 미달하거나 초과하는 행위자 개인의 특별한 능력은 책임단계에서 판단하게 된다.

따라서 과실범의 구조에 따라 주의의무를 구성요건단계에서 판단하는 객관적 주의의무, 즉 사회생활상 누구에게나 필요로 하는 주의의무와 책임단계에서 고려되는 행위자 개인의 특별한 능력인 주관적 주의의무로 구분하는 객관설이 타당하다.

3. 결과의 발생

과실범은 미수를 처벌하지 않기 때문에 가령 주의의무 위반행위가 있음에도 결과가 발생하지 않으면 과실범을 논할 실익이 없다. 즉 과실범은 결과범으로서 과실행위에 의하여 법익침해라는 구성요건적 결과가 발생하여야 하며, 이 경우 구성요건적 결과의 발생과 과실행위(주의의무위반) 사이에는 인과관계가 있어야 한다.

제 3 절 과실의 종류

1. 인식 있는 과실과 인식 없는 과실

「인식 있는 과실」은 행위자가 구성요건적 결과의 발생은 인식하였으나, 주의의무를 위반하여 자신에게는 그러한 결과가 발생하지 않을 것으로 신뢰한 경우를 말한다. 이에 대하여 「인식 없는 과실」은 주의의무를 위반하여 구성요건적 결과의 발생에 대한 인식조차 없는 경우이다. 양자는 이론상 구별에 불과하며, 모두 주의의무를 위반하여 결과를 회피하지 않은 점에서 법률상 동일하게 취급된다.

2. 업무상과실과 중과실

업무상 과실은 일정한 업무에 종사하는 자가 업무상 일반적으로 요구되는 주의의무를 게을리한 경우를 말한다. 여기서 업무(業務)란 「사람이 사회생활상의 지위에 기하여 계속·반복적으로 하는 사무」를 말한다. 형법은 업무상실화죄(제171조), 업무상교통방해죄(제189조), 업무상과실치사상(제268조) 등에서 일반과실보다 업무상과실범의 형을 가중하고 있다.

그러나 업무상 범죄를 가중 처벌하는 그 근거에 대해서 학설이 대립되어 있다. 다수설에 의하면 업무자나 일반인은 주의의무 면에서는 동일하나, 일반적으로 업무자는 일반인보다 풍부한 지식과 경험을 가지고 있기 때문에 결과발생에 대한 예견가능성이 높고, 따라서 비난가능성(非難可能性)도 높다고 한다.

또한 형법은 중과실을 특별히 규정하여 업무상과실과 같은 법정형으로 가중 처벌한다. 「경과실(輕過失)」은 중과실에 대응하는 개념으로서 중과실이 아닌 모든 과실을 의미하며, 중과실은 약간의 주의만 기울였더라도 결과발생을 방지할 수 있었던 경우의 과실을 말한다. 이 때 중과실의 여부는 사회통념에 따라 결정되며, 동일한 행위에 있어서 업무상과실과 중과실이 경합하는 경우에 양자는 택일관계(擇一關係)에 있다고 본다.

3. 감독과실

결과를 직접 발생하게 한 자 뿐만 아니라, 그 배후에 있는 감독자 또는 관리자에게도 과실범을 인정하는 경우를 감독과실(監督過失)이라고 한다. 예컨대 화학공장에서 근무하는 직원의 과실로 유독가스가 배출되어 인근 주민들을 사망시킨 경우에, 그 직원을 감독하는 입장에 있는 공장장에게도 예방조치를 취하지 않았다면 과실범이 성립된다.

감독과실은 협의 감독과실과 관리과실로 구분할 수 있다. 전자는 특별한 과실을 의미하는 것이 아니라 어느 상황에 있는 감독자의 과실을 의미하며, 그 성립요건도 일반과실과 동일하다. 이에 대하여 후자인 관리과실(管理過失)은 관리자의 관리 하에 있는 설비자체가 과실을 구성하는 것을 말한다. 예컨대 호텔 및 백화점 등에 설치한 자동화재경보기를 정상적으로 작동하도록 관리해야 할 의무가 있는 자가 이를 게을리하여 화재로 사람들에게 사상을 입힌 경우를 말한다.

제 4 절 과실범의 처벌을 제한하는 원리(객관적 주의의무의 제한원리)

1. 허용된 위험의 원칙

현대와 같이 고도로 발달된 정보화사회에 있어서는 사회생활상 불가피하게 법익침해의 위험성을 가진 행위가 항상 존재하게 된다. 이 경우에 위험성을 동반한 행위가 법익침해의 결과를 발생하였음에도 행위자가 그 결과를 회피하기 위하여 사회적으로 상당한 행위를 하였다면 일정한 범위 내에서 그 행위자를 처벌할 수 없다는 이론이 「許容된 危險의 原則(erlaubtes Risiko)」이다. 즉 의료행위 · 고속교통기관 · 대규모의 토목건설사업 등에서 볼 수 있는 것처럼 불가피하게 사람의 생명 · 신체 등에 법익침해의 위험이 동반된 행위가 여기에 속한다.

허용된 위험 하의 행위가 과실범으로서 처벌되지 않는 그 근거에 대해서 학설은 대립되어 있다. 즉 허용된 위험 하의 행위는 i) 사회적으로 상당한 행위로서 위법성이 조각된다고 하는 설과 ii) 그 행위는 객관적 주의의무를 위반하지 않는 행위로써 구성요건해당성이 없다고 하는 설이 대립되어 있다. 그러나 허용된 위험의 원칙은 객관적 주의의무를 한정하는 기능을 한다고 하는 점에서 구성요건해당성배제설이 타당하다.

2. 신뢰의 원칙

「신뢰의 원칙(Vertreuensgrundsatz)」은 1935년 이후 독일의 교통사고 판례에서 확립된 원칙으로써 허용된 위험의 원칙을 보다 구체화한 것이다. 즉 행위자는 자신이 주의의무를 준수한 것처럼 다른 행위자도 그

렇게 준수할 것이라고 신뢰하여 행위를 한 결과 법익을 침해하였다고 하더라도 그 결과로 인하여 처벌되지 않는다는 원칙을 말한다.

종래 우리나라의 교통사고판례에 있어서 「행위자는 모든 사태를 예견하고 그에 상응하는 적절한 조치를 취해야 한다」고 하는 결과책임(結課責任)을 인정하는 경향에 있었으나, 1957년 대법원 판례가 이 원칙을 받아들인 이래 학설도 이를 인정하고 있다. 그러나 학설은 신뢰의 원칙의 법적성격에 대하여, 결과회피의무를 제한한다는 설과 결과예견가능성을 한정한다는 견해가 대립되어 있으나, 이것은 과실범의 성립요건에 관한 신과실론(결과회피의무제한)과 구과실론(결과예견가능성)의 차이에 불과하다.

결과적가중범

제 1 절 의의와 가중의 근거

1. 의 의

고의의 기본행위로부터 행위자가 예견하지 못한 중한 결과가 발생한 범죄를 결과적가중범(結果的加重犯)이라고 한다. 이 때 중한 결과로 인하여 형벌이 가중되나 아무리 중한 결과가 발생하더라도 행위자가 발생한 결과에 대하여 예견가능성이 없으면 중한 결과로 처벌할 수 없다. 이것은 「책임 없으면 형벌 없다」는 책임주의(責任主義)의 당연한 귀결이다.

따라서 형법 제15조 2항은 「결과로 인하여 형이 중한 죄에 있어서 그 결과발생을 예견할 수 없었을 때에는 중한 죄로 벌하지 아니 한다」고 규정하여, 중한 결과발생에 대한 과실을 결과적가중범의 성립요건으로 하고 있다. 즉 결과적가중범은 고의의 기본범죄와 과실의 의한 결과발생을 그 요건으로 하기 때문에 「고의와 과실의 결합범죄」라고 할 수 있다.

이러한 결과적가중범은 행위자에게 중한 결과에 대한 고의가 없음에도 형을 가중하기 때문에 그 가중하는 근거와 요건을 명확히 하지 않으면 안 된다.

[상해의 고의로 사람을 살해한 경우]

상해의 고의로 인하여 사망의 결과가 발생한 경우에는 살해의 고의가 없기 때문에 살인죄는 성립하지 않고, 단지 주관면에서 상해죄와 객관면에서 과실치사죄가 고려될 뿐이다.

그러나 상해의 기본 범죄에 의하여 중한 결과인 사망이 발생한 경우이기 때문에 형법은 상해죄(제257조)나 과실치사죄(제267조)보다 형을 가중 처벌하는 상해치사죄(제258조)를 규정하여 처벌하고 있고 이것을 결과적가중범이라고 한다.

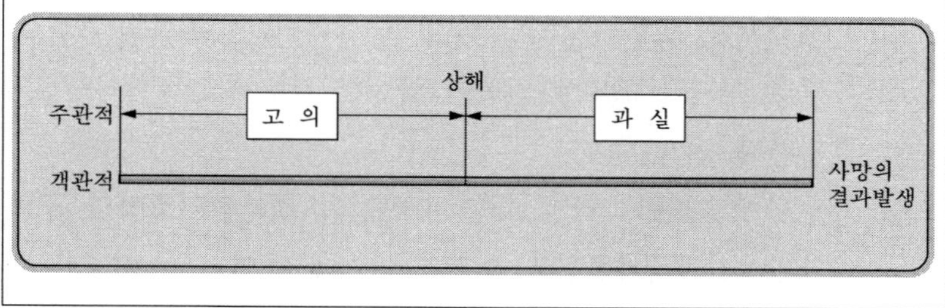

2. 가중의 근거

결과적가중범이 동일한 결과를 발생한 단순 과실범보다 가중 처벌하는 근거는 기본범인 고의행위에 중한 결과를 실현할 객관적 위험이 내포되어 있기 때문이다. 즉 상해의 고의행위로 중한 결과인 사망이 발생한 경우는 주의의무위반에 의하여 동일한 사망의 결과가 발생한 과실행위보다 행위반가치성(行爲反價値性)이 크기 때문이다.

제 2 절 결과적가중범의 종류

1. 진정결과적가중범과 부진정결과적가중범

결과적가중범(結果的加重犯)은 중한 결과의 발생원인에 따라 「진정결과적가중범」과 「부진정결과적가중범」으로 구분할 수 있다. 우선 진정결과적가중범은 고의의 기본범죄에 의하여 중한 결과가 발생한 범죄를 말한다. 상해치사죄(제259조 1항), 폭행치사상죄(제262조) 등이 여기에 해당된다. 또한 부진정결과적가중범은 중한 결과를 과실로 야기한 경우뿐만 아니라 고의에 의하여 발생한 경우에도 성립하는 결과적가중범을 말한다.

이에 대하여 진정 또는 부진정의 결과적가중범의 구별을 부인하여 부진정결과적가중범을 부정하는 견해도 있으나, 처벌의 균형을 위하여 필요하다는 견해가 다수설과 판례의 입장이다. 이것은 중상해죄(제258조)와 같이 처음부터 중상해의 고의로 중상해의 결과가 발생한 경우를 제외할 이유가 없기 때문이다. 현조건조물방화치사상죄(제164조 2항), 교통방해치사상죄(제188조) 등도 여기에 해당된다.

2. 고의의 결과적가중범과 과실의 결과적가중범

기본범죄가 고의에 의한 것인지, 과실에 의한 것인지에 따라 고의의 결과적가중범과 과실의 결과적가중범으로 분류할 수 있다. 독일처럼 입법에 의해서 과실의 결과적가중범(실화치사죄, 과실일수죄)을 인정하는 국가도 있으나, 우리 형법은 과실의 결과적가중범을 인정하고 있지 않다.

제 3 절 결과적가중범의 성립요건

1. 고의의 「기본범죄행위」

결과적가중범의 본질적 구성요소는 고의의 기본범죄행위이다. 즉 고의의 기본범죄행위에 의하여 결과가 발생될 것을 원칙으로 하고 있으나, 고의의 기본범죄행위가 미수에 그친 경우에도 성립에는 영향이 없다. 예컨대 강도가 미수에 그쳐 재물 강탈에 실패한 경우에도 이로 인하여 피해자에게 상해를 입힌 경우에는 강도치상죄(제337조)가 성립한다.

2. 기본행위의 고의를 초과한 「중한 결과의 발생」

기본행위인 고의를 초과하여 중한 결과가 발생하여야 한다. 여기서 중한 결과는 이미 기본범죄의 고의행위에 내포된 객관적 위험이 중한 결과에 실현된 경우이므로 그 결과는 결과적가중범의 본질적인 불법내용을 이룬다.

3. 기본행위와 중한 결과발생과의 「인과관계」

기본범죄행위를 실현하기 위한 행위와 중한 결과사이에 인과관계가 있어야 한다. 형법 제15조 2항이 결과발생에 대한 예견가능성을 규정하고 있으므로 인과관계를 논할 필요가 없다는 견해도 있으나, 현재의 통설과 판례는 「상당인과관계」를 필요로 하는데 일치하고 있다.

4. 중한 결과발생에 대한 「과실」

형법 제15조 2항은 중한 결과에 대한 예견가능성이 없을 때에는 중한 죄로 벌하지 아니한다고 규정하고 있어, 과실을 결과적가중범의 성립요건으로 하고 있다는 점에서 학설은 일치한다. 이 경우 예견가능성의 판단기준에 대하여 학설은 대립되어 있으나, 중한 결과에 대하여 일반인이 인식하고 예견할 수 있는 경우에 그 성립을 인정하는 객관설이 타당하다.

제 4 절 관련문제

1. 결과적가중범과 미수

결과적가중범은 위에서 본 것처럼 고의범과 과실범이라는 두 개의 범죄가 결합된 형태이지만 그 범죄의 전체적인 성격을 과실범으로 취급하여 미수범 처벌규정을 두고 있지 않은 것으로 보인다. 그러나 1995년 형법개정에 의하여 인질치사상죄(제324조의5)와 강도치사상죄(342조)의 미수범 처벌규정을 두고 있다.

2. 결과적가중범의 공범

결과적가중범의 공동정범은 과실범의 공동정범을 인정하느냐에 따라서 그 결론을 달리한다. 공동정범에 관한 범죄공동설의 입장에서는 이를 부정하고 있으나, 판례와 행위공동설의 입장에서는 이를 긍정하고 있기 때문에 결과적가중범의 공동정범도 인정하게 된다. 단지 이 경우에도 공범 행위자가 중한 결과에 대한 공동의 과실이 있는 경우에 한하여 공동정범의 성립을 인정한다고 한다.

또한 결과적가중범의 교사범과 방조범은 결과적가중범에 대한 교사 또는 방조가 성립되기 위해서 기본범죄에 대한 교사 또는 방조 이외에 교사범 또는 종범에게도 중한 결과발생에 대한 과실이 있어야 성립한다.

제 4 편

위 법 성

제 1 장　위법성의 개념
제 2 장　개별 위법성조각사유

위법성의 개념

제1절 위법성의 의의 및 본질

1. 의 의

범죄는 구성요건에 해당하는 위법하고 유책한 행위이므로, 위법성(違法性)은 범죄성립요건의 하나로서 행위가 법률상 허용되지 않는 것을 의미한다. 즉 위법성은 법질서 전체의 입장에서 행위에 대하여 내려지는 부정적인 가치판단인데 반하여, 구성요건해당성은 개개의 형벌법규 위반(불법)이라는 점에서 구별된다. 또한 위법성은 행위에 대한 부정적인 가치판단인 점에 대하여, 행위자에 대한 부정적 평가인 책임과도 구별된다.

문제는 형법전은 위법한 행위를 구성요건처럼 적극적으로 규정하지 아니하고 다만 위법성이 조각되는 행위(제20조~제24조)를 소극적으로 규정하고 있어 「위법성의 본질」이 무엇인가에 대하여 고찰하지 않으면 안 된다.

2. 위법성의 본질

앞에서 서술한 것처럼 위법성이란, 법질서 전체의 입장에서 행위에 대한 부정적인 가치판단이다. 이 때 「법질서는 무엇을 금지하고 요구하는가?」 즉 위법성은 무엇을 대상으로 하고 또 그것을 어떻게 평가할 것인가에 대한 위법성 본질의 중요한 문제로서 이에 대해 견해가 극심하게 대립되어 있다.

종래 위법성의 본질에 관한 논의는 위법성의 「평가대상(評價對象)」을 기준으로 하는 형식적 위법성론과 실질적 위법성론이, 그리고 위법성의 「평가방법(評價方法)」을 기준으로 하는 주관적 위법성론과 객관적 위법성론이 대립되어 있다.

(1) 형식적 위법성론과 실질적 위법성론

형식적 위법성론(形式的違法性論)은 위법성을 형식적인 법률에 위반한 것으로 이해하여, 행위가 아무리 반윤리적인 행위라고 하더라도 형법규범에 위반하지 않는 한 위법하지 않다고 한다. 이에 대하여 실질적 위법성론(實質的違法性論)은 형식적인 법규정을 떠나 법의 실질적인 내용에 따라서 위법성을 평가하기 때문에 행위가 형식적인 법규범에 위법하더라도 실질적으로 위법하지 않는 한 위법하지 않다고 한다. 이 견해는 위법성의 본질 또는 실질이 무엇인가에 따라서 다시 규범위반설과 법익침해설로 구분된다.

1) 규범위반설

위법성의 본질을 규범위반(사회윤리)에 있다고 하는 설이다. 이 설은 형법의 임무로서 사회윤리 내지는 도덕을 강조하여 이러한 윤리·도덕에 반하는 것이 위법의 본질이라고 해석한다. 따라서 규범위반설은 범죄에 대한 행위자의 의도 및 동기, 그리고 행위태양과 같은 법익침해 이외의 요소도 위법평가의 대상이 된다. 이러한 규범위반설은 법익침해라고 하는 결과만을 가지고 위법을 평가하는 법익침해설을 적절히 제한하는 기능을 가지고 있다.

2) 법익침해설

위법성의 본질을 법익의 침해 및 그 위험성에 있다고 하는 설이다. 이 설은 형법의 임무는 법익보호에 있기 때문에 형법은 법익의 침해 및 위험이 발생했을 때 비로소 개입하게 된다. 법익침해설(法益侵害說)의 출발점은 포이에르바하의 권리침해설(權利侵害說)의 「권리」개념을 수정·확장하여, 권리라고 할 수 없는 것까지 포함하는 「생활이익」의 침해 및 그 위험을 위법성의 본질이라고 해석한다. 이러한 법익침해설은 애매한 실질적 범죄개념에 형식적 내용을 부여하여 범죄개념의 부당한 확장을 방지하여 국가권력으로부터 일정한 시민적 자유를 확보하는 기능을 한다.

〈규범위반설과 법익침해설의 대립〉

	위법의 본질	형법의 임무	사상적 배경	위법의 평가대상	위법의 평가 시기
규범 위반설	규범위반	사회윤리의 보호 (행위 규범)	빈딩의 규범설, 마이어의 문화 규범설	행위자의 의도, 동기 등의 행위 태양(행위의 주관 적요소)	행 위 시
법익 침해설	법익침해 및 그 위험성	법익보호 (재판규범)	포이에르바하의 권리침해설	법익침해 및 그 위험성(행위의 객관적 요소)	재 판 시

3) 형법의 태도

위법성을 판단하는 기준은 기본적으로 실정법규이지만 형법 제20조는 「사회상규에 위배하지 아니하는 행위는 벌하지 아니한다」라고 하여 사회상규(社會常規)도 위법성의 판단기준이 된다. 따라서 위법의 본질은 「사회상규를 일탈한 법익침해 및 그 위험성이 있는 행위」라고 할 수 있다. 이것은 위법성의 본질에 관한 형식적 위법성론과 실질적 위법성론을 서로 대립시켜 파악할 수 있는 것이 아니라, 양자를 상호 보완적으로 파악할 때 비로소 가능하다고 할 수 있다.

(2) 객관적 위법성론과 주관적 위법성론

1) 객관적 위법성론

객관적 위법성론(客觀的違法性論)은 법을 평가규범과 의사결정규범으로 구분하여, 평가규범에 객관적으로 위반하는 것이 위법이고, 의사결정규범에 주관적으로 위반하는 것이 책임이라고 하는 견해이다. 따라서 이 견해에 의하면 「위법은 객관적으로 책임은 주관적으로라는 명제가 주장된다. 즉 행위의 위법성은 행위자의 고의 또는 과실, 책임능력의 유무와 관계없이 객관적으로 법질서에 합치되지 아니한 모든 행위가 위법하게 된다. 따라서 자연의 재해나 동물에 의한 침해도 위법하게 된다.

〈평가규범과 의사결정규범〉

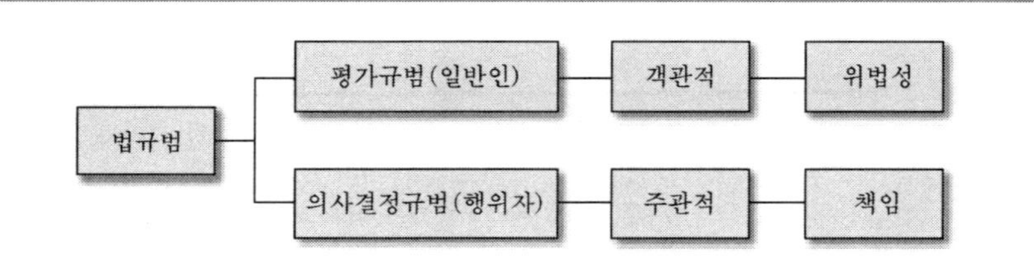

2) 주관적 위법성론

주관적 위법성론(主觀的違法性論)은 법규범을 사람의 의사에 대한 명령·금지라고 이해하는 「명령설(命令說)」의 입장에서 주장된 이론이다. 즉 행위자는 법규범이 명령하고 금지한 행위를 이해할 수 있고 또 그 행위를 할 수 있음에도 불구하고 이에 위반한 행위가 위법하다고 하는 견해이다. 이 견해에 의하면 법규범의 명령·금지의 의미를 이해할 수 없는 책임무능력자의 행위는 자연현상과 마찬가지로 위법평가의 대상이 될 수 없다. 따라서 책임무능력자의 침해행위에 대한 정당방위는 할 수 없지만 긴급피난은 가능하게 된다. 또한 위법성단계에서 책임요소를 논하는 결과, 위법과 책임의 구분을 부정하여 범죄론 체계를 무시하게 된다는 비판을 받고 있다.

3) 위법성의 평가대상과 평가방법

통설인 객관적 위법성론에 의하면 평가규범이 의사결정규범에 선행하기 때문에 책임에 앞서서 위법성의 유무를 판단하지 않으면 안 된다고 하여, 위법과 책임의 구별을 주장하였다. 그리고 위법성은 행위자의 의사 및 인격을 떠나 객관적으로 법질서에 위반한 행위로 파악하고, 이때 위법성의 평가기준은 행위자가 아닌 일반인의 입장에서 평가하여 책임무능력자의 행위도 위법하게 된다. 즉 객관적 위법성론은 위법성의 「평가대상의 객관성」과 「평가방법의 객관성」을 명확히 구분하고 있다.

그러나 주관적위법요소의 존재는 통설에 대해 새로운 문제를 제기하고 있다. 즉 주관적위법요소와 같이 위법성을 결정하는 주관적 요소가 존재한다고 하는 것은 위법성에서도 주관적인 사실을 대상으로 하지 않을 수 없다는 것을 의미한다. 따라서 평가대상에 의한 위법과 책임을 구별하는 것은 불가능하게 되고, 이것은 결국 객관적 위법성론의 주장과 모순하게 된다. 그렇다고 하여 객관적 위법성론을 부정할 수 없다는 것은 명백하다. 여기서 이 주관적위법요소를 객관적 위법성론 가운데 어떻게 위치시킬 것인가 문제가 되며, 이 점에 관해서 행위무가치론(行爲無價值論)과 결과무가치론(結果無價值論)이라는 두 개의 견해가 주장되고 있다.

(3) 행위무가치론 결과무가치론

1) 행위무가치론

위법성의 근거(본질)를 「사회상규를 일탈한 행위」에서 찾는 견해를 행위무가치론(行爲無價值論)이라고 한다. 이 견해에 의하면 위법성여부는 법익의 침해라고 하는 결과뿐만 아니라, 그 침해의 의도와 목적, 방법이나 태양(態樣), 즉 행위자의 주관도 당연히 판단대상이 된다. 따라서 주관적위법요소는 항상 위법성을 결정하는 중요한 요소가 된다. 그리고 이 견해에 의하면 위법성은 일반인을 기준으로 하는 점에서 「객관적」인데 대하여 책임은 행위자를 기준으로 하는 점에서 「주관적」이다.

2) 결과무가치론

이에 대하여 결과무가치론(結果無價値論)은 위법성의 근거(본질)를 「법익침해의 결과 및 그 침해의 위험성」에서 찾는 견해로서, 이 견해에 의하면 주관적위법요소는 위법성판단기준의 하나에 불과하기 때문에 위법성판단에 있어서 필요 불가결한 경우에 한하여 인정될 뿐이다. 그리하여 위법성은 행위자의 의사나 인격으로부터 분리되어 그 행위가 객관적인 법질서에 저촉되었는가의 여부에 따른 가치판단을 한다고 하는 점에서 「객관적」인데 대하여, 책임은 위법한 행위와 행위자의 인격이나 그 의사와 연결된 행위자에 대한 부정적 가치판단이라는 점에서 「주관적」이라고 한다.

위의 두 이론은 위법성조각사유의 해석뿐 만아니라 과실범론이나 미수범론에 있어서도 그 결론을 달리할 뿐만 아니라, 형법의 임무가 윤리보호에 있는가 또는 법익보호에 있는가에 대해서도 극심한 대립을 보이고 있다.

〈행위무가치론과 결과무가치론의 비교〉

	행위무가치론	결과무가치론
보호의 대상	도덕 · 윤리	법익(생활이익을 포함)
위법평가의 기준	객관적	객관적
위법평가의 대상	「행위」를 중심으로 한 「주관면」을 포함	「결과」를 중심으로 「객관면」에 한함
위법평가의 시점	행위시	결과발생시
형벌법규의 기능	행위규범	재판규범

제2절 위법성조각사유

1. 의 의

구성요건에 해당하는 행위는 원칙적으로 위법하기 때문(구성요건의 위법성추정기능)에 그 행위에 대해서는 위법성의 유무를 판단하지 않고, 단지 위법성조각사유가 존재하는가 판단할 뿐이다. 따라서 구성요건에 해당하는 행위라고 하더라도 특수한 사정이 존재하면 그 행위는 적법하게 된다. 이러한 특수한 사정을 「위법성조각사유(違法性阻却事由)」 또는 「정당화사유(正當化事由)」라고 한다. 형법전은 위법성의 요건에 대해서는 적극적으로 규정하지 않고, 오히려 소극적으로 위법성조각사유를 규정하고 있을 뿐이다. 즉 정당행위(제20조), 정당방위(제21조), 긴급피난(제22조), 자구행위(제23조), 피해자의 승낙(제24조) 등이 그것이다. 그리고 각칙에 명예훼손죄(제310조)에 대한 특별한 위법성조각사유를 규정하고 있다

또한 위법성조각사유는 일정한 요건 하에서 항상 허용되는 「일반적 위법성조각사유」와 법익의 침해가 절박한 경우에만 인정되는 「긴급적 위법성조각사유」로 구분할 수 있다. 전자에 해당하는 것으로서 정당행위(제20조), 피해자의 승낙(제24조)이 있고, 후자에 해당하는 것으로써 정당방위(제21조), 긴급피난(제22조), 자구행위(제23조) 등이 있다.

2. 위법성조각사유의 일반원리

위법성조각사유에 해당하는 행위는 형식적으로 구성요건에 해당하고 또 법익을 침해하였음에도 불구하고 어떠한 이유로 위법성이 조각되어

적법하게 되는가 하는 그 근거 및 기준에 관한 공통된 원리를 「위법성 조각사유의 일반원리」라고 한다. 그러나 이것은 위법성의 본질(내용)을 어떻게 파악하는가에 따라 견해가 대립되어 있다.

(1) 규범위반설의 입장

목적설(目的說)은 법익침해의 행위가 국가에 의하여 승인되고, 그 행위가 공동생활의 목적을 달성하기 위해서 상당한 수단인 경우에는 위법하지 않다고 하는 견해이다. 이 설은 슈미트(Eb. Schmidt)에 의하여 주장된 학설로서 「정당한 목적을 위한 상당한 수단」이 정당화의 일반원리라고 한다.

사회적상당성설(社會的相當性說)은 법익침해행위가 사회적으로 상당할 것, 즉 그 행위가 역사적으로 형성된 사회질서 범위 내의 것이어야 하고, 또 법질서에 의하여 그 행위가 허용되어야 한다는 것을 위법성조각사유의 일반원리로 해석하는 견해이다.

(2) 법익침해설의 입장

법익형량설(法益衡量說)은 복수의 법익이 충돌하는 경우에 경미한 법익을 희생하고 보다 큰 이익을 보호하는 것은 적법하다는 견해로서 이익교량설(利益較量說)이라고도 한다.

우월적 이익설(優越的利益說)은 법익형량은 물론 개별적이고 구체적인 경우에 모든 사정도 고려하여 포괄적으로 이익을 비교교량하여 보다 큰 법익을 보호하는 경우에는 위법성이 조각된다고 하는 견해이다.

(3) 형법의 입장

규범위반설을 기초로 하는 목적설과 사회적 상당성설은 그 내용이 너무 추상적이고 불명확할 뿐만 아니라, 행위무가치적인 요소만을 고려한 나머지 위법성조각사유의 일반적원리로 타당하지 못하다는 비판이 있다. 또한 법익침해설을 기초로 하는 법익형량설과 우월적 이익설도 위법성의 본질에 관한 결과무가치적인 면을 강조한 나머지 위법성조각사유의 일반적 원리로는 타당하지 않다고 한다.

그러나 위법성의 본질을 「사회상규를 일탈한 법익침해 행위」라고 하는 입장에서는 법익침해의 행위가 사회상규에 반하지 않으면 그 행위는 위법하지 않기 때문에 기본적으로는 사회적상당성설이 타당하다고 할 수 있다. 다만 「법익침해가 없으면 위법하지 않다」고 하는 법익침해불가결(法益侵害不可缺)의 원칙에 따라 행위가 사회상규에 위반하여도 법익침해의 결과가 발생하지 않는 경우에는 위법하지 않기 때문에 역시 행위무가치적인 요소만을 고려하는 것도 타당하지 않다. 결국 위법성조각사유는 하나의 통일적 원리에 의하여 설명이 불가능하며 복수의 원리에 의하여 설명하지 않을 수 없다([대판 2004.4.25 98도2380] 정당행위를 인정하려면 첫째 그 행위의 동기나 목적의 정당성, 둘째 행위의 수단이나 방법의 상당성, 셋째 보호법익과 침해이익과의 법익균형성, 넷째 긴급성, 다섯째 그 행위 외에 다른 수단이나 방법이 없다는 보충성의 요건을 갖추어야 한다).

개별 위법성조각사유

제 1 절 정당행위

1. 의 의

형법 제20조는 「법령에 의한 행위 또는 업무로 인한 행위 기타 사회상규에 위배되지 아니하는 행위」를 정당행위(正當行爲)로서 규정하고 있다. 즉 사회상규에 위배되지 아니하는 행위로서 법령에 의한 행위와 업무로 인한 행위를 그 예시(豫示)로 규정하고 있다. 여기서 사회상규(社會常規)란, 「법질서 전체의 정신이나 그 배후에 있는 사회윤리 내지는 사회통념」을 의미하기 때문에 이것은 가장 기본적인 위법성조각사유의 판단 기준이자 최종적인 기준이 된다.

2. 법령에 의한 행위

법령이나 명령 및 기타 성문법규에 의하여 권리 또는 의무로서 인정된 행위를 「법령에 의한 행위」라고 한다. 이러한 행위는 그 행위가 타인의 법익을 침해하여 구성요건에 해당하더라도 법질서를 실현시키기 위한 행위로서 위법성이 조각된다.

법령에 의한 행위는 그 종류가 매우 많으나 대표적인 것으로 공무원의 직무집행행위, 징계행위, 사인(私人)의 현행범체포행위, 노동쟁의행위 등이 있다.

(1) 공무원의 직무집행행위

1) 법령에 의한 행위

공무원이 「법령(法令)」에 따라 직무를 수행한 행위는 타인의 법익을 침해하였더라도 정당행위로서 위법성이 조각된다. 이와 관련하여 형사소송법은 수사기관에게 피의자 또는 피고인의 구속(제201조), 압수·수색·검증(제106조~제112조, 제139조, 제215조) 등의 행위를 인정하고 있다. 또한 민사집행법에 규정된 집행관의 강제집행행위(동법 제5조)와 경찰관직무집행법의 불심검문(동법 제3조) 등도 여기에 해당된다. 그 이외에도 모자보건법에 따른 인공임신중절수술(동법 제14조), 의사 및 한의사의 전염병신고의무(전염병예방법 제4조 1항), 법률상 인정된 복표의 발권행위 등이 있다.

2) 상관의 명령에 의한 행위

상관의 정당한 「명령」에 의한 직무집행행위는 적법한 행위이지만 명령이 위법한 행위는 위법성이 조각되지 않는다. 그러나 거역할 수 없는 명령을 집행한 행위는 책임이 조각된다고 하는 것이 통설과 판례의 입장이다.

(2) 징계행위

징계권한 있는 자의 「징계행위(徵戒行爲)」가 위법성이 조각되기 위해서는 ⅰ) 주관적으로 교육의 목적을 가지고, ⅱ) 또한 객관적으로는 징계의 목적달성을 위해 필요하고 ⅲ) 적정한 범위 내에서 행해져야 한다. 특히 징계행위가 문제가 되는 것은 친권자의 자녀에 대한 징계행위(민법 제915조), 학교장의 학생에 대한 징계행위(교육법 제76조), 소년원장이나 소년감별소장의 원생에 대한 징계행위(소년원법 제13조) 등이 있으나, 이들 모두 극히 제한된 범위 내에서 위법성이 조각된다고 할 수 있다.

(3) 사인의 현행범 체포행위

형사소송법에 의하면 현행범과 준현행범은 누구나 영장 없이 체포할 수 있기 때문에(동법 제212조), 사인(私人)의 체포 또는 감금행위가 각각 체포죄 및 감금죄의 구성요건에 해당하더라도 법령에 의한 행위로서 위법성이 조각된다.

(4) 노동쟁의행위

노동자가 그들의 주장을 관철하기 위하여 행하는 동맹파업·태업·직장폐쇄 등 정상적인 업무를 저해하는 것을 노동쟁의행위(勞動爭議行爲)라고 한다. 우리 헌법 제33조는 「노동자는 근로조건의 향상을 위하여 자주적인 단결권·단체교섭권 및 단체행동권을 가진다」고 규정하고 있다. 따라서 노동자가 단결권·단체교섭권 및 쟁의권의 행사로서 쟁의행위를 하는 한, 그것이 업무방해죄(제314조) 등 일정한 구성요건에 해당한다고 하더라도 위법성을 조각한다. 그러나 쟁의행위가 위법성을 조각하기 위해서는 다음과 같은 요건을 갖추어야 한다.

1) 쟁의행위의 목적이 정당

노동쟁의행위의 목적은 근로조건의 개선, 근로자의 경제적 지위 향상 등 기업내부에서 해결 가능한 문제에 한정된다(노동조합및노동관계조정법 제1조). 따라서 경제적 지위의 유지개선에 직접적인 관계가 없는 정치운동 등을 주된 목적으로 하는 경우에는 위법성이 조각되지 않는다.

2) 쟁의행위의 수단의 상당성

업무의 정상적인 운영을 저해하는 행위에 한정되기 때문에 동맹파업·태업·직장폐쇄 등에 한정된다. 이 점에서 업무의 정상적인 운영을 하면서 하는 준법투쟁과 구별된다.

3. 업무로 인한 행위

법령에 직접적인 근거 규정이 없이도 그 행위가 사회통념상 정당한 행위로서 인정된 행위를 「업무상 행위」라고 한다. 여기서 업무(業務)란, 「사회생활상 지위에 기하여 계속 또는 반복적으로 하는 사무」라고 한다. 즉 의사의 치료행위·변호사 또는 성직자의 업무행위·보도기관의 취재활동 등이 여기에 속하며 위법성이 조각된다. 그러나 이러한 업무로 인한 행위가 법령에 근거되어 있는 경우에는 법령에 의한 행위로서 정당화된다.

(1) 의사의 치료행위

의사의 의료행위도 환자의 신체를 훼손하면 상해죄의 구성요건에 해당하나 위법성을 조각하는 것은 그 치료행위가 주관적인 치료목적과 객관적 의술에 합치하고, 환자의 승낙 또는 추정적 승낙이 있기 때문이다.

(2) 변호사 또는 성직자의 업무행위

1) 변호사의 업무행위

변호사의 변론은 그의 의무이고 업무이다. 따라서 변호사가 변론 중 타인의 명예를 훼손하거나 변호업무 중 알게 된 타인의 비밀을 누설하더라도 명예훼손죄(제307조 1항), 업무상비밀누설죄(제317조)의 위법성이 조각된다.

2) 성직자의 업무행위

성직자가 고해성사를 통해 알게 된 범죄사실을 고발하지 않더라도 불고지죄(국가보안법 제10조)나 범인은닉죄(제151조 1항)에 대한 방조의 위법성이 조각된다. 그러나 범인을 적극적으로 도피시키거나 은닉시키는 것은 위법성이 조각되지 않는다.

(3) 보도기관의 취재활동

신문기자 등이 보도의 자유 및 국민의 알 권리를 충족시키기 위하여 국가기밀을 취급하는 공무원을 종용하여 비밀을 취재한 행위가 정당한 취재의 범위 내의 행위라면 위법성이 조각된다.

4. 사회상규에 위배되지 않는 행위

형법 제20조는 「……기타 사회상규에 위배되지 아니한 행위」라고 규정하여 사회상규를 위법성조각사유의 일반적 원리로 명문화하고 있다. 여기서 사회상규(社會常規)에 위배되지 아니한 행위란, 법질서 전체의 정신이나 그 배후에 놓여 있는 사회윤리 내지 사회통념에 비추어 용인될 수 있는 행위를 말한다.

이처럼 사회상규는 그 개념이 불명확하여 결국 판단을 함에 있어서는 법질서 전체의 이념에 비추어 합목적적·합리적으로 판단하지 않을 수 없다. 판례는 그 기준으로서 ⅰ) 행위의 동기나 목적의 정당성, ⅱ) 행위의 수단이나 방법의 상당성, ⅲ) 보호법익과 침해법익의 균형성, ⅳ) 긴급성, ⅴ) 그 이외의 수단이나 방법이 없다는 보충성 등을 요건으로 하고 있다(대판 2004.8.20. 2003도4732).

제 2 절 정당방위

1. 의의 및 정당화 근거

(1) 의의

자기 또는 타인의 법익에 대한 현재의 부당한 침해를 방위하기 위한 상당한 이유 있는 행위를 정당방위(正當防衛)라고 한다(제21조 1항). 이러한 정당방위는 동서고금을 막론하고 정당한 행위로서 자연법적으로 인정되어 왔다.

(2) 정당화 근거

정당방위는 구성요건에 해당하는 행위임이지만 긴급피난 또는 자구행위와 함께 긴급적 정당화사유로써 위법성이 조각된다. 따라서 정당방위가 적법한 행위로 되기 위한 근거로써는 우선 i) 긴급상황 하에서 자기의 법익을 보전한다는 개인주의적 「자기보전(自己保全)의 원칙」이 존재하고 있기 때문이다. 또한 정당방위는 부정한 이익과 정당한 이익이 충돌하고 있어 다른 긴급행위와 구별되기 때문에 정당방위 고유의 정당화 근거도 고려된다. 즉 ii) 정당방위는 「不正 대 正」의 관계에 있기 때문에 「법은 불법에 양보할 필요가 없다」는 명제가 의미하는 것처럼 부정한 침해행위에 대해서 법질서를 수호하기 위한 행위로써 「법질서수호(法秩序守護)의 원칙」에 의해서도 정당화된다.

2. 정당방위의 성립요건

정당방위는 그 전제인 정당방위상황에 관한 요건과 내용을 이루는 정당방위행위에 관한 요건으로 구성되어 있다. 전자의 요건은 자기 또는 타인의 법익에 대한 「현재의 부당한 침해」이고, 만약 이러한 정당방위상황이 존재하지 않을 때에는 정당방위는 물론 과잉방위도 성립하지 않는다. 후자인 정당방위행위의 요건은 「자기 또는 타인의 법익을 방위하기 위한 상당한 행위」를 말한다.

(1) 정당방위상황

1) 「침해」

방위행위가 가능하기 위해서는 우선 타인의 법익에 대한 침해가 있어야 한다. 여기서 침해(侵害)란, 법익에 대한 침해는 물론 그 위험성도 포함되며, 또한 그 침해는 작위에 의해서는 물론 요구를 받고 퇴거하지 않는 자에 대해서 정당방위가 가능한 것처럼 부작위에 의해서도 가능하다. 그리고 침해는 사람의 행위에 의한 것이어야 한다. 따라서 대물방위(對物防衛)의 문제, 즉 동물의 공격은 사람의 행위에 의한 침해가 아니기 때문에 긴급피난이 가능할 뿐이다. 그러나 사육주의 고의 또는 과실에 의한 동물의 침해는 사육주의 침해행위로 보아 정당방위가 가능하다.

2) 침해의 「현재성」

침해의 현재성은 국가기관의 법적 절차에 의한 법익침해의 예방 또는 회복을 요구할 수 없는 상황을 의미하기 때문에, 그 침해는 객관적으로 보아 법익침해의 위험이 절박한 상태에 있거나 또는 현재 발생하여 계속되고 있는 것을 말한다. 따라서 과거의 침해나 장래에 발생할 침해에 대해서는 정당방위가 인정되지 않는다.

3) 침해의 「부당성」

정당방위는 자기보전을 위하여 법이 인정하기 때문에 위법한 침해나 부당한 침해에 대해서만 가능하다. 여기서 부당하다고 하는 것은 침해행위가 법질서에 모순되는 것을 말한다. 따라서 적법한 침해행위에 대해서는 정당방위가 불가능하며 단지 긴급피난이 가능할 뿐이다.

또한 부당하다고 하는 것은 형법상 위법한 것을 의미하는 것이 아니기 때문에 반드시 범죄행위일 필요는 없고, 예컨대 민사상의 불법행위에 대해서도 정당방위는 가능하다. 이 경우 부당한 침해는 객관적으로 위법한 행위로 족하고(객관적 위법성론), 그 행위가 유책할 필요까지는 없다.

(2) 정당방위행위

1) 자기 또는 타인의 법익

법익(法益)은 넓은 의미로 법이 보호하는 모든 이익을 말하기 때문에 형법에 의해서 보호되는 법익에 제한되지 않으며, 자기는 물론 타인의 법익을 위해서도 정당방위가 가능하다. 이것을 긴급구조(緊急救助)라고 하며, 여기서 타인의 법익이란 자기 이외의 자연인은 물론 법인의 이익도 포함한다. 그러나 국가적 법익과 사회적 법익에 대한 정당방위도 가능한가에 대하여 학설이 대립되어 있으나 부정설이 타당하다. 즉 국가적 · 사회적 법익의 보호는 본래 국가 및 공공기관의 고유 의무이며, 또한 국가법익을 보호하기 위하여 개인이나 사적 단체에 그 방위행위를 위임하게 되면 오히려 법질서를 혼란시킬 위험이 있기 때문이다.

2) 방위의사

방위의사(防衛意思)에 대하여 형법 제21조 1항은 「방위하기 위한 행위」라고 하여 이를 명백히 규정하고 있다. 따라서 타인의 침해에 대하여 자기 또는 제3자의 법익을 우연히 방위한 「우연방위(偶然防衛)」, 즉 방위의사가 없는 방위행위는 정당방위가 되지 않는다. 여기서 방위의사는 정당방위의 주관적 정당화요소이다.

방위행위는 소극적인 방어를 하는 보호방어는 물론 적극적 공격의 형태로 행해지는 공격적인 방어도 포함한다. 이 경우 방위행위는 그 성질상 부당한 침해자인 공격자에 대해서만 가능하기 때문에 침해와 무관한 제3자에 대한 방위행위는 긴급피난만이 성립될 수 있다.

3) 상당성

방위행위는 침해행위를 배제하기 위한 상당한 수단으로서의 행위이어야 한다. 즉 부당한 침해에 대한 방위행위가 사회상규에 비추어 상당한 정도를 넘지 않아야 한다. 판례도 정당방위가 성립하기 위해서는 「침해행위에 의하여 침해되는 법익의 종류, 정도, 침해의 방법, 침해행위의 완급과 방위행위에 의하여 침해될 법익의 종류, 정도 등 일체의 구체적 사정들을 참작하여 방위행위가 사회적으로 상당한 것이어야 한다」고 판시하고 있다. 따라서 보호될 법익과 침해된 법익이 현저하게 균형을 잃은 경우는 위법성이 조각되지 않고 과잉방위가 성립한다.

3. 과잉방위

현재의 부당한 침해에 대하여 방위행위를 하였지만, 그 방위행위가 상당한 정도를 초과한 경우를 과잉방위(過剩防衛)라고 한다. 즉 과잉방위가 성립하기 위해서는 i) 현재의 부당한 침해와, ii) 방위행위가 그 정도를 초과할 것을 요건으로 한다. 이와 같이 정당방위의 전제인 정당방위의 상황이 존재하지 않는 경우에는 정당방위는 물론 과잉방위도 성립하지 않는다. 그리고 방위행위에 대한 상당성 판단은 객관적으로 이루어지기 때문에 방위행위자가 그에 대한 인식이 있는 경우뿐만 아니라 없는 경우에도 과잉방위가 성립된다.

과잉방위의 효과에 대하여 형법 제21조 2항은 「형을 감경하거나 면제할 수 있다」고 규정하고 있어, 그 법적성질에 관해서 학설이 대립되어 있다. 그러나 과잉행위는 위법성이 조각되지 않는 위법행위로서 책임이 감소되거나 소멸된다고 보는 설이 통설이다. 단지 과잉방위가 「야간 기타 불안스러운 상태 하에서 공포·경악·흥분 또는 당황으로 인한 때에는」(제21조 3항) 방위행위를 하는 행위자에게 적법행위에 대한 기대가능성이 없기 때문에 책임이 조각되어 벌하지 아니한다.

4. 오상방위

현재의 부당한 침해가 없음에도 불구하고 있다고 오인하여 방위행위를 한 경우를 오상방위(誤想防衛)라고 한다. 즉 정당방위의 성립요건인 정당방위상황에 대한 착오가 있는 경우를 말한다. 예컨대 전보배달원을 절도범으로 오인하고 정당방위의 의사로 반격을 가한 경우가 그것이다. 이처럼 오상방위는 현재의 부당한 침해가 객관적으로 존재하지 않는다는 점에서 과잉방위와 구별된다.

이러한 오상방위는 정당방위의 전제조건인 정당방위상황이 결여된 행위로서 위법성을 조각하지 않는다. 따라서 이러한 상황이 존재하지 않는데도 불구하고 존재한다고 오인한 경우를 「위법성조각사유의 전제사실에 관한 착오」 또는 「정당화사유에 관한 착오」라고도 한다.

다만 이 착오의 처리에 관해서는 현행 형법이 명문의 규정을 두고 있지 않기 때문에 학설이 대립되어 있다. 즉 ⅰ) 구성요건착오설과 ⅱ) 위법성착오설이 그것이다. 다수설인 위법성착오설의 일종인 법효과제한책임설에 따르면, 위법성조각사유의 전제 사실에 관한 착오를 법효과면에서만 구성요건적 착오와 같이 취급한다. 따라서 고의는 조각되지만 그 오인(정당방위상황)에 과실이 있는 경우에는 과실범으로 처벌될 뿐이다. 이에 관해서는 책임성(제5편)에서 자세히 다루기로 한다.

5. 오상과잉방위

오상과잉방위(誤想過剩防衛)는 오상방위와 과잉방위가 결합된 것을 말한다. 즉 정당방위상황이 존재하지 않는데도 불구하고 존재한다고 오인하였을 뿐만 아니라 방위행위 또한 상당성을 초과한 행위를 말한다. 이에 대한 법적인 근거는 없으나 오상과잉방위도 오상방위의 일종이므로 그 예에 의하여 처리하는 것이 타당하다고 하겠다.

제 3 절 긴급피난

1. 의의 및 본질

(1) 의의

「자기 또는 타인의 법익에 대한 현재의 위난을 피하기 위한 상당한 행위」를 긴급피난(緊急避難)이라고 한다(제22조 1항). 긴급피난과 정당방위는 긴급행위의 일종으로서, 정당방위가 현재의 부당한 침해 그 자체에 대한 반격행위인데 반하여(二面構造), 긴급피난은 현재의 위난을 피하기 위하여 위난의 원인과 관계없는 제3자의 정당한 이익을 침해하는 행위(三面構造)라는 점에 그 특색이 있다. 즉 긴급피난은 제3자의 정당한 이익을 침해한다는 점에서, 정당한 이익을 보호하기 위하여 부당한 이익을 침해하는 정당방위와 비교하여 「법익의 균형성」과 「보충성의 원칙」 등이 엄격히 요구되고 있다.

〈정당방위와 긴급피난의 구조〉

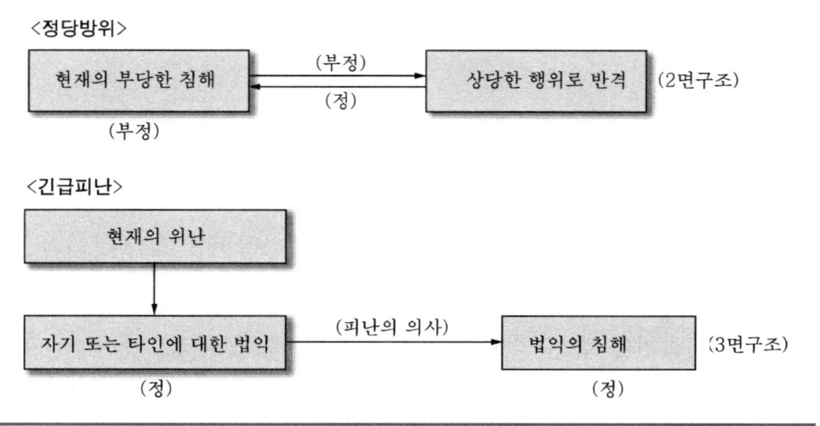

(2) 본질

정당방위와 달리 긴급피난은 그 독자적인 성격으로부터 본질에 관하여 종래 책임조각설 · 위법조각설 · 이분설 등의 학설이 대립되어 있다.

1) 책임조각설

긴급피난은 제3자의 정당한 법익을 침해하므로 위법하지만, 피난행위 이외의 다른 적법행위의 기대가능성(책임요소)이 없기 때문에 책임이 조각된다고 하는 설이다. 그러나 이 설은 형법 제22조 1항이 자기뿐만 아니라 「타인」을 위해서도 긴급피난을 인정하고 있어 타인을 위한 긴급피난에 대한 기대불가능성을 이유로 정당화되지 않는 점을 설명할 수 없다는 문제가 있다.

2) 위법조각설

긴급피난상황하에서 보다 큰 법익을 위하여 상대적으로 작은 법익을 침해한 피난행위는 우월적 이익의 원칙에 따라서 위법성이 조각된다고 하는 설로서 우리나라의 다수설이다. 그 근거로서 형법 제22조의 본문이 「타인」을 위해서도 긴급피난을 인정하고 있는 점과 「법익의 균형성」을 요구하고 있다는 점이다. 그러나 이 설은 예컨대 한 사람만을 유지할 수 있는 부력의 판자를 놓고 두 사람이 다투어 한 사람이 사망한 이른바 "카르네아데스(Karneades)판자사건"처럼 법익이 동일한 경우(생명 대 생명, 신체 대 신체)에는 법익을 비교형량할 수 없어 위법성조각의 근거를 합리적으로 설명할 수 없다는 비판이 있다.

3) 이분설

이분설은 위법성조각설이 갖는 문제점을 해결하기 위하여 긴급피난을 사물에 대한 경우와 사람의 생명 및 신체에 대한 경우로 구분하여 법익비교형량이 가능한 전자에 대해서는 위법성이 조각되고, 그것이 불가능한 후자에 대해서는 책임조각사유로 해석하는 견해이다.

2. 성립요건

긴급피난은 그 전제인 긴급피난상황에 관한 요건과 내용을 이루는 긴급피난행위에 관한 요건으로 구성되어 있다. 전자의 요건은 자기 또는 타인의 법익에 대한 「현재의 위난」이고, 이 긴급피난상황이 존재하지 않을 때에는 긴급피난은 물론 과잉피난도 성립하지 않는다. 또 긴급피난행위의 요건은 「자기 또는 타인의 법익에 대한 위난을 피하기 위한 상당한 행위」이다.

(1) 긴급피난상황

1) 「위난」

긴급피난이 가능하기 위해서는 우선 「위난(危難)」이 있어야 한다. 위난이란, 법익침해 또는 침해의 위험성이 있는 상태를 말하며, 그것은 사람의 행위에 의해서 초래되는 것은 물론 자연현상이나 동물에 의한 경우도 포함된다는 점에서 정당방위(부당한 침해만을 대상)와 구별된다. 그러나 위난에 의해서 법익이 침해될 자가 그 위난을 피하지 못할 책임이 있는 경우에는 긴급피난이 적용되지 않는다(제22조 2항).

2) 위난의 「현재성」

위난은 현재의 위난이어야 한다. 과거 또는 장래의 위난에 대한 긴급피난은 인정되지 않는다. 그러나 법익침해가 현재 발생하고 있는 경우뿐만 아니라 그 위험이 절박한 경우도 포함된다.

(2) 긴급피난행위

1) 자기 또는 타인의 법익

긴급피난에 의해서 보호될 법익은 「자기 또는 타인의 모든 법익」이다. 정당방위와 달리 법익은 개인적 법익에 제한되지 않고, 국가적 법익·사회적 법익을 위한 긴급피난도 가능하다. 그러나 긴급피난에 의하여 보호되는 법익은 보호의 필요성과 보호의 가치가 있어야 한다.

2) 피난의사

긴급피난도 정당방위의 방위의사처럼 피난의사(避難意思)가 필요하다. 즉 객관적으로 현재의 위난이 있더라도 행위자의 피난의사가 없는 한 긴급피난은 위법성이 조각되지 않는다. 따라서 피난의사는 긴급피난의 주관적 정당화요소이다.

3) 상당성

긴급피난에 있어서도 피난행위의 상당성 요건이 필요하다. 즉 긴급피난이 성립되기 위해서는 단지 그 형식적 요건만을 갖추는 것으로는 부족하고 실질적으로도 그 피난행위가 사회상규에 반하지 않는 것을 요건으로 한다. 또한 이 요건은 정당방위보다 더 엄격하게 요구되고 있는데, 이것은 정당방위가 "不正에 대한 正"의 반격행위인데 반하여, 긴급피난은 위난을 피하기 위하여 제3자의 정당한 이익을 침해하는 "正 대 正"의 관계에 있기 때문이다. 따라서 긴급피난의 상당성 요건으로서 「법익의 보충성」과 「법익의 균형성」이 요구되며, 이 요건을 충족하지 못한 경우에는 과잉피난이 된다.

(가) 법익의 보충성

긴급피난은 타인의 법익을 침해하지 않고는 그 위난을 회피할 다른 방법이 없는 경우에 한하여 허용되는 것을 말하며, 이것을 「보충성(補充性)의 원칙」이라고 한다. 이 원칙은 위난을 피할 방법이 절대적으로 없을 것까지 요구하는 것은 아니고, 구체적 상황 하에서 다른 방법이 현실적으로 불가능한 정도이면 족하다.

(나) 법익의 균형성

긴급피난은 피난행위로 보호될 법익과 침해법익 사이에 법익의 균형성(均衡性)이 있어야 한다. 그러나 긴급피난은 그 성질상 보호되는 이익이 침해되는 이익보다 본질적으로 우월하여야 하며, 이를 이익형량

(利益衡量)의 원칙이라고 한다. 따라서 보호되는 이익과 침해되는 이익이 동등한 경우에는 과잉피난이 된다고 해석하여야 한다. 이 경우 법익비교는 객관적 기준에 의하여야 한다. 그렇기 때문에 동일한 법익에 있어서는 그 양의 대소가 기준이 되며, 법익이 다른 경우에는 각각의 법정형의 경중이 하나의 기준이 될 수 있다.

3. 긴급피난의 특칙

(1) 특칙의 의의

정당방위에는 주체의 제한이 없으나, 긴급피난은 「위난을 피하지 못할 책임 있는 자에 대하여는 전항을 적용하지 아니 한다」(제22조 2항)고 규정하여 일정한 업무자에 대하여 그 제한을 두고 있다. 여기서 위난을 피하지 못할 책임이 있는 자란, 군인・경찰관・소방관・의사 등과 같이 그 업무를 수행함에 있어서 일정한 위험을 감수해야 할 의무가 있는 자를 말한다.

(2) 특칙의 적용한계

긴급피난의 특칙은 특별한 의무로 인하여 일반인과 같은 조건 하에서 피난행위를 금지하고 있을 뿐이지, 어떠한 경우에도 절대적으로 긴급피난을 금지하는 것은 아니다. 즉 특별한 의무로 자기 자신에 대한 위험을 감수할 의무가 있기 때문에 긴급피난은 금지되지만, 타인의 법익을 위한 긴급피난은 허용된다. 또한 감수해야 할 의무의 범위를 초과한 자기의 위난에 대해서도 긴급피난이 허용된다고 본다.

4. 과잉피난과 오상피난

(1) 과잉피난

긴급피난의 다른 요건은 충족되었으나, 피난행위가 그 상당성을 초과한 경우를 「과잉피난(過剩避難)」이라고 한다. 즉 과잉피난은 ⅰ) 법익의 보충성, 또는 ⅱ) 법익의 균형성을 충족하지 못한 경우를 말하며, 이러한 행위는 위법성이 조각되지 않고 다만 책임이 감경될 뿐이다(제22조 3항). 또한 피난 행위가 「야간 기타 불안스러운 상태 하에서 공포·경악·흥분 또는 당황으로 인한 때에는 벌하지 아니한다」고 하여 책임이 조각된다(제22조 3항).

(2) 오상피난

현재의 위난이 없음에도 불구하고 있다고 오인하여 피난행위를 한 것처럼, 객관적으로 긴급피난상황의 요건이 구비되어 있지 아니함에도 불구하고 오인하여 피난행위를 한 것을 오상피난(誤想避難)이라고 한다. 또한 여기에 피난행위의 상당성(법익의 보충성·법익의 균형성)마저 초과한 경우가 「오상과잉피난(誤想過剩避難)」이며, 이는 오상피난의 일종이다.

오상피난은 오상방위와 같이 위법성이 조각되지 않는 위법한 행위이지만, 형법은 그 처리에 관한 명문의 규정을 두고 있지 않아 학설이 대립되어 있다. 즉 피난자가 구성요건적 사실(자기의 피난행위에 의하여 제3자의 법익을 침해한다는 사실)은 인식하였으나, 착오로 인하여 그 위법성을 인식하지 못한 경우로서 다수설인 법효과제한책임설에 따르면 구성요건적 착오처럼 취급한다. 따라서 고의는 조각되지만 오인에 과실이 있으면 과실범으로 처벌될 수 있을 뿐이라고 한다.

〈정당방위와 긴급피난의 비교〉

		정당방위	긴급피난
같은 점	긴급 행위	현재의 부당한 침해	현재의 위난을 피하기 위한 행위
	주관적정당화요소	방위 의사	피난 의사
	행위의 상당성	필요	상당성=법익의 균형성+보충성
	성질	위법성 조각사유	위법성 조각사유(다수설)
다른 점	본질	부정 대 정	정 대 정
	정당화의 근거	자기보전의 원칙,법수호의 원칙	법익형량의 원칙
	보호법익의 대상	국가적 · 사회적법익 제외	국가적 · 사회적법익의 포함
	행위의 대상	침해자	침해자 및 제3자
	침해의 원인	사람의 부당한 침해	사람의 행위 및 자연적 침해
	주체의 제한	없다	특수업무자

제 4 절 자구행위

1. 의의 및 본질

(1) 의의

권리를 침해당한 자가 법률상 절차에 의하지 아니하고 자력에 의해 침해된 권리를 구제 또는 회복하는 행위를 자구행위(自救行爲)라고 한다. 형법 제23조는 자구행위가 「상당한 이유가 있는 경우에 한하여 벌하지 아니 한다」고 규정하여 위법성조각사유의 하나로서 규정하고 있다.

(2) 본질

자구행위는 긴급적 정당화 사유라는 점에서 정당방위·긴급피난과 동일하나, 정당방위와 긴급피난이 피해발생을 예방하기 위한 사전적 긴급행위임에 반하여, 자구행위는 이미 침해된 청구권을 구제하기 위한 「사후적 긴급행위」라는 점에서 구별된다. 그러나 자구행위와 정당방위는 불법한 침해에 대한 행위라는 점에서 그 정당화의 근거를 「자기보전의 원칙」과 「법질서 수호의 원칙」에서 찾는 점에서는 동일하다.

2. 성립요건

자구행위는 그 전제인 자구행위상황에 관한 요건과 내용을 이루는 자구행위에 관한 요건으로 구성되어 있다. 전자의 요건은 「법정절차에 의해 청구권을 보전하기 불가능한 경우」이고, 이 자구행위상황이 존재하지 않을 때에는 자구행위는 물론 과잉자구행위도 성립하지 않는다. 또한 자구행위의 요건은 「청구권의 실행불능 또는 현저한 실행곤란을 피하기 위한 상당한 행위」이다.

(1) 자구행위상황

1) 청구권

청구권은 타인에게 일정한 행위를 요구할 수 있는 사법상의 권리로서, 자구행위를 하기 위해서는 우선 청구권이 존재하여야 한다. 청구권은 물권·채권을 불문하나, 그 범위에 관해서는 재산적 청구권 이외에 무체재산권·상속권·친족권에 의한 청구권도 포함된다.

그러나 자구행위는 이미 발생한 침해상태를 회복하기 위한 권리이기 때문에 처음부터 회복 불가능한 권리이거나 생명·신체·자유·정조 등의 권리는 자구행위의 대상이 되지 않는다.

2) 자기의 청구권

정당방위 또는 긴급피난이 타인을 위해서도 인정되는 것과는 달리 자구행위는 「자기」의 청구권에 제한된다. 따라서 타인을 위한 자구행위는 인정되지 않는다.

3) 청구권에 대한 불법한 침해

법정절차에 의한 권리구제는 불법한 침해를 전제로 하기 때문에 청구권에 대한 침해도 불법한 침해에 제한된다. 따라서 적법한 행위에 대해서는 자구행위를 할 수 없다. 그러나 불법한 침해라고 하더라도 자구행위는 「과거에 발생한 침해」에 대하여 가능하고, 현재의 침해에 대해서는 정당방위가 가능할 뿐이다.

4) 법정절차에 의한 청구권보전의 불능

법정절차는 청구권을 실현하기 위해 법에 규정된 절차로서 강제집행절차·가압류·가처분과 같은 민사상의 사법절차를 의미한다. 그러나 이러한 민사상 절차에 한정되지 않고, 경찰 기타 국가기관에 의한 구제가 가능한 것이라면 그것도 여기의 법정절차에 포함된다.

또한 청구권보전은 원칙적으로 공권적 구제에 의하고, 그것이 불가능한 경우에만 예외적으로 자력구제가 인정되어 이를 「자력구제(自力救濟)의 보충성」이라고 한다.

(2) 자구행위

1) 청구권의 실행불능 또는 현저한 실행곤란

청구권을 지체 없이 행사를 하지 않으면 청구권의 실행이 불가능하거나 현저히 곤란한 사정이 있어야 한다. 따라서 채무자에 대한 청구권이 보전 불가능하더라도 청구권에 대하여 충분한 물적 담보나 인적 담보가 확보되어 있는 때에는 자구행위가 허용되지 않는다.

2) 피하기 위한 행위

자구행위는 청구권의 실행불능 또는 현저한 실행곤란을 피하기 위한 행위이기 때문에 처음부터 청구권의 보전 또는 구제가 불가능한 경우에는 인정되지 않는다.

3) 자구의사

행위자는 청구권의 실행불능 또는 현저한 실행곤란을 피하기 위한 의사를 가지고 행동할 것을 요한다. 즉 자구의사(自救意思) 없는 자구행위는 위법성이 조각되지 않으며, 이는 방위의사 및 피난의사와 같이 주관적 정당화 요소가 된다.

4) 상당성

자구행위는 청구권 보전수단과 그 방법이 사회상규에 비추어 객관적으로 상당하다고 인정되는 범위 내에서 위법성이 조각되고 이를 초과한 경우에는 과잉자구행위가 된다.

3. 과잉자구행위와 오상자구행위

(1) 과잉자구행위

자구행위가 그 상당성의 정도를 초과한 경우를 과잉자구행위(過剩自救行爲)라고 한다. 과잉자구행위는 위법성이 조각되지 않고 정황에 따라서 형벌이 감경되거나 면제할 수 있다(제23조 2항). 다만 자구행위는 「사후적(事後的)」 긴급행위이기 때문에 과잉방위나 과잉피난의 경우처럼 형법 제21조 3항이 적용되지 않는다.

(2) 오상자구행위

객관적으로 자구행위상황이 존재하지 않음에도 불구하고 존재한다고 오인하여 자구행위를 한 경우를 오상자구행위(誤想自救行爲)라고 한다.

이에 관한 법적 근거가 없기 때문에 학설에 그 처리가 위임되어 있으나, 다수설은 구성요건적 착오로 취급하여 과실범으로 처벌할 수 있을 뿐이다.

제 5 절 피해자의 승낙에 의한 행위

1. 의의 및 유형

(1) 의의

피해자의 승낙에 의한 행위는 로마법의 「원하는 자에게는 침해 없다(Volenti non fit injuria)」라고 하는 법언(法諺)에서 알 수 있듯이, 피해자가 가해자에게 자기의 법익을 침해하도록 승낙하는 것을 말한다. 우리 형법 제24조도 「처분할 수 있는 자의 승낙에 의하여 그 법익을 훼손한 행위는 법률에 특별한 규정이 없는 한 벌하지 아니 한다」고 하여, 피해자의 승낙에 의한 행위를 위법성조각사유의 하나로 규정하고 있다.

이에 대하여 「피해자의 양해(諒解)」는 절도・주거침입・강간처럼 피해자의 의사에 반하는 경우에만 성립되는 범죄에 있어서 피해자의 양해가 있으면 구성요건에 해당하지 않아 범죄가 성립하지 않는다고 한다.

(2) 피해자 승낙의 유형

피해자 승낙이 형법상 문제가 되는 경우로서 다음과 같은 4가지의 유형이 있다. ⅰ) 구성요건상 피해자의 승낙이 범죄성립에 영향을 주지 못하는 경우로서 13세 미만에 대한 간음・추행죄(제305조), 피구금부녀간음죄(제303조 2항) 등이 있다. ⅱ) 피해자의 승낙이 있으면 구성요건해당성이 없는 경우로서 강간죄(제297조), 주거침입죄(제319조 1항),

절도죄(제329조) 등이 있다. iii) 피해자의 승낙이 구성요건요소로서 형이 감경되는 경우로는 촉탁승낙에 의한 살인죄(제252조 1항), 동의낙태죄(제269조 1항)가 있고, 그리고 피해자의 승낙이 구성요건요소는 아니지만 현조건조물방화죄(제164조)와 일반건조물방화죄(제166조 1항)처럼 피해자의 승낙이 있으면 자기소유물방화죄(제166조 2항)로 처벌되는 범죄도 있다. 마지막으로 iv) 피해자의 승낙이 있으면 행위의 위법성이 조각되는 경우로서 형법 제24조에 규정된 피해자의 승낙에 의한 행위가 여기에 해당된다.

2. 위법성조각의 근거

피해자의 승낙에 의한 행위가 위법성을 조각하는 근거에 대해서 여러 가지 학설이 대립되어 있다.

(1) 이익포기설

법익의 주체가 승낙에 의하여 처분할 수 있는 이익을 포기하였기 때문에 보호해야 할 법익이 존재하지 않는다고 하는 학설로서 독일의 통설이다.

(2) 목적설

처분할 수 있는 법익의 주체가 승인에 의하여 자기의 법익을 훼손하게 하는 것은 국가적으로 승인된 공동생활의 목적에 배치되지 않으므로 위법성이 조각된다는 견해이다.

(3) 사회상당성설

피해자의 승낙이 있는 경우에는 법질서 전체의 정신이나 그 기저(基底)를 이루고 있는 사회윤리에 비추어 상당한 행위로 용인될 수 있기 때문에 위법성이 조각된다고 하는 견해이다.

(4) 법률정책설

피해자의 승낙이 위법성을 조각하는 것은 법률정책적인 고려에 의한 것이라고 하는 설로써 우리나라의 다수설이다. 자유주의국가에서 승낙에 의해서 실현된 자기결정의 자유라고 하는 이익과 다른 사회적 이익을 비교하여 특별한 침해가 없는 한 개인의 결정은 최대한 존중되어야 하는 것을 그 근거로 한다.

피해자 승낙에 의한 행위는 법익의 주체가 처분할 수 있는 법익에 대해서 스스로 그 침해를 승낙한 이상, 보호해야 할 법익이 존재하지 않기 때문에 「법익침해불가결(法益侵害不可缺)의 원칙」에 의하여 위법성을 조각한다고 해석하고 있다. 즉 이 설은 피해자 개인의 자기결정권에 대한 존중과 개인주의의 한계를 설정하려는 법률정책적 고려에 따라 설명한 견해로서 가장 타당하다고 할 수 있다.

3. 성립요건

피해자의 승낙이 위법성을 조각하기 위해서는 i) 법익을 처분할 수 있는 자의 승낙이 있을 것, ii) 승낙에 의한 행위는 사회상규에 위배되지 않을 것, iii) 법률에 특별한 규정이 없을 것 등의 요건을 구비하여야 한다.

(1) 처분할 수 있는 자의 승낙이 있을 것

1) 승낙주체

피해자의 승낙은 법익의 처분권한을 가진 사람의 승낙이 있어야 하며, 또한 승낙으로 인한 처분내용을 이해할 수 있는 자의 임의의 처분이어야 한다. 그러나 타인의 법익이라도 그 처분권한을 가진 사람의 동의가 있으면 피해자 승낙으로서 효력이 인정된다.

2) 처분할 수 있는 법익

처분할 수 있는 법익은 개인적 법익에 제한되지만 개인적 법익이라도 생명·신체 등과 같은 법익은 그 특수성으로 인하여 제외되며, 국가적 법익(무고죄) 또는 사회적 법익(방화죄)과 경합하는 경우이거나, 개인적 법익의 주체가 복수인 경우에 있어서의 피해자의 승낙은 위법성을 조각하지 않는다.

(2) 승낙에 의한 행위는 사회상규에 위배되지 않을 것

1) 사회상규에 의한 제한

명문의 규정은 없으나 위법성의 실질적 의미가 사회상규에 그 근거를 두고 있으므로 당연히 요구되는 조건이라고 할 수 있다.

2) 승낙에 의한 행위

승낙은 행위 시에 있어야 하며 행위 후의 승낙(사후승낙)은 무효가 된다. 따라서 행위자는 피해자의 승낙이 있었다는 사실을 인식한 경우에 한하여 위법성이 조각되기 때문에 이 경우 승낙에 대한 인식은 주관적 정당화요소가 된다.

(3) 법률에 특별한 규정이 없을 것

승낙에 의한 행위자체가 구성요건요소인 경우에는 피해자의 승낙이 있더라도 위법성이 조각되지 않는다. 예컨대 촉탁·승낙에 의한 살인죄(제252조 1항), 촉탁·승낙에 의한 낙태죄(제269조 2항) 등이 그것이다.

제6절 추정적 승낙

1. 의의 및 유형

(1) 의의

추정적 승낙(推定的承諾)은 피해자의 현실적인 승낙은 없었지만 피해자가 행위당시의 사정을 알았더라면 당연히 승낙했을 것이라고 믿고 행위를 한 경우를 말한다. 예컨대 의식불명의 부상자를 의사가 수술하는 행위나 화재 시에 인근 주민이 집안에 들어가 귀중품을 반출하는 행위 등이 여기에 속한다.

(2) 추정적 승낙의 유형

일반적으로 추정적 승낙이 문제가 되는 것은 「법익주체의 이익」을 위한 경우와 「행위자나 제3자의 이익」을 위한 경우로 구분할 수 있다.

1) 법익주체의 이익을 위한 경우

행위자가 법익주체의 보다 큰 이익을 위하여 작은 이익을 침해한 경우이다(우월이익의 원칙). 예컨대 외출 중인 옆집을 무단으로 들어가 수돗물을 잠근 경우이거나 의사가 의식불명의 중상자를 수술한 경우가 여기에 해당한다. 이처럼 이익 충돌이 법익주체의 내부에서 발생한 경우는 위법성이 조각되는 범위가 상당히 넓다.

2) 행위자나 제3자의 이익을 위한 경우

행위자가 본인이나 제3자의 이익을 위하여 행위를 하였지만 피해자의 승낙이 추정되는 경우이다(이익흠결의 원칙). 예컨대 기차시간에 늦지 않기 위하여 친구의 자전차를 무단으로 이용한 경우이다.

2. 위법성조각의 근거

추정적 승낙에 의한 행위는 위법성이 조각된다고 하는 것이 통설의 입장이지만 그 근거에 대하여 학설이 대립되어 있다.

(1) 긴급피난설

법익주체에게 발생된 이익이 충돌된 경우에 보다 큰 이익을 보호한 추정적 승낙의 행위를 긴급피난의 일종으로 보는 견해이다.

(2) 피해자승낙설

현실적인 승낙은 없었지만 추정적 승낙을 그와 동일하게 취급하는 견해를 말한다.

(3) 사무관리설

추정적 승낙에 의한 행위는 피해자의 이익을 위한 것으로 민법상 사무관리에 의하여 위법성이 조각된다고 하는 견해이다.

(4) 독자적 위법성조각설

추정적 승낙을 긴급피난이나 피해자의 승낙과 무관한 독자적 위법성 조각사유로 파악하는 견해이며 다수설이다. 즉 형법은 추정적 승낙에 관한 명문의 규정을 두고 있지 않지만, 피해자의 승낙에 의한 행위와는 별도의 위법성조각사유로 인정하고 있다.

3. 성립요건

추정적 승낙은 피해자 승낙을 보충하기 위한 이론이기 때문에 양자는 일정한 범위 내에서 공통의 성립요건이 필요하지만, 그 성격을 독자적 위법성조각사유설에서 찾는 이상 별도의 성립요건을 필요로 한다.

(1) 피해자의 승낙과 공통되는 성립요건

피해자는 법익에 대한 i) 처분권과 그 능력을 가지고 있어야 하며, 법익의 성격 또한 ii) 처분 가능한 것이어야 한다. 그리고 행위자는 추정적 승낙에 대한 인식이 있어야 하며, 그 행위는 iii) 상당한 행위가 아니면 위법성이 조각되지 않는다.

(2) 추정적 승낙의 특별한 성립요건

추정적 승낙의 특별한 성립요건은 우선 i) 현실적으로 피해자로부터 승낙을 얻는 것이 불가능한 경우에 한하여 허용되며(추정적 승낙의 보충성), 그리고 이러한 승낙이 위법성을 조각하기 위해서는 ii) 행위시에 객관적으로 승낙이 추정될 수 있는 행위로써, 다만 그 판단은 피해자가 그의 진의(眞意)에 반하는지 여부를 양심적으로 심사한 후의 행위라야 한다.

제 5 편

책 임 성

제 1 장　책임의 개념
제 2 장　책임의 근본이론
제 3 장　책임능력
제 4 장　책임의 조건정

책임의 개념

제1절 책임의 의의 및 「책임주의」

1. 의 의

위법한 행위를 한 행위자에 대한 법적 비난 내지 그 가능성을 「책임(責任)」이라고 한다. 행위가 구성요건에 해당하고 위법하더라도 그것이 유책한 것이 아니면 범죄는 성립하지 않는다. 범죄에 대한 법적 효과는 형벌이기 때문에 「형법상 책임」은 도의적(윤리적) 책임이 아닌, 위법한 행위를 한 행위자에 대한 규범적(規範的)인 관점으로부터 부과되는 법적인 책임을 의미한다.

2. 책임주의

위법행위에 대해 행위자를 비난할 수 있는 경우가 아니면, 형벌을 부과할 수 없다는 「책임주의(責任主義)」는 근대형법의 기본원칙 중의 하나이다. 이것은 범죄성립을 한정하는 원리로서 「책임 없으면 형벌 없다(Keine Strafe ohne Schuld)」로도 표현되며, 그 내용은 「주관적 책임」과 「개인적 책임」이다(형법의 기본원칙 중 책임주의 참조).

〈책임주의의 내용〉

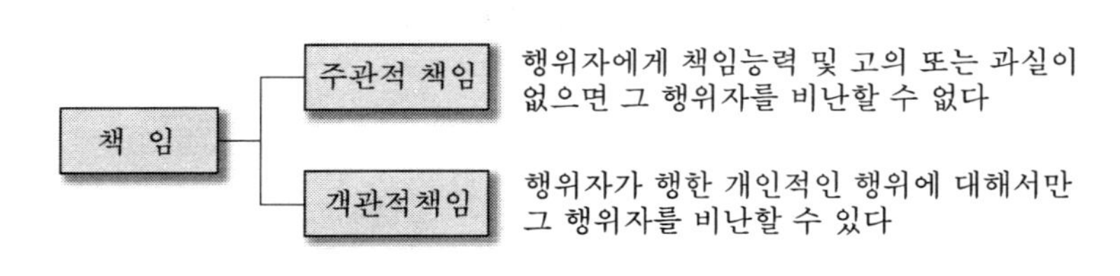

책임의 근본이론

범죄성립요건으로서 책임은 무엇인가? 즉 누가, 무엇에 대해서 그리고 무엇을 기준으로 비난을 할 것인가에 대해서 대립되어 있다. 이에 대하여 종래 책임론에 관한 학설의 대립은 i) 책임의 본질에 관하여 구파(고전학파), 특히 후기고전학파의 「도의적 책임론」과 신파(근대학파)의 「사회적 책임론」이 대립되어 왔다. 또한 이러한 대립은 ii) 책임의 기초와 대상에도 이어져, 그 기초를 개개 위법행위를 행한 행위자의 의사에서 찾는 「행위책임」과 행위자의 위험한 성격에서 찾는 「성격책임론」으로 나타난다. 그리고 그 후 이 두 입장을 통합하고 결함을 해결하기 위한 「인격적 책임론」도 주장되었다.

그리고 iii) 책임의 내용에 관하여 행위자의 심리적 관계라고 파악하는 구파의 도의적 책임론으로부터 「심리적 책임론」이 주장되었으나, 현재는 그 내용을 법적 비난이라고 하는 「규범적 책임론」이 통설로서 이 이론으로부터 「기대가능성의 이론」이 주장되었다.

제 1 절 책임의 본질

1. 도의적 책임론

개인에 대한 윤리적 · 도의적인 비난가능성을 책임의 본질로 이해하는 견해를 도의적 책임론(道義的責任論)이라고 한다. 인간은 완전한 자유의사를 가진 존재라고 하는 「의사자유론」(의사비결정론)으로부터 출발하여, 행위자가 적법한 행위를 할 수 있음에도 불구하고 자유로운 의사활동에 따라 위법한 행위를 선택한 것에 대한 「도의적 비난」이 책임이다. 이러한 도의적 비난에 대한 형벌은 응보적 성격이 강하고 그 목적은 일반예방에 있다. 즉 도의적 책임론은 의사자유론 · 타행위가능성(위법행위의 회피가능성)의 긍정 · 응보형 · 일반예방을 그 특징으로 한다.

2. 사회적 책임론

책임을 위험한 범인으로부터 사회를 방위하기 위한 수단으로써 부과될 형벌을 감수해야 할 법률상의 지위를 사회적 책임론(社會的責任論)이라고 한다. 즉 인간은 자유의사를 가진 존재가 아니고, 소질과 환경에 의해서 이미 결정되어 있다고 하는 전제(의사결정론)로부터 출발하여 범죄 이외의 행위를 선택할 가능성이 없다는 점에서 행위자에게 비난가능성이라는 의미의 책임은 부정된다. 그러나 범죄행위에 대한 사회구성원으로서 제재를 받지 않으면 안 된다.

따라서 사회적 책임론에 있어서 「제재(制裁)」란, 비난이라는 측면을 가진 형벌이 아니고 행위자의 위험성으로부터 사회를 방위하기 위한 처분이고 그 목적은 특별예방에 있어야 한다. 즉 사회적 책임론은 의사결정론 · 타행위가능성의 부정 · 사회방위처분 · 특별예방을 그 특징으로 한다.

제 2 절 책임의 기초

1. 행위책임론

책임은 자유의사에 따라 위법한 행위를 선택한 행위자에 대한 비난이라고 할 때, 그 개개 위법행위가 책임의 기초가 된다는 견해로서 「행위책임론(行爲責任論)」 또는 「개별행위책임론(個別行爲責任論)」이라고 한다. 이것은 또 개개의 범죄행위에 내재되어 있는 행위자 의사에 대한 책임이라는 의미에서 「의사책임(意思責任)」이라고도 한다.

2. 성격책임론

책임의 기초를 개개의 위법행위가 아니라 행위자의 성격, 즉 행위자의 반사회적 위험성에 두는 견해를 성격책임론(性格責任論)이라고 한다. 즉 개개의 위법행위 및 그 의사는 행위자의 반사회적 성격의 징표에 불과하기 때문에 범인의 반사회적 「성격」이야말로 책임(사회적 방위처분)의 기초가 된다는 견해가 성격책임론이다. 그러나 성격책임론은 책임의 기초로서 행위자의 성격만을 중시한 결과 행위자의 주체성(主體性)이 부정되어, 책임에 있어서 비난이라는 요소가 배제되었다는 비판을 받고 있다.

〈행위책임론과 성격책임론〉

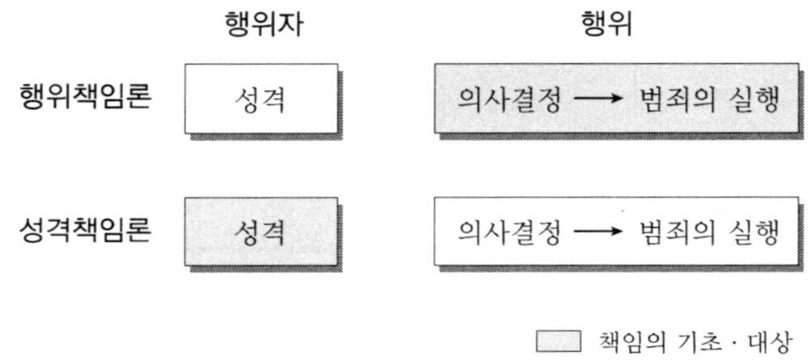

	행위자	행위
행위책임론	성격	**의사결정 ⟶ 범죄의 실행**
성격책임론	**성격**	의사결정 ⟶ 범죄의 실행

(음영 표시) 책임의 기초 · 대상

3. 인격책임론

인격책임론은 행위뿐만 아니라 행위의 배후에 있는 「행위자의 인격(人格)」도 책임의 기초가 된다는 견해를 인격책임론(人格責任論)이라고 한다. 이 견해에 의하면 행위란, 행위자 인격의 주체적 현실화로 보아 책임은 제1차적으로 행위책임이라고 한다. 그러나 여기에 그치지 않고 그 행위의 배후에 존재하는 행위자의 인격, 즉 소질과 환경에 제약되면서 행위자의 노력에 의해서 형성된 인격에 대해서도 책임비난의 근거를 인정한다. 즉 제2차적으로는 이러한 인격을 형성한 인격태도에 대해서도 행위자를 비난하여 「인격형성의 책임」을 주장하였다. 인격책임론은 본래 「상습범」의 형을 가중하는 근거로 주장된 이론으로서 위험한 인격을 형성한 것에 대한 책임을 근거지우기 위한 것이었다.

제3절 책임의 내용

1. 심리적 책임론

범죄를 객관적 요소와 주관적 요소로 구분하여, 전자를 위법성에서 후자를 책임성에서 다루는 전통적인 범죄체계론의 입장에서 주장된 이론으로서, 책임의 실체를 「외부적인 위법행위에 대한 행위자의 심리적 관계」로 파악하는 견해가 심리적 책임론(心理的責任論)이다. 이 이론은 행위자의 책임능력 이외에 위법행위의 현실적 인식을 내용으로 하는 고의와 그 가능성을 요소로 하는 과실만 있으면 책임조건은 구비되어 책임을 귀속시킬 수 있다는 견해이다.

그러나 이 이론에 의하면 고의와 과실이라는 심리적 사실만 있으면 왜 책임이 귀속되는가에 관해서 그 이유가 명백하지 않다는 비판이 있다.

2. 규범적 책임론

고의와 과실을 통일하는 규범적 요소로서 행위자에게 「적법행위에 대한 기대가능성」을 책임의 실체로 파악하는 견해로서, 기대가능성이 없으면 책임능력 및 고의·과실이 존재하더라도 책임이 없다고 하는 견해를 규범적 책임론(規範的責任論)이라고 한다.

법규범을 평가규범과 의사결정규범으로 구분할 경우 평가규범은 일반인을 대상으로 하지만, 의사결정규범은 법의 명령에 따라서 의사를 결정 할 수 있는 자가 법의 기대에 반하여 위법행위를 결의한 경우에 비로소 그 위반이 문제가 된다. 즉 행위자에게 적법행위를 기대할 수 있다고 하는 것은, 책임능력 및 고의 또는 과실이라는 심리적 사실 이외도 행위 당시에 행위자가 위법행위를 하는 대신에 적법행위를 결의하는 것이 기대가능한 경우에 한하여 비난을 할 수 있기 때문이라고 한다. 오늘날 통설적인 견해이다.

〈심리적 책임론과 규범적 책임론의 비교〉

	심리적 책임론	규범적 책임론
책임의 내용	책임의 실체는 위법행위에 대한 행위자의 심리적 관계로서, 심리적 사실(事實)의 문제이다. 고의 : 범죄사실의 인식 과실 : 범죄사실의 인식가능성	책임은 행위자의 위법한 행위에 대한 비난으로서, 규범적 평가(評價)의 문제이다. 고의 : 범죄사실을 인식한 이상, 반대동기에 의하여 그 행위를 하지 않아야 했음에도 불구하고 그 행위를 한 것에 대한 비난 과실 : 주의의무위반
책임의 요소	· 책임능력 · 고의 · 과실	· 책임능력 · 고의 · 과실 · 기대가능성

제 4 절 책임의 요소와 판단

1. 책임요소

책임판단의 대상이 되는 사실을 책임요소(責任要素)라고 하며, 책임능력과 책임조건으로 구성되어 있다. 우선 「책임능력(責任能力)」이란, 행위자가 일반적으로 형사책임을 부담하기 위한 능력을 말한다. 그리고 책임능력 이외에 행위자가 구체적 상황 하에서 책임을 부담하기 위해서는 일정한 조건이 필요한데, 이것을 「책임조건(責任條件)」이라고 한다. 여기에는 심리적 요소로서 고의·과실과 규범적 요소로서 위법성의 인식가능성 및 기대가능성이 있다.

2. 책임판단의 「주관성」

구성요건에 해당하는 위법한 행위에 대해서 그 행위자를 형법적으로 비난할 수 있다고 하는 행위자에 대한 무가치판단을 책임판단(責任判斷)이라고 한다. 책임판단의 기준이 되는 규범은 의사결정규범이지만, 일정한 사실이 의사결정규범에 위반하는가의 여부를 판단하기 위해서는 그 전제가 되는 평가규범이 필요하다. 따라서 「평가규범」과 「의사결정규범」은 책임판단의 기준이 된다. 단지 위법성에 있어서는 일반인을 대상으로 객관적으로 그 판단이 이루어지지만, 책임에 있어서는 행위자를 기준으로 「주관적 판단」이 이루어진다. 왜냐하면 책임에 있어서는 개별 행위자의 의사가 법규범(의사결정규범)에 위반하는 것을 그 내용으로 하기 때문이다.

책 임 능 력

제 1 절 책임능력 의의와 본질

1. 의 의

행위자가 형사책임을 부담할 수 있는 능력, 즉 책임의 전제가 되는 인격적 능력을 책임능력(責任能力)이라고 한다. 바꾸어 말하면 책임능력이란, 행위자가 법규범에 따라 행위를 할 수 있는 능력을 말한다. 따라서 이러한 능력이 없는 책임무능력자의 행위는 구성요건에 해당하고 위법하더라도 범죄가 성립되지 않는다.

2. 본 질

책임능력의 본질에 관하여 이를 유책하게 행위할 수 있는 능력인 「유책행위능력」으로 이해하는 견해와 형벌능력 또는 형벌에 적응할 수 있는 능력인 「수형능력 또는 형벌적응성」으로 이해하는 견해가 대립되어 있다.

(1) 유책행위능력

도의적 책임론은 행위자에 대한 비난의 전제로서 자유로운 의사결정능력을 요구한다. 따라서 이 경우의 책임능력은 의사결정능력, 즉 행위의 시비(是非)와 선악을 변별(辨別)하고, 이에 따라 의사를 결정할 수 있는 능력으로서 유책행위능력(有責行爲能力) 또는 범죄능력을 의미한다.

(2) 수형능력

사회적 책임론은 사회적 위험성을 가진 자가 부담해야 할 능력을 책임능력이라고 한다. 즉 사회방위수단으로서 형벌이 그 목적을 달성하기 위하여 적합한 능력, 즉 수형능력(受刑能力) 또는 형벌적응능력(刑罰適應能力)을 책임능력으로 파악하였다. 따라서 이 입장은 책임능력을 과거 행위에 대한 비난으로서의 의미보다는 오로지 장래 부과하게 될 형벌과의 관계에서 그 적응성이 있는가의 관점으로부터 판단된다.

(3) 검토

유책행위능력은 행위자의 「완전한 자유의사」의 존재를 당연한 전제로 하고 있는 점에서 그리고 수형능력은 행위자의 자유의사를 부정함으로써 책임 「비난」이라는 점을 간과하였다고 하지 않을 수 없다. 따라서 책임능력은 유책하게 행위 할 수 있는 능력, 즉 책임비난의 기초로서 행위자가 형법의 규범을 이해하고 그것에 따라 행위를 할 수 있는 능력을 의미한다.

3. 책임능력의 체계적 지위

책임론 내부에서 책임능력은 책임비난의 「전제」인가 또는 그 「요소」인가에 대하여 범죄론 체계상에서 대립되어 있다.

(1) 책임전제설

책임능력은 개개 행위에 대한 능력이 아니라 그 전제가 되는 일반적인 능력으로 파악하여 그 능력을 「행위자」의 속성(屬性)으로 이해한다. 즉 책임능력은 책임을 부담할 수 있는 일반적인 능력을 의미하기 때문에, 고의·과실 등의 책임조건에 앞서서 판단하여야 한다.

(2) 책임요소설

책임능력을 개개의 행위마다 개별적으로 판단하는 책임요소로 파악하여 그 능력을 「행위」의 속성으로 이해한다. 즉 책임능력은 고의·과실 등의 책임조건과 같은 책임요소의 하나이다. 따라서 고의·과실이 책임능력에 앞서서 판단하는 것도 가능하다.

(3) 검토

책임전제설과 책임요소설은 책임능력이 없으면 행위자를 비난할 수 없다는 점에서 동일하다. 그러나 책임요소설은 책임능력을 개개의 범죄에 대한 책임요소로 파악하기 때문에, 결국 책임능력은 기대가능성의 문제로 귀착되어 독자적인 책임요소로 파악하는 의의가 상실된다. 또한 인격은 통일적인 것이기 때문에 어느 행위자의 행위에 대하여 책임능력을 인정하면, 그 행위자의 다른 행위에 대해서도 책임능력을 인정하지 않으면 안 된다.

그리고 우리 형법 제9조는 형사미성년자에 대해 개개 행위책임의 유무 및 정도를 판단을 하지 않고, 모든 형사미성년자의 책임을 부정하고 있는 것은 책임능력이 다른 책임조건으로부터 독립된 요건이라는 것을 시사하고 있다. 따라서 책임능력을 책임의 전제조건으로 하는 「책임전제설」이 타당하다. 그리하여 어느 종류의 범죄에 대해서만 책임능력을 인정하는 일부책임능력 또는 전부책임능력의 관념은 형법상 부정되어야만 한다.

4. 책임능력의 존재시기

행위자의 책임능력은 행위의 어느 단계에 존재해야 하는가의 문제가 책임능력의 존재시기에 관한 문제이다. ⅰ) 실행행위시설(實行行爲時說)은 책임주의 요청으로서 실행행위와 책임능력은 동시에 존재하여야 한다고 하는 「동시존재의 원칙」으로부터 실행행위 시에 존재하여야 한다. 이에 대하여 ⅱ) 원인행위시설(原因行爲時說)은 책임능력은 원칙으로 실행행위 시에 존재하여야 하지만, 실행행위 시에 책임능력이 없는 경우라도 그 실행행위와 상당한 관계가 있는 원인에 의하여 실행행위가 행해진 때에는 그 실행행위를 자유로운 의사결정에 의하여 행하여진 것으로 비난할 수 있다고 한다. 따라서 책임능력은 실행행위와 상당한 관계에 있는 원인행위 시에 존재하여야 한다고 하는 설이다.

제 2 절 책임무능력과 한정책임능력

1. 의 의

형법은 위법성과 같이 책임성에 관해서도 적극적으로 규정하지 않고, 소극적으로 책임능력이 없거나 감경이 되는 경우만을 규정하고 있다. 즉 책임무능력자로서 형사미성년자(제9조)와 심신상실자(제10조 1항), 그리고 한정책임능력자로서 심신미약자(제10조 2항), 농아자(제11조)를 각각 규정하고 있다. 심신상실자와 심신미약자를 포함하여 심신장애자라고 한다.

2. 책임무능력자 및 한정책임능력자

(1) 형사미성년자

형법 제9조는 「14세 되지 아니한 자의 행위는 벌하지 아니 한다」고 규정하고 있다. 일반적으로 사람의 정신적 발육은 개인차가 있지만 14세 미만의 자를 일률적으로 「절대적 책임무능력자」로 하고 있다. 즉 형법은 14세를 형사책임연령으로 하고 그것에 달하지 않은 자를 형사미성년자(刑事未成年者)라고 한다. 형사미성년자는 발육과정에 있기 때문에 일반적으로 행위의 변별능력과 의사결정능력이 미숙하여 형벌 및 보안처분을 부과할 수 없다고 한다. 그러나 이것은 그러한 능력이 있다고 하더라도 인격의 가역성(可逆性)에 비추어 형법상 비난을 할 수 없다는 형사정책적 배려에 의한 것이다.

[소년에 대한 특례]

소년법은 소년을 건전하게 육성한다는 목적으로 19세 미만의 자에 대해서 형사처분상의 특례를 인정하고 있다(제2조). 즉 14세 이상의 소년이 법정형 2년 이상의 유기징역에 해당하는 죄를 범한 때에는 법정형의 범위 내에서 장기와 단기를 정한 부정기형을 선고한다(제60조). 그리고 18세 미만의 소년이 범한 사형 또는 무기징역형에 대해서는 15년의 유기징역으로 제한하고 있다(제59조). 이외에도 구속영장의 제한(제55조) 등이 있다.

(2) 심신장애자

1) 심신장애의 개념

심신장애자는 심신상실자와 심신미약자를 포함한 개념으로서 형법 제10조 1항과 2항에 심신장애로 인하여 사물을 변별할 능력이 없거나 의사를 결정할 능력이 없는 자와 그 능력이 미약한 자를, 각각 「심신상실자(心神喪失者)」와 「심신미약자(心神微弱者)」로 규정하고 있다. 그리고 심신상실자는 벌하지 아니 한다고 하여 책임무능력자로 하고 있으며, 심신미약자는 형을 감경한다고 하여 한정책임능력자로 하고 있다.

2) 심신장애의 요건과 판단

심신장애가 되기 위해서는 우선 ⅰ) 생물학적 요소인 「심신장애」가 있어야 한다. 심신장애(心身障碍)란, 정신병 · 정신박약 또는 비정상적인 정신상태와 같은 정신적 장애를 의미한다. 그리고 ⅱ) 심리적 요소로서 「사물의 변별능력」과 「의사결정능력」이 결여되어 있거나(심신상실), 그 능력이 미약하여야 한다(심신미약). 즉 사물의 선악(善惡)과 시비(是非)를 구별하여 판단할 수 없거나, 그 의사를 합리적으로 결정할 수 없는 능력은 말한다. 이 때 심신상실의 상태는 범죄행위 시에 존재하여야 하며 그것은 일시적이든 계속적이든 불문한다.

그리고 심신장애의 유무는 위와 같은 생물학적 요소와 심리적 요소를 포함한 혼합적 방법을 기초로 하여 법관이 판단해야 할 「법률문제(法律問題)」이다. 따라서 그 법관의 판단은 합리적이고 경험칙에 반하지 않는 한 어떠한 감정결과에도 구속되지 않는다.

(3) 농아자

형법 제11조는 농아자의 행위는 감경한다고 규정하여 농아자를 한정책임능력자로 규정하고 있다. 여기서 「농아자(聾啞者)」란, 청각기능과 발언기능이 모두 결여된 자를 말하며, 일반적으로 이러한 자는 정신적 발육이 불충분하기 때문에 일률적으로 책임을 감경하고 있다.

그러나 현대 과학기술의 발달에 따라 농아교육으로 농아자를 정상인과 구분할 실익이 없기 때문에 日本은 1995년 5월의 형법 개정에서 농아자를 한정책임능력자에서 삭제하였다.

제 3 절 원인에 있어서 자유로운 행위

1. 의 의

책임능력은 범죄행위 시에 존재하지 않으면 안 된다. 이것을 「행위와 책임의 동시존재의 원칙」이라고 한다. 즉 범죄라고 하는 것은 구성요건해당성을 전제로 하기 때문에 책임능력은 구성요건해당성, 즉 실행행위 시에 존재하여야 하는 것이 원칙이다.

그렇지만 원인에 있어서 자유로운 행위, 즉 행위자 스스로가 정신장애를 야기하여(원인행위), 그 상태(심신상실·심신미약)를 이용하여 범죄결과를 발생하게 한 경우(결과행위)에 형법 제10조의 규정을 적용하여 무죄 또는 형을 감경하는 것은 법감정에 반한다. 예컨대 사람을 살해할 목적으로 만취하여 그 상태를 이용하여 타인을 살해한 경우가 그

것이다. 따라서 이러한 경우에 완전한 책임을 묻기 위한 이론이 「원인에 있어서 자유로운 행위(actio libera in causa)」의 법리이다.

〈행위와 책임의 동시존재의 원칙과 원인에 있어 자유로운 행위〉

	원인행위 (살해의 목적으로 음주)	결과행위 (살해행위)
(실행) 行爲	×	○
責任(능력)	○	×

2. 학설의 상황

형법 제10조 3항은 원인에 있어서 자유로운 행위를 명문으로 규정하여 입법적으로 해결하고 있다. 그러나 그 법리의 이론 구성을 어떻게 해야 하는가, 즉 「가벌성의 근거」를 어디에서 찾을 것인가에 대해 견해가 대립하고 있다.

(1) 원인행위에 책임의 근거를 인정하는 견해

원인에 있어서 자유로운 행위는 책임무능력상태의 자기 자신을 도구로 이용하는 점에서, 타인을 도구로 이용하는 「간접정범(제34조 1항)과 유사한 구조」로 이해하려는 견해로서 과거의 다수설이다. 즉 원인행위를 실행행위로 파악하여 「행위와 책임의 동시존재의 원칙」을 유지하려는 견해이다. 그러나 이 견해에 의하면 실행행위의 범위를 부당하게 확대하는 결과 실행행위의 정형성을 무시할 뿐만 아니라, 상대적으로 미수범의 처벌범위가 확대된다는 문제가 있다.

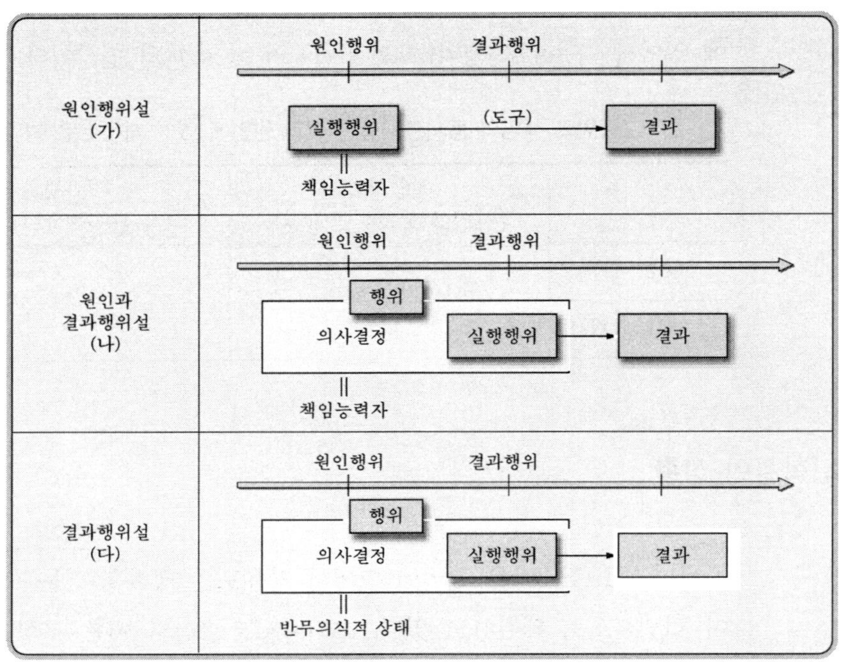

(2) 원인행위와 실행행위의 불가분의 관계에 책임의 근거를 인정하는 견해

이것은 「행위와 책임의 동시존재의 원칙」을 수정하여, 행위자를 비난할 수 있는 것은 책임능력상태 하의 자유로운 의사결정에 의하여 범죄결과를 실현하였을 때 비로소 가능하다고 하는 점에서 그 근거를 찾는 견해이다. 즉 원인행위가 실행행위는 될 수 없지만, 자유로운 의사결정에 의한 원인행위가 있고 그 원인행위에 의하여 결과가 발생되었다면(처벌근거), 결과행위는 책임능력상태 하에서 행한 의사실현과정에 있다고 하지 않을 수 없다(실행행위). 따라서 결과행위 시에 책임무능력 또는 한정책임능력상태이었음에도 불구하고 행위자에게 완전한 책임을 물을 수 있다고 하는 견해로써 현재의 다수설이다.

(3) 책임무능력상태의 실행행위에 책임의 근거를 인정하는 견해

원인에 있어서 자유로운 행위는 심리학적인 입장에서 보면 원인행위인 예비단계로부터 실행행위의 단계로 돌입하는 것은 반무의식적 상태(半無意識的狀態)에서 행하여진다고 한다. 이 때 원인행위와 결과 사이에 연관성을 인정할 수 있기 때문에 반무의식적 실현이 있을 때, 범죄의 실행행위를 인정하여 책임의 근거를 인정하려고 하는 견해이다. 그러나 이 견해처럼 반무의식상태 하의 행위를 실행행위로서 파악하게 되면, 사실상 대부분의 책임무능력상태 하의 행위도 책임능력을 인정하게 되어 법적 안정성을 해할 위험성이 있어 타당하지 않다.

3. 원인에 있어서 자유로운 행위의 요건

형법 제10조 3항은 「위험발생을 예견하고 자의로 심신장애를 야기한 자의 행위에는 전 2항의 규정을 적용하지 아니 한다」고 규정하여, 책임능력자와 동일하게 처벌한다. 이를 나누어 설명하면 다음과 같다.

(1) 위험발생을 예견할 것

형법 제10조 3항은 위험발생을 예견한 경우로 제한하고 있으나, 여기에는 구성요건을 인식하고 인용한 「고의」뿐만 아니라, 그 가능성을 예견한 「과실」도 포함된다. 따라서 원인행위 시에 행위자가 인식하지 못하였거나, 전혀 예견할 수 없었던 행위에 의해 법익침해 또는 그 위험이 발생한 경우에는 원인에 있어서 자유로운 행위가 되지 않는다는 것이 다수설 및 판례의 입장이다(대판 1992.7.28, 92도999).

1) 고의에 의한 원인에 있어서 자유로운 행위

고의범의 경우에는 원인행위 시에 원인행위에 대한 인식 이외에 결과발생에 대한 고의가 필요하며, 결과행위는 원인행위 시의 의사결정에 의해 행해진 고의행위와 연속하고 있을 것이 필요하다. 예컨대 건널목의 전철수가 열차를 전복할 목적으로 술에 만취되어(원인행위), 열차가 통과할 때에 차단기를 내리지 않아 다수의 사상자를 낸 경우(결과행위)를 말한다.

2) 과실에 의한 원인에 있어서 자유로운 행위

과실범의 경우에는 원인행위 시에 행위자 스스로 정신장애상태하에서 범죄의 결과를 발생하게 할 가능성이 있다는 것을 예견할 수 있는 주의의무가 있어야 하고, 과실의 연속성이 있어야 한다. 예컨대 음주를 하기만 하면 만취상태에 빠져 타인을 위해할 가능성이 있는 자가, 부주의로 음주하여 심신상태하에서 사람을 살해한 경우를 말한다. 살해할 때는 이미 책임능력이 없어도 그 살해의 결과는 음주행위 시에 부주의로 야기된 것이기 때문에 과실치사죄를 구성한다.

(2) 자의에 의한 심신장애의 야기

책임능력 있는 상태에서 심신장애의 결과를 일으키는 것을 말하며, 여기서의 심신장애란, 「심신상실」과 「심신미약」을 포함한다.

4. 효과

원인에 있어서 자유로운 행위에 해당하면 그 행위는 책임능력자의 행위와 같이 처벌된다. 즉 심신상실 또는 심신미약의 상태에서 구성요건적 결과가 발생하였더라도 형이 면제되거나 감경되지 않는다.

책임의 조건

제 1 절 위법성의 인식

1. 위법성의 인식의 의의와 내용

(1) 위법성 인식의 의의

형법 제16조는 「자기 행위가 법령에 의하여 죄가 되지 않는 것으로 오인한 행위는 …… 는 벌하지 않는다」고 하여, 형법상 범죄가 성립하기 위하여 위법성의 인식을 필요로 하고 있다. 「위법성의 인식」이란, 자기의 행위가 법적으로 금지되어 있다는 행위자의 인식을 말하는 것으로서, 이것은 고의·과실과 함께 책임비난의 핵심적 요소이다. 즉 행위자에게 고의·과실이 있더라도, 위법성의 인식이 없으면 형사책임을 물을 수 없다.

다만 위법성의 인식은 자기가 행한 행위가 법적으로 금지(금지규범)되어 있다는 인식을 의미하는데 대하여, 고의는 그 규범에 속하는 「범죄사실」(구성요건적 고의)과 그 범죄사실의 사회적 의미에 관한 인식

(책임고의)이란 점에서 구별된다.

(2) 위법성 인식의 내용(대상)

1) 「법적 금지성」에 대한 인식

위법성의 인식은 행위가 법적으로 금지되어 있다는데 대한 인식을 의미한다. 따라서 위법성의 인식이 있다고 하기 위해서는 행위가 단지 「윤리적」으로 비난된다는 인식만으로는 부족하고, 자기의 행위가 어떤 법질서에 의해서 보호받고 있는 법익을 침해한다는 「실질적 위법성」에 대한 인식을 필요로 한다.

2) 인식내용에 대한 학설

위법성인식의 구체적 내용에 대해서는 학설이 대립되어 있다. 즉 위법성의 인식은 언제나 구성요건과 관련되어 있어야 한다. 따라서 행위자가 위법한 행위를 한다는 추상적·일반적인 인식이 아니라 형법의 구체적인 규범, 즉 금지 또는 명령을 위반한다는 범행에 대한 인식이 있어야 한다고 한다. 그러나 이에 대하여 다수설 및 판례는 단순한 윤리규범에 위반된다고 하는 인식으로는 충분하지 않지만 형법위반의 인식까지는 요하지 않는다고 한다. 즉 그 행위가 현행 법질서에 위반된다고 하는 인식이 있으면 족하므로 민법이나 행정법 등에 위반된다는 인식이 있어도 위법성의 인식이 있다고 한다.

2. 위법성인식의 체계적 지위

위법성의 인식이 고의의 요소인가 또는 고의와는 별개의 책임요소인가에 대하여 고의설과 책임설이 대립되고 있다. 고의설에 의하면 위법성의 인식은 고의의 요소인데 반하여, 책임설에 의하면 위법성의 인식은 고의와는 별개의 책임요소라고 한다.

(1) 고의설

고의설(故意說)은 고의를 책임요소로 파악하는 인과적 행위론의 입장에서 주장된 이론으로서 고의가 성립하기 위해서는 「구성요건적 사실의 인식」과 「위법성의 인식」을 필요로 한다는 견해이다. 이 견해는 판례의 입장으로서 위법성의 인식이 없으면, 언제나 고의의 성립을 조각한다는 「엄격고의설」과 위법성의 인식이 결여되었음에도 그 인식가능성이 있으면 고의의 성립을 인정하는 「제한고의설」로 나누어진다.

1) 엄격고의설

엄격고의설(嚴格故意說)은 고의의 성립에 구성요건적 사실의 인식과 위법성의 「현실적」인 인식을 필요로 하는 견해이다. 이 설에 의하면 현실적으로 위법성을 인식하지 못한 경우에는 구성요건적 사실의 인식이 있다고 하더라도 고의가 조각되어 과실범 처벌규정이 있는 경우에 한하여 과실범으로 처벌될 뿐이다. 즉 엄격고의설에 의하면 행위자가 위법성을 인식했을 때 비로소 행위자는 위법행위를 포기하고 적법행위를 해야 할 동기(動機)가 형성되기 때문에, 이 반대동기를 무시하고 위법행위에 나아간 경우에 중한 책임비난의 근거를 인정할 수 있다. 따라서 위법성의 인식이야말로 「고의와 과실의 분수령」으로 보았다.

그러나 엄격고의설에 의하면, 범죄를 반복적으로 하는 습성으로 인하여 규범의식이 둔화되어 있는 상습범에 대해서 가중하여 처벌할 수 있는 근거가 없으며, 또한 극도로 흥분된 상태나 종교적 신념으로 인하여 위법성의 인식이 있다고 보기 어려운 격정범과 확신범, 그리고 규범의 존재를 인식하기 어려운 법정범과 행정범 등은 그 처벌이 곤란하게 된다.

2) 제한고의설

제한고의설(制限故意說)은 고의의 성립요건으로서 「구성요건적 사실의 인식」과 위법성의 「인식가능성」만으로 족하다는 견해이다. 이 견해는 인격적 책임론의 입장에서 주장된 이론으로서, 행위자가 위법성을 현실적으로 인식할 필요는 없으나, 그의 인격형성(규범의식의 둔화)에 비추어 위법성 인식이 「가능(可能)」하였다면 행위자의 반규범적인 인격태도에 대한 고의책임을 인정해야 한다는 견해이다.

그러나 제한고의설은 위법성의 인식가능성이라고 하는 과실적 요소를 고의개념에 포함시켜 고의범과 과실범의 구조상 차이를 무시하였다는 비판이 있다. 또한 이설에 의하면 위법성착오에 있어서도 그 인식가능이 있는 경우에는 고의범으로 처벌되지만, 인식가능성이 없으면 과실범 처벌규정이 있는 경우 한하여 처벌될 뿐이다.

(2) 책임설

책임설(責任說)은 고의·과실을 주관적 구성요건요소로 파악하는 목적적 행위론자에 의하여 주장된 이론이다. 이 설에 의하면 사실의 인식이라는 심리적 사실(고의)과 범죄적 의사결정에 저항하는 규범인식(위법성의 인식)의 문제는 그 성격이 다르기 때문에 고의와 위법성의 인식은 구별되어야 한다고 한다. 따라서 위법성인식은 고의와는 독립된 책임요소라고 한다. 책임설은 위법성조각사유의 전제사실에 관한 착오(정당화사정에 관한 착오)를 어떻게 취급하느냐에 따라 다시 「엄격책임설」과 「제한책임설」로 나누어진다.

1) 엄격책임설

엄격책임설(嚴格責任說)은 위법성인식을 고의 요소가 아닌 독립된 책임요소로 파악하여, 「위법성조각사유의 전제사실에 관한 착오」를 위법성착오로 이해하는 견해이다. 즉 책임은 고의의 이중체계적 기능(사회적 행위론)에 따라 「책임요소로서의 고의」와 독자적인 「위법성인식」을 포함하는 상위개념(上位槪念)이 된다. 따라서 위법성착오로 인하여 위법성의 인식이 결여된 경우에 있어서도 고의의 성립에는 영향을 미치지 않으며, 단지 그 오인에 정당한 이유가 있는 경우에 한하여 책임이 조각될 뿐이다.

2) 제한책임설

제한책임설(制限責任說)은 위법성조각사유의 착오를 「위법성조각사유의 전제사실에 관한 착오」와 「위법성조각사유의 범위와 그 한계에 관한 착오」로 나누어 그 취급을 달리한다. 즉 전자에 관한 착오는 구성요건적 착오가 아니지만, 구성요건적 착오와 유사하게 고의책임을 조각한다고 보고 또 후자에 관한 착오는 위법성의 착오로 이해하는 입장이다.

〈고의설〉

<table>
<tr><td colspan="2">구성요건</td></tr>
<tr><td colspan="2">위 법 성</td></tr>
<tr><td>책임</td><td>책임고의 =범죄사실의
인식 + 위법성의 인식</td></tr>
</table>

〈책임설〉

<table>
<tr><td colspan="2">구성요건 고의(범죄사실의 인식)</td></tr>
<tr><td colspan="2">위 법 성</td></tr>
<tr><td rowspan="2">책임</td><td>책임고의(금지사실에 관한 인식)</td></tr>
<tr><td>위법성의 인식</td></tr>
</table>

제 2 절 위법성의 착오(법률의 착오)

1. 위법성의 착오의 의의

착오로 인하여 자기의 행위가 위법하다는 것을 인식하지 못한 경우를 「위법성의 착오(錯誤)」라고 한다. 즉 행위자가 구성요건에 해당하는 범죄사실에 대한 인식은 있었으나 착오로 인하여, 그 사실의 위법성을 인식하지 못한 경우를 말하며 이를 「법률의 착오」 또는 「금지의 착오」라고도 한다.

이와 반대로 형법상 위법하지 않은 행위를 위법한 행위로 오인한 「위법성의 적극적 착오」 또는 「반전(反轉)된 금지의 착오」는, 이른바 환각범(幻覺犯)으로서 구성요건해당성이 없기 때문에 형법상 문제가 되지 않는다.

2. 위법성 착오의 종류

위법성 착오는 직접적 착오와 간접적 착오로 나눌 수 있다.

(1) 직접적 착오

행위자는 자신의 행위가 법적으로 허용된다고 오인하여 행위의 위법성을 전혀 인식하지 못한 경우를 「직접적 착오(直接的錯誤)」라고 한다. 이것은 다시 다음과 같이 세분할 수 있다.

1) 법률의 부지

자기의 행위가 형법상 금지되어 있다는 것을 알지 못하여 그 행위가 법률상 허용되어 있는 것으로 오인한 경우를 말한다. 예컨대 형법 제163조의 변사체검시방해죄의 규정 자체를 알지 못하여 검시를 받지 않고 변사자를 화장한 경우가 여기에 해당한다. 그러나 대법원은 법률의 부지를 위법성 착오에 해당되지 않는다고 판시하고 있다.

2) 효력(效力)의 착오

행위자가 일반적 구속력을 가지고 있는 법규정을 잘못 판단하여, 그 규정을 무효(無效)라고 오인한 때를 말한다. 예컨대 간통죄가 폐지되지 않았는데도 불구하고 간통죄가 폐지되어 있다고 오인하고 간통한 경우가 여기에 해당한다.

3) 포섭(包攝)의 착오

법규정의 존재는 알고 있었지만 그 법해석을 잘못하여 자기 행위가 법적으로 허용되는 것으로 오인한 경우를 말한다. 예컨대 공무원이 뇌물을 받으면 처벌받는다는 것을 알고 있었으나 업자들로부터 관행적으로 상납되는 금품은 뇌물이 아니라고 생각하고 받은 경우가 여기에 해당한다.

(2) 간접적 착오

행위자가 법적으로 금지된 행위를 하는 것을 알았으나 자기의 경우에는 특별한 사정이 있기 때문에 행위를 하여도 처벌받지 않을 것으로 오인한 경우를 「간접적 착오(間接的錯誤)」 또는 「위법성조각사유(정당화사유)에 관한 착오」라고도 한다. 간접적 착오도 다음과 같이 분류할 수 있다.

1) 위법성조각사유의 범위와 한계에 관한 착오

행위자가 행위의 위법성은 인식하였지만, 자기의 경우에는 법령에 의하여 허용되므로 범죄가 되지 않는다고 오인한 경우를 말한다. 예컨대 침해의 현재성이 없음에도 불구하고 부당한 침해가 있으면 정당방위를 할 수 있다고 오신한 경우이다. 이 경우에는 형법 제16조의 「법률의 착오」의 예에 따라 처리하는데 반대의 의견이 없다.

〈위법성의 착오의 종류〉

<table>
<tr><td rowspan="5">위법성 착오</td><td rowspan="3">직접적 착오</td><td>법률의 부지</td><td>금지규범자체를 인식하지 못한 경우로서 판례는 위법성착오로 보지 않는다.</td></tr>
<tr><td>효력의 착오</td><td>법규정을 잘못 판단하여 그 규정을 무효라고 오인한 경우</td></tr>
<tr><td>포섭의 착오</td><td>법률해석에 착오를 일으켜 자기의 행위가 법적으로 허용된 것으로 오인한 경우</td></tr>
<tr><td rowspan="2">간접적 착오</td><td>위법성조각사유의 범위와 한계에 관한 착오</td><td>범죄가 되는 행위의 위법성은 인식하였지만, 자기의 경우에는 法令에 의하여 허용되므로 범죄가 되지 않는다고 오인한 경우로서 「허용의 착오」라고도 한다.</td></tr>
<tr><td>위법성조각사유의 객관적 전제사실에 관한 착오</td><td>위법성조각사유의 상황이 존재하지 않는데도 불구하고 존재한다고 오인하고 행위를 한 경우로서 「허용구성요건의 착오」라고도 한다.</td></tr>
</table>

2) 위법성조각사유의 객관적 전제사실에 관한 착오

위법성조각사유의 상황이 존재하지 않는데도 불구하고, 행위자는 이러한 사정이 존재한다고 오인하고 행위를 한 경우를 말하며 「허용구성요건에 관한 착오」라고도 한다. 예컨대 전보배달부를 강도로 오인하고 방위행위를 한 경우처럼 오상방위 · 오상피난 · 오상자구행위 등이 이에 해당한다. 이에 관해서는 구성요건적 착오와 같이 취급하는 고의설 및 제한책임설과 위법성 착오로 취급하는 엄격책임설이 대립하고 있다

3. 위법성착오의 효과

(1) 학설에 따른 위법성착오의 효과

1) 「고의설」의 엄격고의설과 제한고의설은 고의의 성립요소로서 각각 위법성의 현실적 인식과 인식가능성을 필요로 하기 때문에 위법성 인식에 관한 착오는 고의가 조각되어 과실범의 처벌규정이 있는 경우에 한하여 과실범으로 처벌될 뿐이다. 단지 제한고의설에 의하면 착오로 인하여 위법성을 현실적으로 인식하지 못한 경우에도 인식가능성이 있으면 고의범으로 처벌된다.

2) 「엄격책임설」은, 위법성인식은 구성요건요소인 고의(또는 과실)와는 별개의 책임요소이므로 그 인식에 관한 착오는 고의성립과 관계가 없고, 다만 위법성착오가 불가피한 경우에 한하여 책임을 조각한다. 즉 위법성착오에 정당한 이유가 있는 때에는 행위자에게 적법행위를 기대할 수 없으므로 책임비난이 불가능하다고 한다.

3) 「제한책임설」은 위법성의 인식을 고의와 별개의 책임요소로 인정하고 있다는 점에서 책임설의 일종이다. 그러나 이 설은 행위자가 오상방위 등에서처럼 위법성조각사유가 존재한다고 오인하고 방위행위를 한 경우는, 마치 객관적 구성요건요소가 존재함에도 불구하고 존재하지 않는다고 오인한 「반전(反轉)된 구성요건적 착오」와 그 구조가 유사하기 때문에 사실의 착오를 적용해야 한다고 주장한다. 이 설은 다시 유추적용제한책임설과 법효과제한책임설로 구분할 수 있다. 우선 i) 유추적용제한책임설은 구성요건적 착오는 아니지만 구성요건적 착오를

유추적용하여 고의책임을 조각한다고 한다. 그리고 ii) 법효과제한책임설은 행위자는 법에 순응하려고 하였지만 부주의로 상황을 오인하여 구성요건적 결과를 야기한 것이기 때문에 완전한 고의책임을 인정할 수 없고 법효과면에서 과실범으로 처벌하는 것이 타당하다.

(2) 형법 제16조의 해설

형법 제13조는 「죄의 성립요소인 사실을 인식하지 못한 행위」를 고의로 규정하고, 그리고 정상의 주의태만으로 인하여 그것을 인식하지 못한 것을 과실(제14조)로 각각 규정하는 한편, 형법 제16조는 「자기의 행위가 법령에 의하여 죄가 되지 아니하는 것으로 오인한 행위」를 위법성착오로 별도로 규정하고 있다. 따라서 형법 제16조는 구성요건적 착오를 의미하는 것이 아니라 위법성을 인식하지 못한 행위, 즉 위법성의 착오를 의미한다고 볼 수 있다. 즉 고의와 위법성의 인식은 별개의 책임요소로 파악하는 책임설이 타당하며 다수설의 입장이기도 하다.

또한 형법 제16조 후단의 「그 오인에 정당한 이유가 있는 때에 한하여 벌하지 아니 한다」는 규정은 위법성착오에 있어서 고의가 조각되지 않기 때문에 그 착오를 회피할 수 없는 경우에 한하여 책임이 조각된다고 해석하여야 한다(책임설). 다만 여기서 「정당한 이유」라 함은, 행위자에게 그러한 오인이 불가피하였다면 이러한 경우의 착오가 정당한 이유가 있는 착오가 된다. 따라서 정당한 이유는 회피가능성의 유무로 판단하지 않을 수 없다.

제 3 절 기대가능성

1. 기대가능성의 개념

(1) 의의

규범적 책임론의 핵심개념으로서 행위 당시의 구체적 사정에 비추어 행위자에게 범죄행위를 피하고 적법행위를 할 것을 기대할 수 있는 가능성을 기대가능성(期待可能性)이라고 한다. 즉 규범적 책임론은 인간에게 범죄행위를 피할 것을 기대하고, 그 기대에 반한 자에 대한 규범적 비난을 형법상 책임이라고 하여, 책임의 전제로서 적법행위의 기대가능성을 그 요건으로 한다. 따라서 행위자에게 적법행위를 기대할 수 없는 경우에는 책임이 조각된다.

(2) 체계상의 지위

책임론의 내부에서 기대가능성의 체계상 위치에 대하여 견해의 대립이 있다.

1) 고의 · 과실의 구성요소설

기대가능성을 책임의 심리적 요소인 고의 또는 과실의 구성요소로 파악하여 기대가능성이 없으면 고의나 과실이 조각된다고 하는 견해이다.

2) 독립의 책임요소설

기대가능성을 책임능력 및 책임조건(고의 · 과실)과 병렬적 위치에 있는 독립된 제3의 책임요소라는 견해이다.

3) 책임조각사유설

기대가능성은 책임의 적극적 요소가 아니기 때문에 책임능력과 책임조건이 존재하면 원칙적으로 책임이 인정되고, 기대가능성이 없을 때에 책임이 조각된다고 해석하는 견해로서 우리나라 다수설의 입장이다.

4) 검토

기대가능성은 사실적 성격이 강한 고의·과실과는 달리 위법성의 인식과 같은 규범적 책임조건이다. 따라서 1)설은 타당하지 않고, 2)·3)설 사이에는 실질적인 차이는 없으나, 인간이 행위를 함에 있어서 적법행위에 대한 기대가능성이 존재하지 않는 경우는 사회생활상 극히 예외적인 사태라고 생각한다면 논리적으로 3)설이 타당하다고 하겠다.

2. 기대가능성의 판단기준

기대가능성의 유무 및 정도를 판단하는 기준을 어디에 둘 것인가에 대하여 견해가 나누어진다.

(1) 국가표준설

국가표준설은 적법행위를 기대하는 측인 국가가 법질서의 구체적 요구에 의하여 판단한다고 하는 견해이다.

(2) 평균인(일반인)표준설

행위자 대신에 사회일반의 평균인을 표준으로 하여 평균인이 행위자의 처지에 있다면 적법행위를 하였을 것인가에 따라 기대가능성을 판단하는 견해이다. 이 설이 현재의 통설이다.

(3) 행위자표준설

행위 당시에 행위자 자신의 구체적 사정을 표준으로 하여 기대가능성의 유무를 판단하는 견해이다.

(4) 검토

국가표준설은 기대가능성의 판단주체가 국가임을 명백히 한 점은 타당하나, 판단의 대상인 행위자 능력이나 구체적 사정을 고려하지 않은 점이 불충분하다. 그리고 행위자표준설에 의하면 행위자를 기준으로 그의 사정과 능력을 판단하기 때문에 대부분의 경우 기대가능성을 인정할 수 없게 되는 문제점이 있다. 따라서 사회일반인의 관점에서 기대가능성을 판단하는 평균인표준설이 타당하다. 그러나 이 경우에도 일반인에게 기대할 수 있는 경우라면 행위자에게 기대할 수 없는 경우까지도 책임이 있다고 해석해야 하는 난점이 있다.

3. 기대가능성의 종류

책임은 본래 실질적이고 비유형적인 판단이기 때문에 기대가능성이 존재하지 않는 경우도 초법규적인 성격을 갖지만 형벌법규에 의하여 법정화 · 유형화된 것도 있다.

(1) 법정적으로 기대불가능한 경우

우선 형의 감경 또는 면제의 가능성을 인정하고 있는 것으로서 과잉방위(제21조 2항), 과잉피난(제22조 3항), 과잉자구행위(제23조 2항)가 있다. 또한 형의 면제가능성을 인정하고 있는 것으로 강요된 행위(제12조), 공포 · 경악 · 흥분 또는 당황으로 인한 과잉방위(제21조 3항), 친족간의 범인은닉 · 증거인멸죄(제151조 2항, 제155조 4항) 등이 있다.

(2) 초법규적으로 기대불가능한 경우

1) 위법한 명령에 따른 경우

구성요건에 해당하는 상관의 위법한 명령을 수행한 행위는 위법성이 조각되지 않는다. 단지 절대적 구속력을 가진 명령에 따른 행위는 기대가능성이 없기 때문에 책임을 조각된다는 것이 다수설·판례의 입장이다.

2) 의무의 충돌

동시에 수행하여야 할 가치가 서로 다른 의무로서 충돌하였을 때, 행위자가 낮은 가치의 의무를 수행하기 위하여 높은 가치의 의무를 태만히 한 때에는 행위자는 위법한 행위를 한 것이 된다. 그러나 이 때에도 통설은 행위자에게 기대가능성(높은 가치의 의무수행에 대한)이 없으면 초법규적 책임조각사유가 된다고 한다.

3) 생명·신체 이외의 법익에 대한 강요행위

형법 제12조는 강요된 행위의 요건으로서 「자기 또는 친족의 생명·신체」로 제한하고 있기 때문에 그 밖의 법익(재산·명예·비밀·신용·정조)에 대한 폭력·협박은 여기에 해당하지 않는다. 그러나 이 경우에도 통설은 그 밖의 법익에 대한 폭력·협박으로 인한 강요된 행위에 대해서도 기대가능성이 없는 경우에는 초법규적 책임조각사유로 해석하고 있다.

4. 기대가능성의 착오

기대가능성이 존재하지 않는 사정이 없음에도 불구하고 있다고 오인한 경우를 「기대가능성의 착오」라고 한다. 예컨대 위법한 상관의 명령이 없음에도 불구하고 있다고 오인한 경우를 말한다. 기대가능성의 부존재는 고의 또는 과실과는 독립된 책임조각사유이기 때문에, 그 착오는 고의가 조각되지 않는다. 그렇기 때문에 착오에 대한 기대가능성이 없으면 기대가능성의 부존재를 이유로 책임이 조각된다고 해석하여야 한다.

제 4 절 강요된 행위

1. 의의 및 법적성격

(1) 의의

형법 제12조는 「저항할 수 없는 폭력이나 자기 또는 친족의 생명·신체에 대한 위해를 방어할 방법이 없는 협박에 의하여 강요된 행위는 벌하지 아니 한다」고 규정하여, 강요된 행위는 강제상태하에서 행위자에게 적법행위에 대한 기대가능성이 없다는 것을 이유로 책임이 조각된다고 명백히 하고 있다.

(2) 법적 성격

강요된 행위를 긴급상황하의 행위로 보아 긴급피난의 한 형태로 보는 견해도 있으나, 강요된 행위는 적법행위에 대한 기대불가능성을 이유로 일반적인 책임조각사유임을 예시(例示)한 규정이라고 보는 것이 타당하다.

2. 성립요건

(1) 저항할 수 없는 폭력

폭력(暴力)은 상대방 의사를 제압하기 위한 힘의 행사를 의미하기 때문에 상대방의 의사결정이나 그 실현을 완전히 배제하는 절대폭력은 여기에 해당하지 않는다. 즉 여기서의 폭력이란, 「심리적 폭력」만을 의미하는 것이 통설의 입장이다.

(2) 방어할 방법이 없는 협박

자기 또는 친족의 생명·신체에 대한 위해를 방어할 방법이 없는 협박으로 인한 경우이어야 한다. 협박(脅迫)이란, 사람에 대하여 공포심을 불러일으킬 만한 위해를 가할 것을 고지하는 것을 말하며, 그 내용은 생명·신체에 제한된다(다수설).

(3) 강제상태 하에서의 행위

폭력이나 협박에 의하여 강요된 행위이어야 한다. 즉 폭력이나 협박과 강요된 행위 사이에는 인과관계가 있어야 한다.

3. 효 과

강요된 행위는 행위자에게 적법한 행위를 기대할 수 없기 때문에 처벌하지 않는다. 즉 강요된 행위는 위법한 행위이지만, 책임이 조각되는 행위이기 때문에 이 행위에 대한 정당방위는 가능하다. 그리고 강요자는 행위자를 「도구(道具)」로 이용하여 범죄를 하였기 때문에 간접정범(제34조 1항)으로 처벌된다.

제 6 편

미 수 범 론

제 1 장　범죄의 실현단계
제 2 장　미수범(장애미수)
제 3 장　중지범(중지미수)
제 4 장　불능범(불능미수)

범죄의 실현단계

앞 장에서 범죄성립을 위한 기본적 요건과 그 조각사유에 대해서 살펴보았다. 즉 1인이 형법 각칙에 규정되어 있는 구성요건을 실현하고, 범죄성립을 완성시키기 위한 일반적 요건과 어떠한 경우에 범죄 성립이 조각되는가에 관한 것이다. 그러나 1인이 범죄 행위를 하더라도 반드시 범죄를 완성하는 경우만 있는 것은 아니다(미수). 또한 범죄는 1인이 범죄를 실행하는 경우가 있는가 하면, 2인 이상이 공동하여 1개의 범죄를 실현하는 경우도 있다(공범). 이러한 경우 앞에서 살펴본 기본적 범죄형식을 수정하여 그 성립을 논할 필요가 있다. 이것을 「구성요건의 수정형식」 또는 「수정된 구성요건」이라고 하며 미수범과 공범이 그것이다.

제1절 실현단계에 따른 3개의 범죄유형

일상적인 행위처럼 범죄의 실현도 어떤 동기로부터 그 실행을 결의하고, 그 후 이를 실현하기 위하여 준비하고 또 그 실현의사를 실행에 옮겨 범죄의 결과가 발생하는 과정을 거치게 된다. 이러한 가운데 단순한 결의(決意)는 형법상 평가의 대상이 되지 않는다. 이것은 「어떠한 사람도 사상 때문에 처벌되지 않는다(cogtationis poenam nemo patitur)」는 법언(法諺)에서 유래한 것이다. 따라서 형법에 있어서는 범죄준비행위 이후의 행위에 대해서만 처벌의 대상이 되지만, 이것을 행위의 실현단계에 따라 i) 예비·음모죄, ii) 미수범, iii) 기수범의 3개의 유형으로 구분할 수 있다.

1. 예비죄와 음모죄

예비와 음모는 모두 범죄침해의 위험성을 갖는 행위이지만, 그 위험성은 매우 적고 실현성이 희박하기 때문에 형법은 원칙으로 처벌하지 않고, 예외적으로 형법각칙상 특정한 중대범죄에 대해서만 독립된 범죄유형으로서 처벌하고 있다.

(1) 예비

예비(豫備)는 범죄를 실현하기 위한 준비행위로서 실행의 착수에 이르지 아니한 모의(謀議) 이외의 모든 행위를 말한다. 또한 예비는 범죄행위의 물적 준비에 한하지 않고, 예컨대 살인을 위해서 「잠복」하는 행위 등도 포함된다. 미수와 예비는 실행의 착수 유무에 따라 구별되며, 행위자가 범죄예비 후 실행에 착수를 하면 예비죄는 기본범죄에 흡수된다.

(2) 음모

음모(陰謀)는 2인 이상의 자가 일정한 범죄를 실행하기 위하여 모의(謀議)하는 것을 말한다. 따라서 음모란, 범죄의 실현단계상에 있어서 예비행위에 선행할 뿐만 아니라, 음모와 예비는 전자가 범죄의 「심리적 준비행위(心理的準備行爲)」인데 대하여, 후자는 그 「물적 준비행위(物的準備行爲)」라고 하는 점에서 구별된다. 따라서 예비와 음모는 각각 독립된 범죄준비단계의 행위라고 할 수 있다.

2. 미수범

범죄의 실행에 착수하여 구성요건의 내용을 충족하지 못한 범죄를 미수범(未遂犯)이라고 한다. 여기서 「실행의 착수」란, 법익침해의 위험성이 있는 행위를 착수(着手)하는 것을 의미하기 때문에 이러한 위험한 행위는 범죄를 완성하지 않았다고 하여 방치할 수 없다.

형법은 이러한 행위에 대해서, 즉 예비·음모죄는 원칙적으로 처벌하지 않고 형법각칙에 개별적으로 처벌규정을 두고 있을 뿐이다. 그러나 미수범에 대해서는 「전조(前條)의 미수범은 처벌한다」고 규정하여, 형법각칙에 개별적으로 규정을 두고 있을 뿐만 아니라, 형법총칙(제25조~제27조)에도 미수범의 일반적 규정을 두어 미수범을 원칙적으로 처벌하고 있다.

<범죄실현단계상에 있어서의 구별>

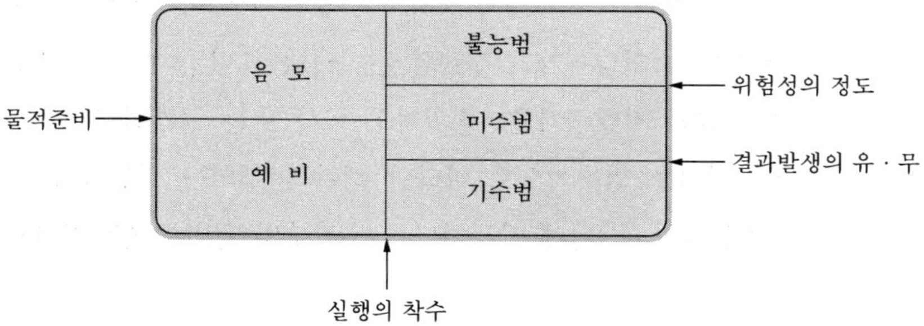

음 모
불능범
위험성의 정도
물적준비
미수범
예 비
결과발생의 유·무
기수범
실행의 착수

3. 기수범

형식적으로는 구성요건에 충족하는 행위를 기수범(既遂犯)이라고 하고, 실질적으로는 법익을 침해한 행위(침해범의 경우)와 법익침해의 위험성을 야기한 행위(위험범의 경우)가 기수범이다. 형법은 기수범을 범죄의 기본적 형태로 하여 이를 처벌하고, 이에 이르지 않은 예비·음모는 예외적으로 형법에 규정이 있는 경우에 한하여 처벌한다.

제 2 절 예비죄·음모죄 및 미수범의 처벌근거

형법에 있어서 결과책임이 지배하고 있던 시기에는 예비·음모는 물론 미수도 처벌하지 않았다. 그러나 그 후 행위자에 대한 책임이 중시됨에 따라 미수의 처벌이 의식되기 시작하였다. 그러나 결과가 발생하지 않았음에도 불구하고, 미수를 왜 처벌하는가에 대하여 주관주의와 객관주의가 대립되어 있다.

1. 주관적 미수론

법익침해의 결과가 발생하지 않았음에도 미수범을 처벌하는 것은, 행위자의 범죄의사가 실행행위에 나타났기 때문이다. 즉 주관적 미수론은 미수범의 처벌근거를 「행위자의 의사 또는 성격의 위험성」에서 찾는다. 이 견해는 외부적으로 나타난 객관적 행위는 행위자의 주관적 의사인 「위험성의 징표」에 불과하다는 주관주의 형법학에서 유래한다.

2. 객관적 미수론

미수범의 처벌근거를 「결과발생의 객관적 위험성」에서 찾는 견해이다. 즉 객관적 미수론은 객관주의 형법학 내부에서 위법의 본질을 무엇으로 보는가에 따라 다시 두 견해로 나누어진다.

(1) 행위무가치론

미수범은 행위가 갖는 법익침해의 일반적 위험성(행위자체의 위험성)을 기초로 처벌하는 견해이다. 따라서 예비·음모와 미수는 그 위험성의 정도에 있어서 서로 다르기 때문에 처벌에 있어서도 미수는 예비·음모보다는 중하게 처벌하여야 한다. 또한 범죄의사가 있다고 하더라도 결과발생에 대한 객관적 위험성이 인정되지 않는 한 처벌할 수 없다고 한다. 이 견해는 위법판단에 있어서 고의를 초과한 행위자의 주관면도 고려하는 절충주의적 입장으로서 다수설이다.

(2) 결과무가치론

미수범은 행위에 의한 법익침해의 객관적 위험성(결과로서의 위험)이 발생한 때 그것을 근거로 처벌하는 견해이다.

〈미수범의 처벌근거〉

	처벌근거	귀결
신파 (근대학파)	주관설(주관적미수론) : 행위자의 의사 또는 성격에 대한 위험성에 있어서 기수범과 차이가 없음	미수범뿐만 아니라 예비·음모도 포함하여 기수범과 동일하게 처벌하여야 함
구파 (고전학파)	객관설(객관적미수론) ① 행위무가치론 :「행위」 자체가 갖는 범죄실현의 현실적 위험성(행위자체의 위험성) ② 결과무가치론 :결과발생의 객관적 위험성(결과로서의 위험성)	i) 중대한 법익침해에 한하여 처벌하기 때문에 미수처벌은 예외적 ii) 결과발생의 위험성이 있을 때 비로소 처벌

제 3 절 미수범의 종류

미수범은 범죄의 실행에 착수하여 결과가 발생하지 않은 행위라고 하는 점에서 크게 i) 최광의의 미수범, ii) 광의의 미수범, iii) 협의의 미수범으로 구분할 수 있다.

「광의의 미수범」은 범죄의 실행에 착수하였으나 구성요건의 내용을 충족하지 못한 경우를 말하며, 여기에는 「협의의 미수범(장애미수·불능미수)」과 중지범(중지미수)이 포함된다. 이것들은 결과가 발생하지 않았다는 점에서 기수범에 비해 위법성의 감소가 인정되는 한편, 결과발생의 가능성(법익침해의 위험성)이 있는 위법행위라는 점에서는 기수범과 공통점이 있다. 중지범은 자기의 의사에 의하여 실행행위를 중지하거나, 결과발생을 방지하였기 때문에 책임감소가 인정된다고 하는 점에서 협의의 미수범과 구별된다. 이것에 대하여 「최광의의 미수범」에는 결과발생의 위험성조차 존재하지 않는 불능범도 포함한다.

미수범(장애미수)

제 1 절 장애미수의 의의

형법 제25조는 미수범을 「범죄의 실행에 착수하여 행위를 종료하지 못하였거나 결과가 발생하지 아니한 때」라고 정의하여 미수범에 관한 일반적 규정을 두고 있다. 이것은 장애에 의하여 결과가 발생하지 아니하였다는 점에서 장애미수(障碍未遂)에 관한 규정이기도 하다.

미수범의 기본적인 문제는 범죄의 시간적 실현과정 중, 어느 단계로부터 그 처벌을 인정할 것인가에 있다. 이에 관하여 형법 제25조는 범죄의 「실행에 착수하여」라고 규정하여 이것에 이르지 않는 예비·음모와 그 한계를 긋고 있다.

제 2 절 장애미수의 성립요건

1. 주관적요건

미수범이 성립하려면 우선 고의의 기수범에 있어서와 같이 고의(故意)가 있어야 한다. 따라서 처음부터 미수에 그치려는 이른바 「미수의 고의」는 고의로 인정되지 않는다.

2. 객관적 요건

(1) 실행의 착수

미수범이 성립하기 위하여 행위자는 우선 고의로 「범죄의 실행에 착수」하여야 한다. 즉 실행행위의 일부를 개시하여야 한다. 다만 실행의 착수시기에 관하여는 학설이 대립되어 있다.

1) 객관설

객관적인 「행위(行爲)」를 표준으로 하여 실행의 착수시기를 정하는 견해로서 객관주의 범죄이론의 입장이다. 우선 i) 형식적 객관설은 구성요건을 기준으로 하여 범죄구성요건의 일부를 실현하는 행위가 있을 때 실행의 착수를 인정하는 견해이다. 또한 ii) 실질적 객관설은 사회통념상 구성요건적 행위의 실현이 있는 때, 즉 법익침해의 현실적 위험이 절박하였을 때에 실행의 착수를 인정하는 견해이다.

[범죄유형과 실행의 착수시기]

1) 부작위범(제18조)

부작위범에 있어서 실행의 착수시기는 결과발생을 방지하여야 할 작위의무 있는 자가 그 의무를 위반하여 구성요건적 결과발생의 현실적 위험을 야기한 때 인정된다. 예컨대 유아에게 수유를 하지 않은 유모처럼, 유모의 부작위(수유하지 않은)가 있는 때 바로 실행의 착수가 인정되는 것이 아니라, 수유하지 않아 사망이라는 결과발생의 위험이 최초로 발생한 때에 인정된다.

2) 과실범(제14조)

현행범은 과실범의 미수를 처벌하지 않기 때문에 실행의 착수시기를 논할 실익이 없지만, 이론상 과실범의 미수를 인정할 수 있다. 즉 과실범은 주의의무를 위반한 행위가 실행행위이기 때문에 그 행위, 즉 객관적 주의의무위반 행위를 개시한 때 실행의 착수가 있다고 볼 수 있다.

3) 간접정범(제34조 1항)

간접정범에 있어서 실행의 착수시기에 대한 견해의 대립이 있지만, 피이용자는 이용자의 <도구>에 불과하기 때문에 피이용자가 이용자를 이용하기 시작한 때 실행의 착수가 있다고 보는 것이 타당하다.

4) 격리범(隔離犯)

행위지와 결과 발생지가 시간적 또는 장소적으로 다른 범죄로서 이격범(離隔犯)이라고도 한 말한다. 예컨대 서울에서 살고 있는 甲이 부산에 살고 있는 乙을 살해하기 위하여 독극물을 우송한 경우처럼, 이 경우도 우송기관은 범행의 도구에 불과하기 때문에(간접정범과 같이) 독극물을 발송한 때에 실행의 착수가 있다고 본다.

5) 결합범

두 개의 구성요건이 결합하여 1개의 구성요건을 이루는 범죄를 결합범(結合犯)이라고 한다. 예컨대 강도죄처럼 폭행의 수단으로 타인의 재물을 절취한 경우에는 그 수단이 되는 폭행행위를 했을 때 실행의 착수가 인정된다.

2) 주관설

행위자의 「의사(意思)」를 표준으로 하여 실행의 착수시기를 정하려는 견해로서 주관주의 범죄이론의 입장이다. 즉 범죄적 의사가 그 행위로 인하여 확정적으로 표출될 때 또는 범의(犯意)의 비약적인 표동이 있을 때에 실행의 착수를 인정하는 견해이다.

3) 절충설

행위자의 「범죄계획의 전체를 고려하여 법익침해의 위험성이 절박했을 때」에 실행의 착수를 인정하는 견해이다. 대법원은 실행의 착수시기에 관하여 일관된 입장을 취하고 있지 않지만, 구체적인 행위상황과 범죄자의 범죄계획을 고려하는 절충설이 타당하다고 본다.

(2) 결과의 불발생

장애미수가 성립하기 위해서는 「실행행위를 종료하지 못하였거나 또는 결과가 발생하지 아니하여 한다」. 그러나 이 경우 실행행위는 종료할 수 있는 것이어야 하며, 결과도 발생가능한 것이어야 한다. 즉 처음부터 행위의 종료나 결과발생이 불가능한 경우에는 「불능미수」가 문제될 뿐이고 장애미수는 성립하지 않는다.

또한 형법 제25조는 결과의 불발생 사유로 ⅰ) 범죄의 실행에 착수하였으나 실행행위를 종료하지 못하여 결과가 발생하지 아니한 경우(착수미수)와 ⅱ) 실행행위는 종료하였지만 의외의 장애에 의하여 결과가 발생하지 못한 경우(실행미수)를 구분할 수 있지만, 처벌에 있어서는 동일하게 취급하고 있다.

〈범죄의 실행단계〉

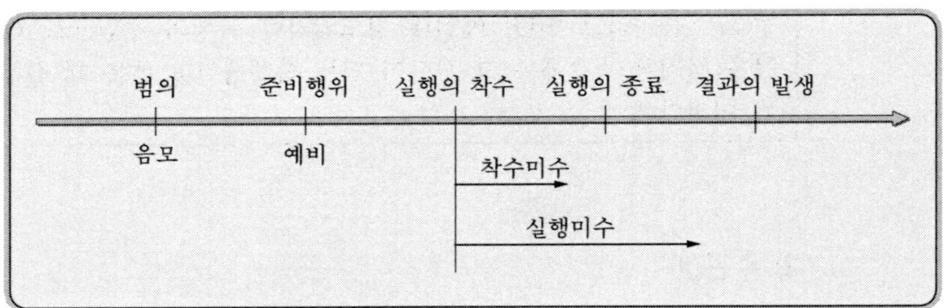

(3) 구체적 위험의 발생

미수범이 성립하기 위해서는 「결과의 불발생」이라는 소극적 요건 이외에, 법익침해의 「구체적 위험의 발생」이라는 적극적 요소가 필요하다. 따라서 결과가 발생하지 아니한 모든 미수가 가벌적 미수범으로서 처벌되는 것이 아니다.

일반적으로 범죄는 행위자가 그 실행에 착수하면 법익침해의 위험이 발생하고 동시에 객관적 위험이 발생하기 때문에 미수범의 성립요건으로서 독립하여 「구체적 위험의 발생」을 논의할 실익이 없다. 다만 형식적으로 실행에 착수한 행위일지라도 법익침해의 구체적 위험이 발생하지 않는 불능범과는 그 구별에 있어서 특히 의미가 있다.

제 4 절 장애미수의 처벌

미수범의 처벌은 형법각칙에 특별한 규정이 있는 경우에만 처벌되며(제29조), 장애미수의 형은 기수범 보다 감경할 수 있다(제25조 2항). 즉 임의적 감경사유이다. 이 점에서 필요적 감면하는 중지범(제26조)과 임의적 감면하는 불능미수(제27조)와 구별된다.

제 5 절 관련문제

1. 거동범

미수는 범죄의 실행에 착수하여 이를 완성하지 못한 경우를 말하므로 구성요건상 일정한 결과의 발생을 필요로 하지 않는 단순거동범(제

152조의 위증죄)에 있어서는 미수를 인정할 여지가 없다.

2. 과실범

과실범은 결과의 발생을 성립요건으로 하기 때문에 결과가 발생하지 않는 「과실미수범」은 논할 실익이 없다. 특히 형법상 과실범의 미수를 처벌하는 규정이 없으므로 실제로도 문제가 되지 않는다.

3. 결과적가중범

결과적가중범은 과실범과 같이 (중한) 결과의 발생이 있어야만 성립하므로 미수범의 성립을 인정할 여지가 없다. 특히 현행 형법은 결과적가중범의 요건으로서 중한 결과에 대한 과실을 요구하고 있으므로 결과발생 전에 결과적가중범의 미수를 인정할 여지가 없다. 그러나 1995년 형법 개정에 의하여 결과적가중범인 인질치사상죄(제324조의5)와 강도치사상죄(제342조)에 대한 미수범 처벌규정을 두고 있다.

4. 부작위범의 미수

진정부작위범은 결과발생을 필요로 하지 않는 거동범(제116조의 다중불해산죄, 제319조 2항의 퇴거불응죄)이므로 미수를 인정할 수 없으나, 부진정부작위범은 미수범의 성립을 인정할 수 있다. 그러나 현행 형법은 퇴거불응죄의 미수(제322조)를 인정하고 있으며 이는 입법의 오류(誤謬)로 볼 수 있다.

중지범(중지미수)

제 1 절 의 의

범죄의 실행에 착수한 자가 그 범죄가 기수에 이르기 전에 자의로 이를 중지하거나, 결과의 발생을 방지한 경우를 중지범(中止犯) 또는 중지미수(中止未遂)라고 한다. 중지범의 형은 필요적으로 감경 또는 면제된다(제26조).

중지미수는 결과가 발생하지 않는다는 점에서는 장애미수와 동일하지만, 중지미수는 「자의(自意)」에 의해서 결과가 발생하지 않기 때문에 타의에 의한 장애미수와 구별되며, 또 결과발생이 가능하다는 점에서 처음부터 그것이 불가능한 불능미수와도 구별된다.

제 2 절 중지미수의 법적 성격

형법은 중지미수의 형을 필요적 감면하고 있기 때문에 장애미수(임의적 감경)와 불능미수(임의적 감면)에 비교하여 관대한 취급을 하고 있다. 그 근거에 대하여 견해의 대립이 있는데 이를 중지범의 법적성질이라고 한다.

1. 형사정책설

중지범을 관대하게 처벌하는 것은 행위자에게 범죄의 완성을 미연에 방지하게 하려고 하는 정책적 고려에 있다고 하는 설로서, 이에 관한 이론으로서 황금교이론 · 은사설 · 형벌목절설 등이 주장되고 있다.

(1) 황금교이론

중지미수를 특별히 취급하는 이유는 비록 범죄의 실행에 착수하였으나 그 범죄의 완성을 미리 방지할 수 있는 것은 대부분의 경우 범인뿐이다. 따라서 그 범인에게 범행으로부터 되돌아올 수 있는 황금교를 놓아 주어 법익을 보호하려는 정책적 고려에 있다. 이 이론을 리스트(Liszt)의 「황금교이론(黃金橋理論)」이라고 한다. 그러나 중지미수의 법적 효과가 독일형법 제24조처럼 무죄가 되는 것이 아니기 때문에 필요적이라고는 하지만 형의 감면에 그치는 우리 형법하에서는 행위자에게 범죄의 완성을 저지하게 하려 하는 동기를 부여하려는 형사정책적 효과를 그다지 기대하기 어렵다.

또한 일반적으로 사람들은 반드시 중지범에 관한 규정을 알고 있다고 볼 수 없기 때문에 그 효과도 기대하기 어렵다는 문제점이 있다. 따라서 형사정책설에 법률설을 보충하여 그 법적 성격을 이해해야만 한다.

(2) 은사설(보상설)

중지미수에 대한 관대한 처벌은 행위자가 자의로 범죄의 완성을 중지한 것에 대한 은사(恩赦)의 표현이며, 이를 보상설 또는 공적설이라고도 한다.

(3) 형벌목적설

중지미수는 자의로 범행을 중지 또는 결과발생을 방지한 경우이기 때문에 처벌해야 할 필요성이 없거나 감소한 것으로 보는 견해이다. 그러나 이 견해에 의하면 결과가 발생하지 않았다고 하여 행위자의 범죄의사가 반드시 감소되었다고 볼 수 없다는 비판이 있다.

2. 법률설

형사정책설과 달리 중지범을 관대하게 처벌하는 근거를 중지행위 자체의 법적 성격에서 찾으려고 하는 설로서 위법감소설과 책임감소설이 있다.

(1) 위법감소설

고의는 주관적 위법요소이므로 범죄가 기수로 되기 이전에 자의로 고의를 포기하거나 결과발생을 방지한 경우에는 결과발생의 현실적 위험성이 사후적으로 감소한다고 하는 견해이다. 그러나 미수범의 처벌근거는 결과발생의 현실적 위험에 있기 때문에 일단 실행에 착수하여 발생한 범죄사실이 고의를 철회하였다고 하여 사후에 감소 또는 소멸된다고 하는 것은 이해하기 힘들다.

(2) 책임감소설

책임은 범죄실행을 결의한 행위자 의사에 대한 비난가능성으로서 그 결의를 자의로 중지한 이상 비난가능성이 감소한다고 하는 설이다. 그러나 이 설은 행위자가 자의로 중지행위를 하기만 하면 범죄의 결과가 발생한 경우까지도 중지범을 적용해야 한다는 문제가 있다.

3. 종합설

형법 第26조가 「자의」에 의한 범행의 중지를 「필요적 감면」하고 있는 것은, 우선 i) 형의 감경은 책임비난이 감소하기 때문이고, ii) 형의 면제는 형사정책설에 의하여 설명할 수 있다. 따라서 우리나라의 다수설은 책임감소설과 형사정책설의 종합적 입장에 의하여 설명하는 종합설(綜合說)에 따르고 있다.

제3절 중지미수의 성립요건

1. 주관적 요건

중지미수가 장애미수와 구별되는 것은 범인이 「자의로 범행을 중지」한 점에 있다. 즉 외부적 장애에 의하여 중지한 것이 아니고, 행위자 자의(自意)로 중지하지 않으면 안 된다. 이러한 자의성 개념을 어떻게 파악할 것인가에 관하여 견해의 대립이 있다.

(1) 주관설

자의를 후회·동정·연민과 같은 주관적이고 윤리적인 동기에 의한 경우로 보고, 이러한 동기로 중지한 경우만 중지범이라고 한다. 예컨대 출혈을 보고 놀라 살인행위를 중지한 경우에는 장애미수이지만, 후회나 반성에 의하여 중지한 경우는 중지미수가 된다고 한다. 이 견해는 행위자의 의사를 자의성에 대한 판단기준으로 하였다는 점에 있어서 기본적으로는 타당하지만 자의성과 윤리성을 혼동했다는 비판이 있다.

(2) 프랑크(Fank) 공식

프랑크 공식은 행위자가 「할 수 있었음에도 불구하고 하기를 원하지 않아서」 중지한 경우는 중지미수이지만, 하려고 하였지만 할 수가 없어서 중지한 경우는 장애미수라고 한다.

[자의성의 구체적 검토]

1) 후회 · 동정 · 연민 등의 윤리적 동기로 범행을 중지한 경우

타인의 집에 강도의 목적으로 들어가 실행을 하였으나 어린애가 잠에서 깨어 우는 것을 보고 후회하여 범행을 중지한 경우 : 어느 설에 의해서도 자의성이 인정된다.

2) 공포 · 경악으로부터 범행을 중지한 경우

사람을 살해하기 위하여 칼로 사람을 찌른 결과, 대량의 출혈을 보고 놀라 범행을 중지한 경우 : 주관설은 이 경우 범행을 계속할 의사가 없다고 생각되기 때문에 자의성은 인정되지 않는다. 객관설에 의하면 공포 또는 경악에 의한 경우 범행의 장애가 되는 가는 일반적으로 판단하기 어렵기 때문에 구체적 사정을 종합하여 판단하여야 한다.

3) 발각이 두려워 범행을 중지한 경우

노상강도에 착수하였으나 경찰관이 순찰중인 것을 보고 범행을 중지한 경우 : 어느 설에 의해서도 자의성이 인정되지 않는다.

4) 계획의 착오에 의하여 범행을 중지한 경우

강도에 착수하였으나 금액이 적어 범행을 중지한 경우 : 주관설에 의하면 범행을 계속할 수 있었는데 중지한 경우이므로 자의성은 인정될 수 있다. 그러나 객관설은 일반인이라면 강취할 금액이었다면 자의성은 부정된다. 또한 거액을 목적으로 한 경우에도 자의성은 부정될 것이다.

(3) 객관설

행위자가 인식한 사정이 일반인의 경험상 범죄계속의 장애가 되는가에 따라 자의성 유무를 판단한다. 이 견해에 의하면 행위자의 중지동기 등은 자의성판단에 있어서 중요하지 않다. 예컨대 행위자가 범죄의 계속을 원하지 않아도 중지한 사정이 경험칙상 범죄의 장애가 되면 자의

성은 인정되지 않는다. 그러나 이 견해는 형법 第26조가 중지범의 요건으로서 「범인이 자의」로 중지할 것을 명문의 규정으로 요구하고 있기 때문에 이것을 설명할 수 없다는 비판이 있다.

(4) 절충설

자의를 범행당시의 객관적 사정과 행위자의 내부적 원인을 종합하여 내부적 장애에 의한 범행의 중지가 중지범이고, 외부적 장애에 의한 중지가 장애미수라는 견해이며 판례 및 다수설의 입장이다.

2. 객관적 요건

(1) 실행의 착수

미수범의 일반적 요건으로서 실행의 착수가 있어야 한다. 실행의 착수시기에 관해서는 앞에서 살펴 본 장애미수와 같다.

(2) 중지행위

자의로 실행행위를 중지하거나(착수중지), 그 행위로 인한 결과발생을 방지(실행중지)하여야 한다.

1) 중지행위의 태양

「착수중지(着手中止)」는 범죄의 실행에 착수하였으나 그 행위의 종료 전에 행위를 중지한 경우로서 부작위에 의한 중지로 족하다. 그러나 「실행중지(實行中止)」는 범죄의 실행에 착수하여 실행행위가 완료되었지만 결과발생 전에 그 결과를 방지한 경우를 말한다. 따라서 이 경우에는 행위자에게 결과발생을 방지해야 하는 적극적인 작위의 중지행위가 요구된다. 여기서 중지행위의 태양(態樣)을 특정하기 위하여 실행행위가 언제 종료하였는가를 확정해야 하는 문제가 제기된다.

2) 실행행위의 종료시기

실행행위의 종료시기에 관하여 행위자의 인식내용을 기준으로 하는 주관설과 객관적인 결과의 발생가능성을 기준으로 하는 객관설이 대립되어 있다. 예컨대 甲은 권총에 실탄 두발을 장전하고 乙을 살해할 의사로 한발을 쏘았으나 두발 째에 중지한 경우에 두 설의 차이점을 살펴보면 다음과 같다.

(가) 주관설은 행위자의 주관적 의사를 기준으로 실행행위의 종료시기를 결정하는 견해이다. 따라서 이 견해에 의하면 두 번째 발사에 의하여 살해하려고 한 경우에는 두 번째 발사를 종료하여야만 실행행위가 종료한다. 그러나 첫 번째 발사로 중상을 입혔으나 두 번째를 발사하지 아니하면 결과발생을 위한 적극적인 중지행위를 하지 않고도 중지범이 되므로 불합리하다.

〈실행의 종료시기〉
(살해의 고의로 권총에 두발을 장전하여 사람에게 발사한 경우)

	주관설	객관설	절충설
첫 번째 발사로 명중시켜 사망의 위험을 발생시킨 경우(행위자는 1발로 살해하려고 하였다)	실행미수	실행미수	실행미수
첫 번째 발사가 명중하지 않고, 더구나 행위자는 1발만 장전된 것으로 오인하여 발사를 중지한 경우(행위자는 1발로 살해하려고 하였다)	실행미수	실행미수	실행미수
첫 번째 발사를 하였지만 명중하지 않고, 나머지 1발이 더 있다고 하는 것을 알았지만 중지한 경우(행위자는 첫 번째 발사가 실패해도 두 번째 발사에 의하여 살해하려고 하였다)	착수미수	실행미수	착수미수
두 발 모두 명중하지 않은 경우(행위자는 첫 번째 발사가 실패해도 두 번째 발사에 의하여 살해하려고 하였다)	실행미수	실행미수	실행미수

(나) 객관설은 행위자의 의사와 관계없이 객관적으로 결과의 발생가능성이 있는 행위를 한 이상 실행행위가 종료된 것으로 본다. 즉 객관설에 따르면 위의 예의 경우, 甲은 이미 실행행위를 종료하였기 때문에 두 번째 발사를 중지하더라도 착수미수로 되지 않고 장애미수가 된다.

(다) 절충설은 행위 당시의 객관적 사정과 행위자의 의사를 종합하여 결과발생에 필요한 행위가 끝났다고 인정되는 때 실행행위가 종료된 것으로 보는 견해이다. 위의 예에서 보면 객관설과 결론을 같이 하지만, 실행의 착수에 관하여 절충설에 따르는 한, 실행의 종료에 관해서도 절충설을 따르는 것이 논리적으로 타당하다.

3) 적극적인 노력

실행중지가 성립하기 위해서는 범인의 「적극적인 노력」에 의하여 결과발생이 방지될 것을 필요로 한다.

4) 결과의 불발생과 인과관계

또한 범인이 적극적인 노력을 하였음에도 실제로는, (가) 처음부터 결과발생이 불가능한 경우와 (나) 타인의 행위에 의하여 결과발생이 불가능한 경우에도 중지범이 성립되는가에 대하여 학설이 대립되어 있다. 그러나 이처럼 중지행위와 결과불발생 사이에 「인과관계」가 인정되지 아니하는 경우에는 중지범이 적용되지 아니한다고 이해하는 설이 타당하다. 즉 행위자의 중지행위와 결과불발생 사이에 인과관계가 있어야 한다.

제 4 절 중지미수의 처벌

형법 제26조는 중지미수의 형을 감경 또는 면제하는 「필요적 감면」 사유로 규정하고 있으며, 또 착수중지와 실행중지를 형법상 동일하게 취급하고 있다. 중지범이 적용되는 이상 그 실행행위에 의하여 발생한 다른 구성요건에 해당하는 사실에 대해서도 별도로 범죄가 성립되지 않는다. 예컨대 살인죄에 대해 중지범이 인정되면 상해의 사실이 발생한 경우에도 상해죄는 성립하지 않는다.

제 5 절 관련문제

1. 예비 · 음모의 중지

예비 · 음모의 중지는 행위자가 어떤 범죄의 예비 · 음모행위를 한 후 자의로 실행에 착수하지 않은 경우를 말한다. 이것은 형법 제26조가 중지범의 성립요건으로서 「실행에 착수」를 필요로 하기 때문 그 이전의 행위인 예비 · 음모행위에 대해서 중지범의 규정을 적용해야 하는가에 대해서 부정설과 긍정설이 대립되어 있다.

(1) 부정설

형법 제26조를 문리해석할 경우에 중지미수는 실행에 착수한 행위를 자의로 중지한 것이기 때문에 실행의 착수 이전의 행위인 예비 · 음모에 대하여 중지범의 규정을 적용할 수 없다는 견해이며 판례의 입장이다.

(2) 긍정설

예비 · 음모의 중지에 관해서도 중지미수의 규정을 준용하자는 견해로서 준용되는 범위와 관련하여 다시 여러 가지 견해로 나누어진다. 다수설은 예비 · 음모의 형이 중지미수의 형보다 무거울 때에 한하여 형의 균형을 위하여 중지미수의 규정을 준용해야 한다고 한다.

2. 공범과 중지미수

형법 제26조는 단독범에 관한 중지미수의 규정이다. 따라서 공범의 경우에도 단독범의 중지미수에 관한 규정이 적용될 수 있는가가 문제된다.

(1) 공동정범의 중지미수

공동정범의 가벌성은 공범자 전체의 행위를 기준으로 판단되기 때문에 공동정범의 중지미수도 공범자 전원이 실행행위를 중지하거나 모든 결과의 발생을 완전히 방지한 때에만 중지미수의 규정을 적용할 수 있다.

(2) 간접정범의 중지미수

타인을 도구로 이용하여 범죄를 실행하는 간접정범이 중지미수가 되기 위해서는 이용자(間接正犯者)가 자의로 피이용자의 실행행위를 중지시키거나 결과발생을 방지하게 해야 한다.

(3) 교사범과 종범의 중지미수

교사범과 종범의 중지미수도 정범의 실행행위를 중지시키거나 결과발생을 방지한 때에만 성립한다. 예컨대 정범이 자의로 실행행위를 중지하거나 결과발생을 방지하면, 정범은 중지미수가 되지만 교사·방조자는 장애미수가 된다.

불능범(불능미수)

제 1 절 불능미수의 개념

1. 의 의

범죄를 실현하려고 실행에 착수하였으나 그 행위로는 구성요건적 결과를 발생시키는 것이 불능한 경우를 불능범(不能犯)이라고 한다. 형법 제27조는 불능범을 「실행의 수단 또는 대상의 착오로 인하여 결과의 발생이 불가능하더라도 위험성이 있는 때에는 처벌한다」고 하여 가벌적 불능범, 즉 불능미수(不能未遂)를 규정하고 있다. 따라서 불가벌적 「불능범」이란, 처음부터 결과발생의 위험성이 없기 때문에 범죄가 성립되지 않는 행위를 말한다.

그러나 결과발생이 가능한가 여부는 행위 후에 판명되는 경우도 있으며, 또한 위험성의 판단도 매우 곤란한 경우가 있다. 따라서 가벌적 「불능미수(不能未遂)」와 불가벌적 「불능범(不能犯)」의 구별이 문제가 된다.

2. 불능범과 구별되는 개념

(1) 환각범

환각범(幻覺犯)은 형법상 범죄가 아닌 사실을 범죄로 오인하고 행위를 한 경우를 말한다. 예컨대 동성애가 범죄라고 생각하고 동성애를 한 경우를 말한다. 환각범은 결과발생이 불가능하다는 점에서 불능범과 같지만, 구성요건해당성이 없어 범죄가 성립되지 않는다는 점에서 구별된다.

(2) 미신범

미신범(迷信犯)은 예컨대 주술적(呪術的)인 방법으로 살인하려고 하는 것과 같이 실현 불가능한 방법으로 구성요건을 실현하려는 행위를 말한다. 이것도 환각범처럼 구성요건해당성이 없다는 점에서 불능범과 구별된다.

(3) 구성요건흠결이론

구성요건흠결이론(構成要件欠缺理論)은 인과관계 이외의 구성요건요소가 결여되어 있음에도 불구하고 행위자는 그것이 존재한다고 오인한 경우를 말한다. 즉 범죄의 주체·객체·수단 또는 행위상황 등이 결여되어 구성요건해당성이 없어 범죄가 성립되지 않는 것을 말하며, 「사실의 흠결이론」이라고도 한다. 그러나 인과관계에 속하는 사실이 결여되어 있는 경우는 구성요건흠결이 아닌 미수가 문제될 뿐이다.

제 2 절 불능미수의 성립요건

1. 실행의 착수

불능미수도 미수의 일종이므로 그 성립에 미수범의 일반적 성립요건인 고의에 의한 「실행의 착수」가 있어야 한다. 이 요건은 형법 제27조의 법문에 명시되어 있지 않지만 당연히 전제되어 있는 요건이다.

2. 결과발생의 불가능

불능미수는 「실행의 수단」 또는 「대상의 착오」로 인하여 결과의 발생이 불가능해야 한다. 여기서 결과발생이 불가능하다 함은 구성요건의 실현이 처음부터 사실상 불가능한 것을 의미하며, 이것은 불능미수와 장애미수의 구별기준이 되기도 한다. 다만 결과발생의 가능여부는 「사실판단의 문제」로써 법률판단인 위법성 판단과는 구별하여야 한다.

(1) 수단의 착오

행위자가 범죄를 실현하기 위하여 선택한 수단 및 방법으로는 구성요건적 결과를 발생시킬 수 없는 경우를 「수단의 착오」라고 한다. 예컨대 살해의 목적으로 사람에게 유황을 마시게 한 경우가 여기에 해당한다.

(2) 대상의 착오

범죄의 대상, 즉 행위의 객체가 존재하지 않기 때문에 결과발생이 불가능한 경우를 「대상의 착오」라고 한다. 예컨대 사체에 대한 살인행위,

장물이 아닌 재물을 장물이라고 믿고 운반한 행위, 자기 재물에 대한 절도 등이 이에 해당한다.

(3) 주체의 착오

구성요건상 행위의 주체가 아니기 때문에 결과를 발생시킬 수 없는 경우를 「주체의 착오」라고 한다. 예컨대 진정신분범인 배임죄(제355조 2항)에 있어서, 「타인의 사무를 처리하는 자」가 아닌데도 불구하고 그 지위에 있다고 오인한 경우를 말한다. 형법 제27조는 「주체의 착오」에 대한 언급은 없으나 객체의 불능처럼 일반인도 그 자가 신분자라고 오인할 수 있는 상황에 있는가의 여부에 따라 불능범을 판단하여야 한다.

3. 위험성

불능미수로 처벌되기 위해서는 결과발생이 불가능하더라도 「위험성(危險性)」이 있어야 한다. 따라서 위험성은 「불능미수」와 「불능범」을 구별하는 기준이 된다. 그러나 위험성을 i) 어떠한 사정을 기초로, ii) 누구의 입장에서, iii) 언제 판단할 것인가에 관하여 견해의 대립이 있다.

(1) 객관설

1) 구객관설

구객관설은 결과발생의 불능을 「절대적 불능」과 특별한 사정으로 인하여 범죄 실현이 불능한 「상대적 불능」으로 구별하고, 전자를 불능범이라고 하고 후자를 미수범으로 이해하는 견해로서 종래의 판례가 이에 따른다. 예컨대 사체에 대한 살해행위 및 설탕물로 사람을 살해하려는 것은 결과발생이 절대적으로 불가능하기 때문에 절대적 불능이며, 방탄복을 입은 자에 대한 발포와 치사량 미달의 독약은 상대적 불능이 된다.

이 설은 위험성을 「사후적」으로 판단하기 때문에 행위 후에 판명된 사정과 행위당시에 존재한 모든 사정을 기초로 하여 과학적으로 위험성을 판단한다는 점에 그 특징이 있다.

2) 구체적 위험설(신객관설)

구체적 위험설은 행위 당시에 행위자가 인식한 사정 및 일반인이 인식할 수 있었던 사정을 기초로 하여, 편견이 없는 법관이나 과학적 일반인의 관점에서 결과발생에 대한 위험성을 판단한다. 즉 사후적으로 판단하여 객관적·구체적인 위험성이 있는 경우에는 불능미수로 처벌해야 한다는 견해로서 우리나라의 다수설 입장이다.

(2) 절충설

1) 추상적 위험설

추상적 위험설은 행위 당시에 행위자가 인식한 사실을 기초로 일반인의 관점에서 추상적으로 결과발생에 대한 위험성을 판단하는 견해이다. 이 설은 주관적 위험설이라고도 하며, 대법원의 판례가 이에 따르고 있는 것도 있다(대판 1978.3.28. 77도4049)

2) 인상설

인상설은 일반예방의 관점으로부터 행위자의 법적대(法敵對)적 의사가 외부로 표현되어, 일반인에게 법질서를 침해하는 인상을 심어줄 경우 위험성이 있는 것으로 파악하는 견해이다.

(3) 주관설

일반적으로 범죄를 실현하려는 의사의 표현인 행위가 있는 이상, 그 행위가 갖는 위험성의 유무를 묻지 않고 미수범이 된다고 하는 견해이다. 따라서 이 설에 의하면 원칙적으로 불가벌적 불능범을 인정하지 않지만, 미신범에 한하여 불능범을 인정한다.

〈각설에 따른 위험성판단의 비교〉

		판단자료(기초)	판단기준	판단시기
객관설	구 객관설	객관적사정	과학적	사후적
	구체적위험설	일반인 + 행위자	과학적 일반인	사후적(다수설)
절충설	추상적위험설	행위자	일반인	행위시
	인상설	행위자	일반인	행위시
주관설		행위자	행위자	행위시

제 3 절 불능미수의 처벌

형법 제27조는 불능미수에 대해 결과발생이 불가능하더라도 위험성이 있으면 처벌한다. 다만 그 형은 감경 또는 면제할 수 있다고 하여 임의적 감면사유로 규정하고 있다. 따라서 장애미수(제25조)의 임의적 감경보다 가볍고, 중지미수(제27조)의 필요적 감면보다 무거운 형태이다.

제 7 편

공 범 론

제 1 장 정범과 공범
제 2 장 공범의 기초
제 3 장 공동정범
제 4 장 간접정범
제 5 장 교 사 범
제 6 장 종 범
제 7 장 공범과 신분

정범과 공범

형법 각칙에 규정된 범죄는 주로 행위자 1인이 구성요건을 실현하는 형태, 즉 단독범으로 규정되어 있지만 실제로 범죄는 복수(複數)의 형태, 즉 「공범(共犯)」에 의해서 이루어지는 경우가 많다. 이 경우 단독범을 전제로 하여 규정되어 있는 범죄의 성립요건(구성요건)을 그대로 공범에게 적용할 수 없다. 즉 복수의 행위자가 관여한다고 하는 범죄의 특수성을 고려하여 구성요건을 수정하지 않으면 안 된다. 여기서 무엇을, 어떠한 경우에, 어떻게 수정하여야 하는가를 명확히 하는 것이 「공범론의 과제」이다.

제1절 정범의 개념

1. 의 의

정범(正犯)은 협의의 공범, 즉 교사범과 종범에 대응하는 개념으로서 기본적 구성요건에 해당하는 행위(실행행위)를 하는 자를 말한다. 정범의 개념은 두 가지의 형태로 분류할 수 있다.

(1) 협의의 정범과 광의의 정범

1) 협의의 정범

단독으로 범죄를 실행하는 단독정범(직접정범·간접정범), 피교사자, 피방조자 및 동시범과 같이 실행행위의 전부를 수행하는 자를 말한다.

2) 광의의 정범

실행행위의 일부를 수행하는 자도 정범으로 파악하여, 여기에는 협의의 정범 이외에 공동정범도 정범으로 취급한다.

(2) 확장적 정범개념과 제한적 정범개념

1) 확장적 정범개념

모든 조건의 동가치성을 인정하는 조건설에 따라 구성요건 실현에 원인을 제공한 자를 모두 정범이라고 하는 견해이다. 이 개념에 의하면 정범과 공범은 구별되지 않기 때문에 「통일적 정범개념」을 인정하게 된다. 따라서 교사범과 종범도 정범이지만, 제31조와 제32조와 같은 특별규정에 의하여 그 요건을 완화하거나 형벌을 감경하기 때문에 공범은 「형벌축소사유」가 된다.

2) 제한적 정범개념

구성요건에 해당하는 행위, 즉 실행행위를 스스로 행한 자만이 정범이라고 하는 견해이다. 따라서 실행행위 이외의 형태로 범죄에 가담하는 자가 공범이 되며, 이들을 처벌하기 위해서는 별도의 규정이 있어야 한다. 즉 「제한적 정범개념」의 입장에서 보면 공범은 「형벌확장사유」가 된다.

2. 직접정범과 간접정범

(1) 직접정범

행위자가 직접 구성요건에 해당하는 사실을 실현하는 경우를 말한다.

(2) 간접정범

타인을 「도구(道具)」로 이용하여 마치 자기가 범죄를 실현하는 것과 같은 형태를 간접정범이라고 한다(제34조).

제2절 공범의 개념

1. 의 의

2인 이상의 자가 협력하여 구성요건을 실현하는 경우를 「공범」이라고 한다. 형법전은 제3절에 공범으로서 2인 이상이 공동하여 죄를 범하는 「공동정범(제30조)」과 타인을 교사한 자를 「교사범(제31조)」으로 그리고 타인의 범죄를 방조한 자를 「종범(제32조)」으로 각각 규정하고 있다.

(1) 광의의 공범

단독범에 대응하는 개념으로서 2인 이상의 자가 의사연락 하에서 구성요건을 실현하는 것을 광의의 공범이라고 한다. 이러한 의미 하에서는 피가담자(피교사자 · 피방조자) 및 공동정범도 공범이 된다.

(2) 협의의 공범

광의의 정범에 대응하는 개념으로서 구성요건적 행위, 즉 실행행위 이외의 행위를 수행하는 자를 협의의 공범이라고 한다. 교사범 및 종범이 여기에 속한다.

2. 공범의 종류

(1) 임의적 공범

형법의 기본적 구성요건은 「단독정범에 의한 기수의 형태」로 규정되어 있다. 일반적으로 공범이 문제가 되는 경우는 이러한 각각의 기본적 구성요건을 수정하여 적용하여야 한다. 즉 단독범에 의해 범할 수 있는 기본적 구성요건을 2인 이상이 협력하여 범하는 공범형태를 「임의적 공범(任意的共犯)」이라 한다. 일반적으로 공범이라고 하면 임의적 공범을 말하며, 그 형태는 공동정범(제30조), 교사범(제31조), 종범(제32조) 등이 있다.

(2) 필요적 공범

구성요건의 실현에 반드시 2인 이상의 협력을 필요로 하는 범죄를 「필요적 공범(必要的共犯)」이라고 한다. 필요적 공범에는 ⅰ) 수뢰죄(제129조)와 같이 수인의 협력자가 서로 다른 방향에서 같은 목표를 향하여 행하는 「대향범(對向犯)」과 ⅱ) 소요죄(제115조)와 같이 수인의 협력이 같은 목표를 향하여 같은 방향에서 행해지는 「집단범(集團犯)」이 있다.

이러한 필요적 공범은 형벌법규에 독립된 범죄형태로 유형화되어 있기 때문에 그 성질상 형법총칙상 공범규정(제30조~제33조)은 원칙적으로 적용되지 않는다고 이해하는 것이 통설의 입장이다.

〈범죄의 관여형태〉

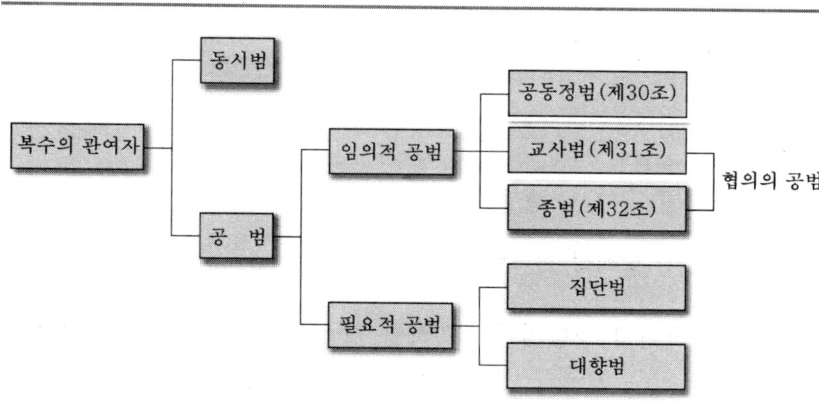

제3절 정범과 공범의 구별

정범과 공범의 구별은 「정범개념의 우위성(優位性)」이 의미하는 것처럼, 공범개념은 정범의 그것을 어떻게 정하느냐에 따라서 반사적으로 규정되어진다. 그러나 정범개념을 어떻게 정할 것이냐에 관하여는 견해의 대립이 있다.

1. 주관설

확장적 정범개념에 의하면 정범행위와 공범행위는 인과적으로 차이가 없기 때문에 정범과 공범을 객관적으로 구별할 수 없다고 한다. 따라서 양자의 구별은 행위자의 주관에 의해서 구분하지 않을 수 없다. 즉 정범의 의사로 결과를 실현한 자가 정범이고, 공범의 의사로 범죄에 가담한 자가 공범이 된다.

그러나 이 설에 의하면 정범과 공범의 구별은 결국 판사의 재량에 위임하게 될 뿐만 아니라, 범죄의사라고 하는 양형의 문제를 범죄성립의 문제와 혼동하고 있기 때문에 법적 안정성을 해칠 위험성이 크다고 하지 않을 수 없다.

2. 객관설

(1) 형식적 객관설

제한적 정범개념에 의하면 정범과 공범의 구별은 실행행위의 유무라고 하는 객관적 기준에 의해서 구별된다. 즉 실행행위의 일부나 전부를 직접 행한 자가 정범이고, 그 이외의 행위로 구성요건의 실현을 용이하게 한 자를 공범이라고 한다. 따라서 이 설에 의하면 양자의 구별은 명확하지만, 형사책임무능력자를 교사하여 절도한 간접정범을 정범으로 할 수 없는 등 구체적 타당성이 없다는 비판이 있다.

(2) 실질적 객관설

실행행위의 개념을 규범적·가치적으로 파악하여, 정범과 공범을 실행행위의 유무에 의해서 구별하지 않고 실질적으로 고찰하려고 하는 견해이다. 즉 ⅰ) 공범관계에 있어서 주된 지위에 있는 자, ⅱ) 결과발생에 있어서 중요한 역할을 하는 자, ⅲ) 결과발생과정을 지배한 자가 정범(正犯)이고, ⅰ) 종된 지위에 있는 자, ⅱ)경미한 역할을 하는 자, ⅲ) 결과 발생의 협조자를 공범(共犯)이라고 한다.

3. 행위지배설

행위지배설은 행위 실현에 대하여 「지배력(支配力)」을 갖는 자가 정범이고, 그러한 지배력을 갖지 아니한 자를 공범이라고 한다. 즉 행위의 주관적 요소와 객관적 요소로 형성된 「행위의 지배개념」을 정범과 공범의 구별에 관한 지도원리로 한 이론이다. 행위지배설은 행위의 양면을 모두 고려한 점에서 행위의 한 면만 고려하는 주관설·형식적 객관설보다 타당한 이론이라 할 수 있지만, 실질적 객관설과 그 결론에 있어서 차이가 없다고 하겠다.

공범의 기초

제1절 공범의 본질

공범의 본질에 관해서는 종래 공동정범을 중심으로 「무엇을 공동으로 하는 것」이 공범인가에 관하여 범죄공동설과 행위공동설이 주장되고 있다. 이 공범의 본질론은 교사범 및 방조범에 대해서도 문제가 될 수 있지만 주로 「공동정범의 본질」로서 문제가 된다.

1. 범죄공동설

수인이 특정한 범죄를 공동으로 실현하는 것을 범죄공동설(犯罪共同說)이라고 한다. 이는 다시 범죄의 무엇을 공동으로 하느냐에 따라 i) 고의의 공동(고의공동설), ii) 객관적 구성요건사실의 공동(구성요건공동설), iii) 중첩되는 구성요건의 공동(부분적 범죄공동설) 등으로 견해가 나누어져 있다. 이 설에 의하면 특정한 범죄를 공동으로 하는 이상, 원칙적으로 공범자 사이에 죄명은 일치하게 된다. 즉 「죄명종속성설」을 따르게 된다.

2. 행위공동설

수인이 각자의 범죄를 실현하는 것을 행위공동설(行爲共同說)이라고 한다. 이 설은 판례의 입장이며, 특정한 구성요건을 떠나 공동성을 논하기 때문에 공동하는 사실이 구성요건 사실이기만 하면, 그 사실이 수개의 범죄사실에 걸쳐 있든 또는 1개의 범죄사실에 속하든 공범이 성립한다고 한다. 따라서 수인의 공범자는 반드시 동일한 고의를 가져야 할 필요도 없기 때문에 공범자 사이에 죄명은 반드시 일치하지 않는다. 즉 「죄명독립성설」을 따르게 된다.

3. 공동의사주체설

2인 이상의 자가 특정한 범죄를 실현한다는 공동의사 하에 일심동체가 되어 이른바 「공동의사주체(共同意思主體)」를 형성하고, 그 공동의사주체의 활동으로 적어도 그 중의 1인이 실행행위를 착수하면 가담자 전원에 대하여 공범이 성립한다고 하는 견해이다.

4. 검 토

범죄공동설은 공범의 성립범위를 「특정한 범죄」로 엄격하게 제한함으로서 책임원칙에 충실할 수 있는 장점이 있으나, 그 성립범위가 너무 좁아 형사정책적 합목적성이 결여되어 있다는 단점이 있다. 그러나 행위공동설에서는 오히려 정반대의 현상이 나타난다. 또한 공동의사주체설은 공범의 성립범위를 특정한 범죄에 제한하는 점에서 타당하나 실행행위를 수행하지 않은 자에게도 그 성립을 인정하기 때문에 문제가 있다. 즉 이 학설들은 모두 문제점을 내포하고 있다고 할 수 있다.

그러나 공범은 정범의 실행행위를 통하여 간접적으로 구성요건을 실현함으로써 법익을 침해하거나 그 위험성을 야기하는 것에 그 본질이 있기 때문에 공범이라고 하기 위해서는 공동으로 특정한 범죄를 실현한다고 하는 사실이 중요하다. 따라서 기본적으로 범죄공동성이 타당하다고 할 수 있다.

제2절 공범의 종속성

1. 의 의

공범이 성립하기 위해서는 정범에 종속하지 않으면 안 된다는 원칙을 공범의 종속성(從屬性)이라고 한다. 이것은 독자적으로 실행행위를 할 수 없는 협의의 공범(교사범·종범)에 있어서 문제가 된다. 즉 종속성의 유무(실행종속성)와 종속성의 정도(요소종속성)의 문제로 구분하여 검토하기로 한다.

2. 실행종속성(종속성의 유무)

협의의 공범이 성립하기 위한 조건으로서 정범이 실행에 착수할 필요가 있는가 하는 것을 실행종속성(實行從屬性)의 문제라고 한다. 예컨대 교사 또는 방조행위가 있음에도 정범자가 실행에 착수하지 않을 경우, 공범자를 「교사의 미수」 또는 「방조의 미수」로 처벌할 수 있는가에 관하여 학설이 대립되어 있다.

(1) 공범종속성설

공범종속성설(共犯從屬性說)은 객관주의입장에서 주장된 견해이다.

즉 공범은 정범의 실행행위를 전제로 하여 그에게 가공하는 것이므로 필연적으로 정범의 범죄성과 가벌성에 종속한다고 한다. 이 견해에 의하면 범죄를 교사하였으나 정범자가 실행행위에 나아가지 않은 경우(교사의 미수)에는 법익침해의 위험이 없기 때문에 처벌할 수 없다고 한다. 다수설의 입장이며 판례도 이를 따르고 있다.

(2) 공범독립성설

공범독립성설(共犯獨立性說)은 주관주의입장에서 주장된 견해이다. 즉 교사 또는 방조를 한 공범행위 그 자체가 이미 반사회적 행위이기 때문에 정범의 실행행위가 없어도 독자적으로 범죄를 구성한다고 한다. 이 견해에 따르면 범죄를 교사하였으나 정범자가 실행하지 않은 경우에도 교사자의 반사회적 성격이 교사행위에 의해서 현실화되었기 때문에 교사의 미수도 처벌해야 한다고 한다.

그러나 이 설은 정범자가 실행에 착수하지 않으면 법익침해의 현실적 위험성이 발생하지 않음에도 불구하고 공범을 처벌하게 되어, 과잉처벌로서 형법의 겸억성원칙에 반하게 된다.

〈공범종속성설과 공범독립성설〉

	공범종속성설	공범독립성설
교사하였지만 피교사자가 범죄실행을 결의하지 않은 경우	교사범불성립	교사의 미수
피교사자가 범죄실행의 결의에 그친 경우	교사범불성립	교사의 미수
피교사자가 행위를 하였지만 가벌적 행위에 도달하지 않은 경우	교사범불성립	교사의 미수
피교사자가 예비죄에 해당하는 행위를 한 경우	학설대립※	교사의 미수
피교사자가 실행에 착수한 경우	미수범의 교사	교사의 미수

※예비죄의 공범을 긍정하는 견해는 교사범이 성립되지만, 부정하는 견해는 성립하지 않는다.

3. 요소 종속성(종속성의 정도)

공범종속성설에 따라 공범이 성립하기 위해서는 적어도 정범의 실행행위가 필요하다. 그러나 정범자의 행위가 범죄성립요건을 어느 정도 구비하여야 공범이 성립하는가 문제가 된다. 이것을 「요소종속성(要素從屬性)」 또는 「종속성 정도」의 문제라고 한다. 이 문제에 대한 논의의 실익은 공범과 간접정범과의 한계를 설정하는데 있으며, M·E 마이어(M·E. Mayer)는 그 종속의 형태를 네 가지로 분류하였다.

(1) 최소한 종속형식

정범의 행위가 구성요건에 해당하면 그것이 위법·유책하지 않더라도 공범이 성립한다는 입장이다.

(2) 제한 종속형식

정범의 행위가 구성요건에 해당하고 위법하면 정범자에게 책임이 없는 경우라도 공범이 성립한다는 입장이며 현재의 다수설이다. 따라서 책임무능력자를 교사 또는 방조한 자는 공범의 책임을 지게 된다.

(3) 극단적 종속형식

정범의 행위가 구성요건에 해당하고 위법·유책한 때에만 공범이 성립한다는 입장이다.

(4) 초극단적 종속형식

정범의 행위가 구성요건에 해당하고 위법·유책하며 가벌성의 조건까지 갖추어야 공범이 성립한다는 입장이다.

(5) 검토

공범의 종속성을 인정하는 이유는 정범의 실행행위로 법익침해의 현실적 위험성이 발생하기 때문이다. 따라서 (1)설처럼 정범이 단지 구성요건에 해당하는 행위를 한 것만으로 공범성립을 인정하는 것은 타당하지 않다. 또한 (4)설은 정범의 일신적(一身的)인 처벌조건과 가중감경사유는 공범자에게 미치지 않는다고 하는 현행 형법의 입장(제328조 3항)과 모순한다. 그리고 「위법은 공동으로 책임은 개별로」라는 원칙에 의하여, 정범의 개인적 책임사유가 공범에 종속하는 (3)설 또한 타당하지 않다. 따라서 위법의 객관성원칙으로부터 「위법의 연대성」을 긍정하는 (2)의 제한종속성설이 타당하다.

〈요소종속성과 간접정범의 한계〉

	정 범				
	범죄성립	처벌조건 결여	책임성 결여	위법성 결여	구성요건 결여
초극단적종속형식	교사	간접정범	간접정범	간접정범	간접정범
극단종속형식	교사	교사	간접정범	간접정범	간접정범
제한종속형식	교사	교사	교사	간접정범	간접정범
최소한 종속형식	교사	교사	교사	교사	간접정범

제 3 절 공범의 처벌근거

공범은 단독범의 형태로 규정되어 있는 구성요건을 수정·확장하여 처벌하고 있다. 그러나 공범은 정범처럼 범죄를 직접 실행하지 않음에도 불구하고 「왜 처벌하는가?」에 관하여 학설이 대립되어 있다. 이러한 학설들은 정범의 가벌성을 빌리는 「가벌성차용설(可罰借用說)」을 부정하고, 공범 고유의 범죄성을 명확히 하려는 것으로서 공범론에 있어서 매우 기초적이고 중요한 문제이다.

1. 책임공범설

공범은 정범을 범죄행위에 가담시켜 정범으로 하여금 「유책한」 범죄행위를 야기 시켰기 때문에 처벌된다고 하는 견해이다. 이 견해에 따르면 정범의 행위가 구성요건에 해당하고, 위법 · 유책한 경우에만 공범이 성립하게 되어 극단적 종속성설을 따르게 된다. 따라서 공범은 정범의 책임에 종속하게 되어 개인책임의 원칙에 반하게 된다.

2. 위법공범설(불법공범설)

공범은 정범에게 위법한 행위를 야기하도록 하였기 때문에 처벌된다고 하는 견해로서, 공범은 정범의 위법행위에 종속하게 되어 제한종속형식에 따르게 된다. 즉 정범의 행위가 위법하면, 공범의 행위도 위법하게 되어 「위법의 연대성」을 인정하게 된다. 다만 종범은 정범의 위법한 행위를 야기하였다고 볼 수 없기 때문에 공범의 「통일적 처벌근거」로서는 미흡하다는 비판이 있다.

3. 인과공범설(야기설)

공범은 정범과 함께 위법한 행위를 야기하였기 때문에 처벌된다고 하는 이론이다. 즉 정범은 법익침해를 직접 야기한 자이며, 공범은 정범의 행위를 통해서 간접으로 그것을 침해한 것이라고 한다.

책임공범설과 위법공범설은 정범과 공범 사이에 범죄로서 「질적」 차이를 인정하는 데 대하여, 이 설은 정범과 공범 사이에 「양적」 차이를 인정하는 것이라고 할 수 있다. 그러나 야기설은 공범 독자의 위법성이 인정되는가 또는 인정된다고 하면 어느 정도 인정하는가에 따라 다시 학설이 대립된다.

(1) 순수야기설

공범은 정범의 행위와 관계없이 공범행위 그 자체가 법익침해행위라고 하는 설이다. 따라서 공범의 위법성은 정범과 독립한 공범행위자체의 위법성에 근거한다고 한다. 그러나 공범의 처벌근거에 있어서 공범독립성설과 연결되어 있어 타당하지 않다.

(2) 수정야기설

공범은 정범의 법익침해에 가담하였다고 보는 설로서 공범의 위법성은 정범행위의 위법성에 종속한다고 하는 설이다. 즉 순수야기설을 공범종속성으로 수정하였다고 하는 점에서 수정야기설이라고도 하며, 우리나라의 다수설이다.

(3) 혼합야기설

공범은 정범자를 통하여 간접적으로 법익을 침해한다고 이해하는 설로서, 공범의 위법성은 공범행위 자체와 정범행위의 위법성, 양쪽 모두에 근거한다고 하여 혼합야기설이라고 한다.

공동정범

제1절 의 의

2인 이상이 공동하여 범죄를 실행하는 것을 공동정범(共同正犯)이라고 한다(제30조). 공동정범은 「범죄의 실행」을 요건으로 하는 점에서 광의의 정범이다. 그러나 공범자는 실행행위의 전부를 수행할 필요는 없고, 2인 이상이 의사연락 하에서 범죄의 일부를 실행하면 그 전체에 대해서 책임(「일부행위의 전부책임의 원칙」)을 지는 점에서 광의의 공범이기도 하다.

제 2 절 성립요건

1. 공동실행의 의사

공동정범이 성립하기 위해서는 우선 공동하여 범죄를 실행하려는 「공동실행의 의사」가 있어야 한다. 이 점에서 의사연락이 없는 동시범(同時犯)과 구별된다. 또한 의사연락의 방법(명시적·묵시적)에는 제한이 없으나, 그것은 적어도 실행행위 시까지 있어야 한다. 따라서 의사연락이 실행행위의 도중에 있는 「승계적 공동정범」과 의사연락이 일방에만 존재하는 「편면적 공동정범」과도 구별된다. 또한 의사연락이 범죄의 의사인가 단순한 행위의사의 연락인가에 따라 「과실의 공동정범」과도 구별된다.

2. 실행행위의 공동

공동정범이 성립하기 위해서는 주관적인 공동실행의 의사 이외에 객관적으로 「실행행위의 공동」이 있어야 한다. 실행행위의 공동이라 함은, 공동의 범죄계획에 따라 구성요건의 일부 또는 전부를 실현하는 객관적 행위의 실현을 말한다. 이 객관적 요건인 실행행위의 공동 범위와 관련하여 「공모공동정범」이 문제된다.

제3절 공동정범의 처벌

공동정범은 각자를 그 죄의 정범으로 처벌한다(제30조). 즉 공동자 모두 그 범행으로 야기된 결과에 대해 각각 단독으로 야기한 것과 같은 처벌을 받는다.

제4절 관련문제

1. 공동정범과 신분

신분자 없는 자는 단독으로 진정신분범의 정범이 될 수 없으나, 신분자와 공동하는 경우에는 진정신분범의 공동정범이 될 수 있다(제33조). 예컨대 공무원이 아닌 자가 공무원과 공동하여 뇌물을 수수·요구 또는 약속하면 「수뢰죄(제129조)의 공동정범」이 될 수 있다.

2. 공동정범의 미수

공동정범의 미수도 일반적인 미수와 같이 공동행위자가 범죄의 실행에 착수하였으나 기수에 이르지 아니한 때에 성립한다. 그러나 「중지미수」에 있어서는 공동행위자 일방이 자의로 실행행위를 중지하였더라도, 다른 공동행위자가 범죄를 실현한 때에는 중지자도 기수의 책임을 면하지 못한다.

3. 공동정범과 합동범

합동범(合同犯)은 2인 이상이 「합동」하여 죄를 범하는 것이므로, 2인 이상이 「공동」하여 죄를 범하는 공동정범과 유사하다. 그러나 합동범(제146조, 제331조 2항, 제334조 2항)은 단독범이나 공동정범보다 형벌을 가중하는 경우가 있기 때문에 구별하지 않으면 안 된다. 현재의 다수설 및 판례의 입장은 「현장설」에 따라 합동이란, 총칙상의 공동개념보다 좁은 개념으로서 시간적 · 장소적 협동을 의미한다고 한다.

제5절 공동정범의 성립범위에 관한 특수한 문제

1. 승계적 공동정범

(1) 의의

선행자의 범행 도중에 그와 사후적으로 의사연락을 한 후, 후행자가 범행의 나머지 부분을 선행자와 함께 또는 단독으로 수행하는 범죄를 승계적 공동정범(承繼的共同正犯)이라고 한다. 예컨대 甲이 강도의 의사로 A에게 폭행을 가하여 항거불능상태에 있을 때, 우연히 그곳을 지나던 乙이 甲과 연락에 의하여 乙이 단독으로 또는 甲과 함께 A의 재물을 절취한 경우를 말한다.

승계적 공동정범의 문제는 i) 선행자의 실행행위 도중에 후행자가 범죄에 가담 한 경우, 전체 범죄에 대해서 공동정범을 인정할 수 있는가에 있다. 또한 이것이 인정되지 않는다면 ii) 후행자의 책임범위는 어디까지 미치는가에 있다.

(2) 성립요건

승계적 공동정범도 공동정범인 이상, 그 성립을 위해서는 공동실행의 의사와 실행행위의 공동이 있어야 한다. 여기서 문제가 되는 것은 「실행행위의 공동」에 있어서 후행자가 가담한 후의 행위를 반드시 선행자와 후행자가 공동으로 하지 않으면 안 되는가에 있다.

1) 긍정설

후행자가 선행자와의 의사연락을 통하여 그 의사를 이해하고 적극적으로 자기의 행위에 선행자의 행위를 이용하여 실행에 참가한 경우에는 전체의 행위에 대하여 공동정범을 인정해야 한다고 하는 견해이다. 이 설에 따르면 위의 甲과 乙은 강도죄의 공동정범이 성립한다.

2) 부정설

이미 선행자에 의해서 발생한 범죄사실에 대해서는 물리적 또는 심리적으로도 인과관계를 인정할 수 없다. 따라서 후행자는 그 가담 이후의 행위에 대해서만 공동정범의 성립을 인정하는 견해로서 다수설 및 판례의 입장이기도 하다. 즉 인과관계가 인정되지 않는 선행사실에 대해서 책임을 인정하는 긍정설은 형법의 「자기책임의 원칙」에 반한다고 하지 않을 수 없다. 따라서 앞의 예에서 甲과 乙은 각각 강도죄와 절도죄가 성립한다.

2. 편면적 공동정범

2인 이상의 공동 행위자가 서로 의사연락 없이, 그 어느 일방이 「공동실행의 의사」로 다른 일방의 범죄행위에 가담하는 것을 편면적 공동정범(片面的共同正犯)이라고 한다. 예컨대 甲이 A를 강간하려고 할 때, 乙은 甲과 의사연락 없이 A의 다리를 잡아 간음을 가능하게 한 경우를 말한다. 행위공동설에 따르면 편면적 공동정범을 인정할 수 있으나, 통설과 판례는 공동정범이 성립하기 위해서는 범죄 가담자 사이에 「공동실행의 의사연락」을 필요로 하기 때문에 이 경우 편면적 공동정범은 부정되고 편면적 방조를 인정할 수 있을 뿐이다.

3. 과실의 공동정범

(1) 의의

과실의 공동정범은 2인 이상이 공동과실로 구성요건에 해당하는 결과를 발생시킨 경우에 공동정범의 성립을 인정할 것인가의 문제이다. 예컨대 甲과 乙은 공동으로 트럭 위에서 건축자재를 노상에 하역하던 중, 통행인을 확인하지 않아 그들이 하역하던 자재에 의하여 A가 상해를 입은 경우와 甲과 乙이 각각 하역하던 건축자재에 의해서 그들 중 한 개의 행위에 의해서 통행인이 맞은 경우를 말한다.

(2) 문제

과실의 공동정범의 문제는 공동정범의 주관적 성립요건인 공동실행의 의사를 범죄사실의 연락으로 볼 것인가, 또는 단순한 행위의사의 연락으로 볼 것인가에 따라 그 결과를 달리한다. 또한 이것을 전제로 공동정범을 인정하지 않으면, 전자의 경우는 과실의 동시범으로 처벌되지만 후자의 사례에 있어서는 통행인이 맞은 건축자재를 누가 하역한 것인가가 특정이 되지 않으면 「과실범의 책임」을 물을 수 없게 된다. 그러나 과실의 공동정범을 인정하면 두 사례 모두 과실의 공동정범으로 처벌할 수 있다는 실익이 있다.

(3) 학설 및 판례

공범의 본질에 대한 범죄공동설은 특정한 범죄를 공동으로 하지 않으면 공범을 인정할 수 없기 때문에 과실의 공동정범을 부정하지 않을 수 없다. 그러나 근래 과실범에도 주의의무위반으로서 실행행위가 인정되면서 그 실행행위를 공동으로 하는 한 과실범의 공동정범을 인정할 수 있지 않은가 하는 설이 주장되고 있다.

1) 긍정설

(가) 행위공동설은 「공동실행의 의사」를 특정한 범죄행위의 공동이 아닌 각자의 행위는 구성요건적 행위의 공동으로 족하기 때문에 이 설의 입장에서는 당연히 과실의 공동정범을 인정할 수 있다. 즉 공동의 주의의무위반에 의해서 결과가 야기될 수 있기 때문이다. 따라서 앞의 예에 있어서 甲과 乙은 통행인이 맞지 않도록 하여야 할 객관적 주의의무가 있고, 또 甲과 乙이 각각 이 의무에 위반하여 하역한 행위가 있는 이상 과실의 공동정범이 성립한다. (나) 기능적 행위지배설은 공동정범의 본질을 「기능적 행위지배」로 보아 과실행위를 함께 한다는 의사연락은 필요하지 않지만 주의의무위반의 공동과 기능적 행위지배가 인정되는 한 과실의 공동정범을 인정할 수 있다고 한다.

2) 부정설

(가) 범죄공동설은 2인 이상이 특정한 범죄를 공동으로 하는 것으로써 고의를 공동으로 하는 범죄에 대해서만 공동정범이 성립 가능하다. 따라서 과실의 공동정범은 부정된다. (나) 목적적 행위지배설은 과실범에 있어서는 목적적 행위지배가 없기 때문에 공동정범을 인정할 수 없다고 한다. 이에 대하여 (다) 판례는 공동정범에 있어서 고의범이나 과실범을 불문하고 「행위를 공동으로 할 의사」가 있으면 족하다고 하여 행위공동설의 입장에서 과실범의 공동정범을 인정하고 있다.

4. 공모공동정범

(1) 의의

2인 이상의 자가 일정한 범죄를 범할 것을 모의하고 그 중 일부의 자가 이를 실현한 경우에, 실행행위를 분담하지 않은 모든 공모자도 공동정범으로 처벌하는 공범의 형태를 말한다. 이는 조직범죄에 있어서 배후조종자를 처벌하기 위하여 형사정책적 필요에 따라 고안된 개념이다.

(2) 배경 및 문제

개인주의 성격이 강한 유럽국가에서는 「직접적으로 실행행위를 하는 자」를 정범이라고 하는 제한적 정범개념이 강하다. 그러나 일본처럼 개인주의 역사가 짧은 나라는 「집단범죄와 같이 직접적으로 실행행위를 하지 않은 자라도 배후에서 타인의 행위를 조종한 거물」도 정범으로 취급하려는 일반적 법감정이 존재하고 있다. 또한 우리나라의 판례도 공동정범에 있어서 객관적 성립요건인 「실행행위의 공동」이 없는 공모의 배후자도 정범으로써 처벌하는 공모공동정범(共謀共同正犯)을 인정하고 있다.

(3) 학설 및 판례

1) 긍정설

(가) 공동의사주체설은 민법상 조합(組合)개념(민법 제703조)을 유추하여 공동정범을 인정하는 견해이다. 즉 일정한 범죄를 실현하려는 공동의 목적 하에 2인 이상이 일심동체가 되어, 그 중 1인이 범행을 실행하면 다른 공모자도 공동정범으로 처벌된다고 하는 견해로서 우리나라의 판례 입장이다. 그러나 이 설은 개인을 초월한 공동의사주체(共同意思主體)를 인정하여, 책임을 개인이 아닌 단체에 대해 인정하기 때문에 개인책임의 원칙에 반한다고 하지 않을 수 없다. 또한 (나) 간접정범유사설은 실행행위를 하지 아니한 단순한 공모자라 하더라도 타인과 공모하여 그의 실행행위를 이용하여 자기의 범죄를 실행한 점에서 「간접정범과 유사」한 정범성을 가진 정범의 한 형태로써 공동정범을 이해하는 견해이다. 그리고 (다) 적극적 이용설은 배후에 있는 공모자의 이용행위를 실행행위와 가치적으로 동일시할 수 있는 「적극적 이용행위」

에 한하여 이를 실행행위로 인정하려는 견해이다. (라) 기능적 행위지배설은 실행행위를 공동으로 하지 않았음에도 불구하고 범죄를 조직하고 지휘하거나 범죄의 실행자를 지정하는 것과 같이 범죄계획의 중요한 기능을 담당한 공모자를 공동정범으로 처벌하는 견해이다.

2) 부정설

형법 제30조는 「실행행위의 공동」을 공동정범의 요건으로 하고 있기 때문에 그 공동이 없는 공모공동정범을 인정할 수 없다. 그럼에도 불구하고 공모공동정범을 인정하게 되면 종범과의 구별이 곤란하여 본래 종범으로 가볍게 처벌되어야 할 범죄를 무겁게 처벌하게 되는 문제가 발생한다. 우리나라의 통설적인 견해이며 타당한 입장이다.

5. 예비죄의 공동정범

공동실행의 의사연락 하에서 예비행위를 공동으로 하는 것을 예비죄의 공동정범이라고 한다. 예컨대 甲과 乙은 강도를 하기로 모의한 후, 협박용으로 모의 권총을 함께 구입한 경우를 말한다.

공동정범은 그 성립요건으로서 「실행행위의 공동」을 필요로 하기 때문에 그 전단계인 예비죄의 공동정범은 인정할 수 없게 된다. 그러나 공동정범에 있어서 실행행위의 공동은 예비행위의 공동을 포함한다고 하는 견해가 학설 및 판례의 입장이다.

간 접 정 범

제1절 의의 및 정범성의 근거

1. 의 의

간접정범은 직접정범에 대응하는 개념으로서 타인을 「생명 있는 도구」로 이용하여 범죄를 실행하는 경우를 말한다. 형법 제34조 1항은 「어느 행위로 인하여 처벌되지 아니하는 자 또는 과실범으로 처벌되는 자를 교사 또는 방조하여 범죄행위의 결과를 발생하게 한 자」를 간접정범(間接正犯)으로 규정하고 교사 또는 방조의 예에 의하여 처벌하고 있다.

2. 정범성의 근거

간접정범이 정범으로 취급되는 근거는 i) 피이용자의 행위를 목적적으로 지배하고 있다는 행위지배설, ii) 이용자의 범죄행위에 있어서 피이용자의 규범적 장애에서 구하는 설, iii) 직접정범과 다르지 않은 실행행위에 있다고 하는 도구이론(道具理論) 등이 주장되고 있다.

간접정범도 정범인 이상, 이용행위가 가치적·규범적으로 실행행위로서의 내용을 갖추지 않으면 안 된다. 즉 타인을 도구로 이용하고 지배하여 직접정범과 동일하게 구성요건을 실현하는 현실적 위험성이 있지 않으면 안 된다. 따라서 이용자는 자기의 실행행위와 동일하게 평가될 수 있을 정도로 피이용자를 통해서 결과를 지배하지 않으면 안 된다. 따라서 행위지배설이 타당하다.

제 2 절 성립요건

형법 제34조 1항이 규정하고 있는 간접정범의 성립요건은 i) 어느 행위로 처벌되지 않는 자 또는 과실범으로 처벌되는 자를, ii) 교사 또는 방조하여, iii) 범죄행위의 결과를 발생하게 하는 것이다.

1. 피이용자의 범위

간접정범의 도구로 이용되는 자, 즉 피이용자는 「어느 행위로 처벌되지 않는 자이거나 과실범으로 처벌되는 자」이다.

(1) 어느 행위로 처벌되지 않는 자를 이용한 경우

1) 구성요건해당성이 없는 행위를 이용한 경우

일정한 신분이나 목적을 필요로 하는 범죄에 있어서 그러한 신분이나 목적 없는 자를 도구로 이용하여 범죄를 범하는 경우에 이용자는 「신분 없는 고의 있는 도구」 또는 「목적 없는 고의 있는 도구」로서 범죄가 성립하지 않기 때문에 피이용자는 간접정범으로 처벌된다. 예컨대 교재로 사용한다고 인쇄소에 위조지폐를 만들게 한 경우에 인쇄공인 피이용자는 목적이 없기 때문에 범죄가 성립하지 않으나 이용자는 통화위조죄(제207조)의 간접정범이 성립한다.

2) 구성요건에는 해당하나 위법하지 않는 행위를 이용한 경우

이용자가 피이용자의 정당행위나 정당방위를 이용하여 범죄를 범하는 경우에 피이용자의 행위는 위법성조각사유에 해당하여 범죄를 구성하지 않기 때문에 이용자는 간접정범으로 처벌된다.

3) 구성요건에 해당하고 위법하지만 책임 없는 행위를 이용한 경우

이용자가 피이용자의 책임무능력상태나 강요된 행위(제12조)를 이용하는 경우에 피이용자의 행위는 책임조각사유로서 범죄를 구성하지 않기 때문에 이용자는 간접정범으로 처벌된다.

(2) 과실범으로 처벌되는 자를 이용한 경우

의사가 고의로 간호사의 과실행위를 이용하여 환자를 사망하게 하는 경우처럼 피이용자에게 과실이 인정되더라도 이용자의 고의행위는 간접정범이 된다. 예컨대 의사가 그 사정을 모르는 간호사에게 독약을 투여하도록 시켜 환자를 사망시킨 경우가 여기에 해당한다.

2. 이용행위

형법 제34조 1항은「교사 또는 방조하여 범죄행위의 결과」를 발생하게 할 것을 요건으로 하고 있다. 즉 이용자는 피이용자를 범행의 도구로 이용하는 방법에 대해서 교사 또는 방조를 규정하고 있다. 그러나 여기서 교사 또는 방조의 의미는 교사범·방조범의 그것과 같지 않고, 단지 사주(使嗾) 또는 이용의 의미로 해석하는 것이 통설의 입장이다.

3. 결과의 발생

범죄결과의 발생은 피이용자의 행위가 구성요건에 해당하는 사실

을 실현한 경우를 의미하기 때문에 제34조 1항은 간접정범의 성립요건으로서 「결과발생」을 명문으로 규정하고 있다. 그러나 이용자가 실행에 착수하면 결과가 발생하지 않은 경우에도 간접정범의 미수범으로 처벌할 수 있다.

제3절 간접정범의 처벌

1. 간접정범의 기수

피이용자가 범죄의 결과를 발생시킨 경우에 이용자는 교사 또는 방조의 예에 의하여 처벌된다(제34조 1항). 따라서 사주·이용행위가 교사에 해당하는 경우에는 교사범으로, 방조에 해당하는 경우에는 방조범으로 처벌된다.

2. 간접정범의 미수

간접정범의 처벌은 교사 또는 방조의 예에 따라서 처벌할 뿐이고, 위에서 살펴보았듯이 어디까지나 정범이다. 따라서 간접정범의 미수는 일반 미수범의 규정이 적용(제25조~제27조)되고, 「교사의 미수」로 처벌되지 않는다(제31조 3항).

제4절 관련문제

1. 부작위에 의한 간접정범

정신병원의 의사 또는 간호사가 어떤 환자가 다른 환자를 살해하는 것을 보고도 고의로 방치한 경우와 같이 「부작위에 의한 간접정범」이 성립할 수 있는가에 대하여 긍정설과 부정설이 대립되어 있다. 그러나 이 경우에 이용자(의사 또는 간호사)가 피이용자의 의사를 지배하였다고 볼 수 없기 때문에 행위지배설에 의하면 부정설이 타당하다.

2. 실행의 착수시기

간접정범에 있어서 실행의 착수시기에 관한 학설의 다툼이 있다. 예컨대 책임무능력자인 유아를 이용하여 물건을 절취하도록 시킨 경우에 있어서 이용자가 피이용자인 유아에게 절취하도록 시킨 시점에 실행의 착수를 인정하는 ⅰ) 이용행위시설과 유아가 물건을 물색하기 시작한 때에 실행의 착수가 있다고 하는 ⅱ) 피이용자행위시설의 대립이 그것이다. 그러나 피이용자는 범죄에 이용되는 생명 있는 도구에 불과하기 때문에 이용행위시설이 타당하고 다수설의 입장이다.

교 사 범

제1절 의 의

타인으로 하여금 범죄를 결의하게 하여 이를 실행하게 한 자를 교사범(敎唆犯)이라고 한다(제31조 1항). 간접정범은 타인을 도구로 이용·지배하여 범죄를 실행하는데 대하여, 교사범은 피교사자의 행위를 지배하지 않은 점에서 구별된다.

제2절 성립요건

교사범이 성립하기 위해서는 i) 교사자의 교사행위와, ii) 피교사자(정범)의 실행행위가 있어야 한다.

1. 교사자의 교사행위

(1) 교사행위의 의의

교사행위는 타인을 교사하여 범죄실행을 결의하게 하는 것을 말한다. 즉 교사(教唆)란, 고의로 범행결의를 야기하게 하는 것을 의미한다. 따라서 이미 구체적인 범행을 결의한 자에 대해서는 교사행위가 성립할 수 없고 방조 또는 교사의 미수가 가능할 뿐이다.

(2) 교사의 고의

교사자는 피교사자(정범)에게 범죄를 결의하게 한다는 「교사범의 고의」와 정범으로 하여금 범죄를 실행하게 할 「정범의 고의」가 있어야 하며, 이를 「교사의 이중고의(二重故意)」라고 한다. 따라서 교사자의 고의는 특정되어 있어야 하며, 구성요건적 결과를 실현하겠다는 범죄기수에 대한 고의가 있어야 한다. 따라서 피교사자가 특정되어 있지 않는 교사는 선동(煽動)에 불과하다.

(3) 교사의 수단

교사의 내용은 일정한 범죄로 특정되어 있어야 하지만 그 수단 및 방법(명시적 · 묵시적)에는 제한이 없다. 그러나 기망 또는 강요의 수단에 의하여 피교사자가 착오에 빠져 실행행위에 나아간 경우에는 교사범이 성립하는 것이 아니고 간접정범이 성립한다. 또한 부작위나 과실로는 그 성격상 범죄를 결의하게 할 수 없기 때문에 교사의 수단이 될 수 없다.

2. 피교사자의 실행행위

(1) 피교사자의 범행결의

피교사자는 교사에 의하여 범죄실행의 결의를 하여야 한다. 교사를 받은 자가 범행을 결의하지 않으면 교사한 자는 「실패한 교사」로서 범죄의 예비·음모에 준하여 처벌된다(제31조 3항).

(2) 피교사자의 실행행위

교사범이 성립하기 위해서는 피교사자의 실행행위가 있어야 한다. 실행행위는 적어도 착수하여야 하며 미수·기수를 묻지 않는다. 이러한 실행행위가 없는 때에는 「효과 없는 교사」로서 교사자 및 피교사자는 예비·음모에 준하여 처벌된다(제31조 2항). 또한 교사행위와 피교사자의 실행행위 사이에는 인과관계가 있어야 한다.

제3절 교사범의 착오

교사자가 교사행위 시에 인식하고 있었던 사실과 피교사자가 현실로 실행한 사실과의 불일치를 「교사범의 착오(錯誤)」라고 한다. 교사범의 착오는 i) 피교사자에 대한 착오와 ii) 실행행위에 대한 착오로 나눌 수 있다.

1. 피교사자에 대한 착오

피교사자의 책임능력에 대한 착오가 있는 경우이다. 예컨대 교사자는 피교사자를 책임능력자로 인식하고 교사하였는데 사실은 책임무능력자인 경우나 또는 그 반대인 경우이다. 피교사자의 책임능력에 대한 인식은 교사자의 고의내용(범죄사실에 대한 인식)에 포함되지 않으므로 교사범의 성립에 아무런 영향을 미치지 않는다.

2. 실행행위에 대한 착오

(1) 구체적 사실의 착오

교사자의 교사내용과 피교사자의 실행행위가 일치하지 않지만 양자가 동일한 구성요건에 해당하는 것을 「구체적 사실의 착오」라고 하며, 이는 착오의 일반이론에 따라 해결된다. 예컨대 甲이 乙에게 A를 살해할 것을 교사하였으나, 乙은 B를 A로 오인하여 B를 살해한 경우에 정범 乙에게는 객체(客體)의 착오가 되지만, 교사자 甲에게는 방법(方法)의 착오가 된다. 또한 A를 살해하려고 하였지만 총을 잘못 조준하여 B가 사망한 경우도 방법의 착오가 성립한다.

이와 같이 교사범의 경우에는 방법의 착오가 성립되는 범위가 매우 넓다. 만약 이 경우 구체적 부합설에 따르면 고의가 조각되지만, 다수설 및 판례의 입장인 법정적부합설에 따르면 고의가 조각되지 않는다. 따라서 교사자는 실현된 범죄, 즉 살인죄의 교사범이 된다.

(2) 추상적 사실의 착오

교사자가 인식한 사실과 피교사자의 실행 사실이 서로 다른 구성요건에 해당하는 경우를 교사범의 「추상적 사실의 착오」라고 한다. 이 경우 법정적 부합설에 의하면 원칙적으로 고의를 조각하지만, 다만 서로 다른 구성요건에 해당되더라도 죄질이 동일하여 양자가 중복되는 경우에 한하여 그 중복되는 범위 내에서 교사범이 성립한다.

1) 교사내용보다 적게 실행한 경우

공범의 실행종속성에 따라 교사자는 원칙적으로 피교사자(정범)가 실행한 범위 내에서만 책임을 진다. 예컨대 甲은 乙에게 강도를 교사하였으나 乙이 절도를 한 경우에 甲은 절도의 교사범으로 처벌된다. 이 경우 강도를 교사한 행위는 「교사의 미수」에 해당되어, 교사자 甲은 절도의 교사범과 강도의 예비·음모 가운데 중한 형인 후자의 형으로 처벌된다.

2) 교사내용을 초과하여 실행한 경우

교사자는 피교사자가 행한 초과부분에 대하여 고의가 없으므로 초과부분에 대해서는 처벌되지 않는다. 예컨대 甲이 乙에게 절도를 교사하였으나 강도를 실행한 경우, 甲의 인식과 乙의 실행 사실 사이에 구성요건상 절도의 범위 내에서 중복이 되기 때문에 甲은 절도의 교사범으로 처벌된다. 그러나 구성요건이 중복되지 않는 살인이나 방화를 실행한 경우는 교사범의 고의가 조각된다.

교사자가 중한 결과에 대해 과실이 있는 경우에는 결과적 가중범이 성립한다. 예컨대 상해를 교사한 자가 사망의 결과에 대해서 예견가능성이 있는 경우가 그것이다.

제4절 교사범의 처벌

교사범은 정범과 동일한 형으로 처벌된다(제31조 1항). 그러나 자기의 지휘·감독을 받는 자를 교사한 때에는 특수교사로서 정범에 정한 형의 장기 또는 다액의 2분의 1까지 형이 가중된다(제34조 2항).

제 5 절 관련문제

1. 미수의 교사

피교사자의 행위가 처음부터 미수에 그칠 것을 예견하고 교사한 경우를 「미수의 교사」라고 한다. 예컨대 경찰이 마약복용자로 위장하여 마약을 판매하도록 사주하는 경우를 말하며 「함정교사(agent provocateur)」라고도 한다. 그러나 미수의 교사는 교사범의 고의인 결과발생에 대한 인식이 결여되어 있기 때문에 그 가벌성을 부정하는 것이 통설의 입장이다.

2. 교사의 교사

교사자가 피교사자에게 다른 사람을 교사할 것을 다시 교사한 경우를 「간접교사(間接教唆)」라고 하며 교사범과 동일하게 처벌된다. 예컨대 甲이 乙에게 丙을 시켜 A를 폭행하게 한 것을 말한다. 이 처럼 교사의 교사가 가벌적인 것은 교사행위와 정범의 실행행위 사이에 인과관계가 인정되기 때문이다. 또한 간접교사자(丙)를 교사한 것을 「연쇄교사(連鎖教唆)」라고 한다. 형법은 교사방법에 제한을 두고 있지 않으므로 간접교사는 물론 연쇄교사에 대해서도 가벌성을 인정하는 것이 다수설이고 판례의 입장이다.

종 범

제1절 의 의

정범을 방조하는 자를 종범(從犯)이라고 한다(제32조 1항). 방조는 이미 범죄를 실행할 의사가 있는 정범의 행위를 돕는 모든 행위를 말하며 방조범(幇助犯)이라고도 한다. 즉 방조란, 정범이 행하는 구성요건의 실행행위를 돕는 모든 행위 및 그 법익침해를 강화하는 모든 행위를 말한다.

제2절 종범의 성립요건

종범이 성립하기 위해서는 ⅰ) 방조자의 방조행위, ⅱ) 정범의 실행행위가 있어야 한다.

1. 방조자의 방조행위

방조행위는 정신적·물질적으로 정범의 실행행위를 용이하게 돕는 모든 행위를 말하며 그 방법에는 제한이 없다. 또한 절도를 묵인하는 수위처럼 부작위에 의한 방조도 가능하다.

(1) 종범의 고의

종범의 고의는 정범의 실행행위를 인식하고 그 행위를 용이하게 돕는다는 인식(방조의 고의)뿐만 아니라, 정범의 실행행위에 의해서 구성요건을 실현한다고 하는 인식(정범의 고의)을 필요로 한다. 즉 정범의 고의는 교사범과 같이 「이중의 고의」가 필요하다. 따라서 종범의 고의는 특정되어 있어야 하며, 구성요건적 결과를 실현하겠다는 범죄기수에 대한 고의도 필요하다. 따라서 처음부터 피방조자의 실행행위가 미수에 그칠 것을 예견하면서 방조행위를 한 「미수의 방조」는 처벌하지 않는다.

또한 종범이 성립하기 위해서는 종범자에게 「방조의 고의」와 「정범의 고의」가 있으면 족하고, 종범과 정범의 의사가 일치할 필요는 없다. 따라서 정범이 방조를 인식하지 못하는 「편면적 방조」도 가능하다.

(2) 방조행위의 시기

방조행위의 시기는 정범의 실행착수의 전·후를 불문하지만, 범죄가 종료한 뒤에는 종범이 성립할 수 없다. 예컨대 범죄종료 후 범인을 은닉 시켜주거나 증거를 인멸시키는 것은 사후종범(事後從犯)이 성립되는 것이 아니고 별도의 독립된 범죄유형에 해당된다.

2. 정범의 실행행위

종범이 성립하기 위해서는 피교사자의 실행행위가 있어야 한다. 실행행위는 적어도 착수하여야 하며 미수·기수를 묻지 않으나, 가벌적 미수이어야 한다. 왜냐하면 「기도된 교사」와는 달리 「기도된 방조(효과없는 방조, 실패한 방조)」는 그 처벌규정이 없기 때문이다. 다만 방조행위와 정범의 실행행위 사이에는 인과관계가 있어야 한다.

제 3 절 종범의 처벌

종범의 형은 정범의 형보다 감경한다(제32조 1항). 즉 필요적 감경사유이다. 그러나 자기의 지휘·감독을 받는 자를 방조하여 결과를 발생하게 한 자는 정범의 형으로 처벌한다(제34조 2항).

제 4 절 관련문제

1. 종범의 착오

종범의 착오는 방조자가 인식한 사실과 피방조자인 정범이 실행한 객관적 사실이 일치하지 않는 것을 말한다. 이것은 교사범의 착오에 관한 이론과 같다.

2. 교사의 방조

교사행위를 방조하여 그 실행을 용이하게 하는 것을 「교사의 방조」라고 한다. 교사행위 그 자체는 실행행위가 아니라고 하는 입장에서는 교사범의 방조를 부정하지만, 교사행위도 수정된 구성요건에 해당하는 실행행위라고 해야 하기 때문에 이것을 긍정하는 것이 타당하다.

3. 방조의 방조

종범을 방조하는 것을 「방조의 방조」라고 하며 간접방조(間接幇助)라고도 한다. 또한 간접방조를 다시 방조한 것을 연쇄방조(連鎖幇助)라 할 수 있다. 형법은 방조의 방법에 대해 규정을 두고 있지 않기 때문에 교사의 교사나 연쇄교사처럼 종범 사이에 그리고 종범과 정범 사이에 각각 인과관계가 인정되면 모두 그 가벌성을 인정할 수 있다.

공범과 신분

제1절 신분과 그 공범상의 취급

「공범과 신분(身分)」은 신분이 범죄의 성립이나 형의 가중·감경에 영향을 미치는 경우에 있어서 신분자와 비신분자가 공범관계에 있을 때, 이를 어떻게 처리할 것인가에 대하여 문제가 된다. 예컨대 공무원을 주체로 하는 수뢰죄(제129조)에 있어서 비신분자가 공무원과 공동으로 뇌물을 수수한 경우에 비신분자도 수뢰죄의 공동정범으로 처벌할 수 있는가의 문제가 그것이다.

제2절 신분의 의의와 종류

1. 신분의 의의

형법 제33조에서 규정하고 있는 신분의 정의에 관하여 통설에 의하면 「신분(身分)」이란, 남녀의 성별·내외국인의 구별·친족관계 또는 공무원의 자격뿐만 아니라 널리 일정한 범죄행위에 대한 인적관계인 특수한 지위나 상태를 가리킨다. 이처럼 신분의 의의를 지위(地位) 또는 상태(狀態)까지 포함하여 넓게 이해하는 것은 신분범의 법적성격을 의무범이 아닌 침해범으로 파악하기 때문이다.

2. 신분의 종류

(1) 적극적 신분

1) 구성적 신분

일정한 신분이 있어야 범죄가 성립하는 경우의 신분을 말하며 이를 「진정신분범(眞正身分犯)」이라고 한다. 예컨대 수뢰죄(제129조)의 「공무원 또는 중재인」, 위증죄(제152조)에 있어서 「법률에 의하여 선서한 증인」, 횡령죄(제355조 1항) 있어서 「타인의 재물을 보관하는 자」, 배임죄(제355조 2항)에 있어서 「타인의 사무를 처리하는 자」 등이 여기에 속한다.

2) 가감적 신분

신분이 없어도 범죄는 성립하지만 신분이 있는 경우 형벌이 가중 또는 감경되는 경우의 신분을 말하며, 이를 「부진정신분범(不眞正身分犯)」이라고 한다. 예컨대 존속살해죄(제250조 2항)에 있어서 「직계존속」은 가중적 신분이고, 영아살해죄(제251조)에 있어서 「직계존속」은 감경적 신분을 의미한다.

(2) 소극적 신분

행위자에게 일정한 신분이 있으면 범죄 또는 형벌이 조각되는 경우의 신분을 말한다.

1) 위법조각적 신분

의사의 의료행위, 경찰관의 총기휴대 등에 있어서 의사·경찰관의 신분은 위법성을 배제하는 신분이다.

2) 책임조각적 신분

형사미성년자(제9조), 범인은닉죄(제151조 2항)에 있어서 친족의 신분은 책임성을 배제하는 신분이다.

3) 형벌조각적 신분

친족상도례(제328조)에 있어서 친족의 신분은 형벌을 배제하는 신분이다.

제 3 절 형법 제33조의 의미

형법 제33조의 규정을 공범이론과의 관계에서 살펴보면, 본문인 「신분관계로 인하여 성립될 범죄에 가담한 행위는 신분관계가 없는 자에게도 전 3조의 규정을 적용한다」고 하여 공범종속성설에 따른 신분의 연대성(連帶性)을 인정하고 있다. 반면 단서 이하에서는 「신분관계로 인하여 형의 경중이 있는 경우에는 중한 형으로 벌하지 아니 한다」고 하여 공범독립성설에 따른 신분의 개별성(個別性)을 주장하여 본문과 단서를 통일적으로 해석하기 위한 학설이 필요하다.

1. 다수설

형법 제33조 본문은 신분범를 진정신분범과 부진정신분범로 구별하여, 진정신분범에 대해서만 적용하고, 단서인 「신분관계로 인하여 형의 경중이 있는 경우에는 중한 형으로 벌하지 아니 한다」는 규정은 부진정신분범의 경우에만 적용한다고 해석한다. 이에 따르면 진정신분범의 경우는 비신분자와 신분자 사이에 공동정범이 성립되나, 부진정신분범의 경우에는 공범이 성립되지 않는다. 예컨대 처와 자가 공동하여 夫(父)를 살해한 경우에 처는 존속살해죄의 공동정범이 되지 않는다.

2. 소수설

본문은 진정·부진정신분범을 포함한 신분범 일반에 대한 규정으로서 공범의 성립문제를 규정한 것이고, 단서는 특히 부진정신분범에 한하여 과형(科刑)의 문제를 규정한 것으로 해석한다. 예컨대 앞의 예에 있어서 처와 자는 존속살인죄의 공동정범이 되지만 처는 단서의 규정에 의하여 보통살인죄로 처벌된다고 하며 판례의 입장이다.

제4절 소극적 신분과 공범

형법 제33조는 신분으로 인하여 범죄가 성립하거나 형의 가중·감경이 있는 경우에 비신분자가 가담하는 경우만을 규정하고 있을 뿐, 신분으로 인하여 범죄가 성립하지 않거나 형벌이 배제되는 소극적 신분(消極的身分)과 공범에 대해서는 형법상 명문의 규정이 없다. 그러므로 공범성립에 관한 일반이론에 따라 처리하여야 한다.

1. 위법조각적 신분과 공범

신분자의 위법이 조각되는 행위에 비신분자가 가담한 경우, 신분자의 행위는 적법행위로서 범죄가 성립되지 않기 때문에 여기에 가공한 비신분자의 행위도 범죄가 성립하지 않는다. 예컨대 의사면허가 없는 자가 의사의 의료행위에 가공한 경우에는 범죄가 성립되지 않는다.

2. 책임조각적 신분과 공범

신분자의 책임이 조각되는 행위에 비신분자가 가담한 경우, 신분자는 책임이 조각되나 비신분자의 경우는 범죄의 관여 형태(태양)에 따라 공동정범 · 교사범 · 종범이 성립한다. 예컨대 책임무능력자를 교사한 자는 교사범이 성립한다. 그러나 이와는 반대로 신분으로 인하여 책임이 조각 되는 자가 비신분자의 행위에 가공한 경우는 제33조의 단서에 의해서 가공자는 처벌되지 않는다고 해석하여야 한다. 예컨대 범인 자신은 범인은닉죄 및 증거인멸죄의 소극적 신분에 해당하기 때문에 이러한 자가 타인을 교사하여 자기를 은닉 또는 증거를 인멸하게 하거나 또는 자기 형사피고사건에 관해서 증거를 인멸시킨 경우에 「신분은 개별적」으로 작용하기 때문에 책임조각사유의 신분을 갖는 자(범인 자신)는 처벌되지 않는다.

3. 형벌조각적 신분과 공범

형벌조각적 신분은 일신적(一身的)인 것이기 때문에 비신분자인 공범에게는 미치지 않는다. 이것에 대하여 신분자가 비신분자에게 가공한 경우, 예컨대 아들이 다른 사람을 교사하여 동거하고 있는 자기 부모의 소유물을 절도한 경우처럼 아들은 책임이 조각되나 정범은 절도죄로 처벌된다.

제 8 편

죄 수 론

제 1 장 죄수의 개념
제 2 장 일 죄
제 3 장 수 죄

죄수의 개념

제1절 의 의

범죄의 개수를 죄수라고 한다. 행위자가 어떤 범죄를 야기한 경우, 그 범죄를 1죄로 처리하는가 또는 수죄로 처리하는가를 결정하여야 한다. 또한 수죄로서 처리하는 경우에 행위자를 어떠한 형으로 처벌해야 하는가가 죄수론(罪數論)의 과제이다. 즉 죄수론은 과형(科刑)의 전제로서 형사소송법상 공소효력과 기판력의 범위 등과 관련하여 중요한 의미가 있다.

제2절 죄수결정의 기준

1. 행위표준설

「자연적 행위」를 기준으로 하여 행위가 한 개이면 일죄이고, 수 개이면 수죄라는 견해이다. 예컨대 간통죄는 성교행위마다 1개의 간통죄가 성립한다고 보는 판례는 행위표준설에 따른 견해라고 할 수 있다. 다만 상상적 경합의 경우처럼 행위는 1개이지만 복수의 범죄가 예정되어 있거나 반대로 복수의 행위가 있는 경우에도 접속범처럼 일죄로 되는 것이 있다.

2. 법익표준설

범죄의 본질은 법익침해로서 침해되는 「보호법익」을 기준으로 하여 한 개의 행위로 수 개의 법익을 침해하면 수죄가 된다. 따라서 상상적 경합은 실질적으로 수죄가 되지만, 형법 제40조에 의하여 처분상 일죄가 된다. 그러나 법익표준설이 죄수판단에 있어서 중요한 기준이 되는 것은 사실이지만, 침해태양을 고려하지 않는 점에서 범죄의 정형(定型)을 무시한다는 비판이 있다.

3. 의사표준설

범죄는 행위자가 가진 범죄의사의 실현이라는 관점으로부터, 행위자의 「범죄의사」를 기준으로 범죄의 수를 결정하는 견해이다. 범죄의사가 하나이면 행위의 결과가 복수인 경우에도 일죄가 성립되기 때문에 죄수를 결정하는데 있어서 합리성이 결여되었다고 할 수 있다. 이에 의하면 의사의 단일성이 인정되는 연속범과 상상적 경합은 일죄가 된다. 대법원은 연속범에 대한 포괄적 일죄를 인정하고 있다.

4. 구성요건표준설

범죄는 구성요건에 해당하는 행위이기 때문에 「구성요건에 해당하는 사실」을 기준으로 범죄의 수를 결정하는 견해로서 통설적 입장이다. 이에 따르면 구성요건에 해당하는 사실이 한 개이면 일죄이고, 수 개이면 수죄가 된다. 따라서 상상적 경합은 본래 수죄이나 처분상 일죄가 된다.

5. 검 토

범죄의 개수는 「위법 및 책임평가에 대한 양(量)의 문제」이기 때문에 그 평가는 구성요건에 해당하는 행위를 대상으로 하지 않으면 안 된다. 또한 구성요건은 행위자의 의사와 행위, 그리고 결과를 그 요소로서 포함하고 있기 때문에 기본적으로 구성요건표준설이 타당하다고 할 수 있다. 그러나 구성요건표준설은 죄수판단에 있어서 형식적으로 판단하게 되는 문제가 있다. 따라서 죄수결정의 원리도 실질적인 관점에서 찾지 않으면 안 된다. 즉 구성요건표준설을 기준으로 법익·의사·행위들을 종합적으로 고려해야 할 필요가 있다.

일 죄

제 1 절 일죄의 의의

일죄는 범죄의 수가 한 개인 것을 말한다. 즉 범죄행위가 구성요건에 1회 해당하는 경우를 말하며, 「단순일죄 또는 사실상 일죄」를 의미한다. 단순일죄에는 다시 「법조경합」과 「포괄적 일죄」로 나눌 수 있다.

〈통설 · 판례에 의한 일죄의 분류〉

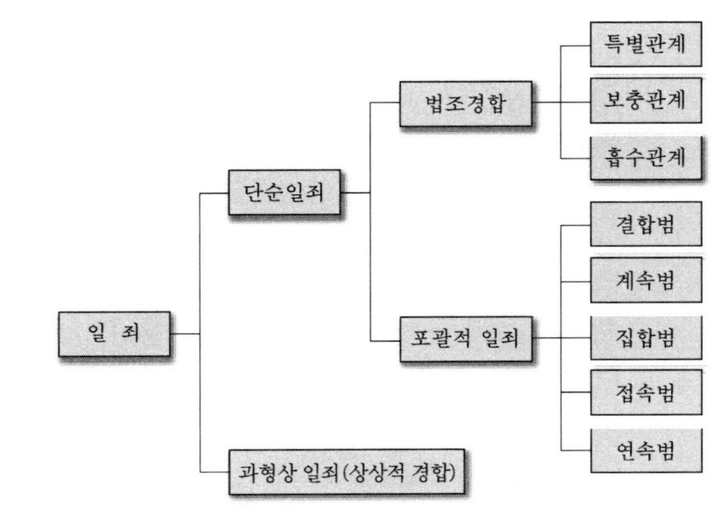

제2절 법조경합

1. 의 의

한 개의 행위가 외견상 수 개의 구성요건에 해당하는 것처럼 보이지만, 실제로는 한 구성요건이 다른 구성요건을 배척하기 때문에 단순일죄가 되는 경우를 법조경합(法條競合)이라고 한다. 여기에 해당하는 것으로는 특별관계・보충관계・흡수관계가 있다.

2. 종 류

(1) 특별관계

두 개 이상의 형벌법규가 일반법과 특별법관계에 있는 경우 「특별법 우선의 원칙」에 의하여 특별관계에 있는 법규만 적용되는 것을 말한다. 예컨대 보통살인죄(제250조 1항)에 대한 존속살인죄(제250조 2항) 또는 영아살해죄(제251조), 단순절도죄(제329조)에 대한 특수절도죄(제331조) 그리고 횡령죄(제355조 1항)에 대한 배임죄(제355조 2항) 등이 있다.

(2) 보충관계

한 개의 행위가 기본법과 보충법의 관계에 있는 두 개 이상의 구성요건에 해당하는 경우를 말한다. 「기본법은 보충법에 우선한다는 원칙」에 의하여 기본법이 적용되고 보충법은 적용되지 않는다. 예컨대 일반이적죄(제99조)는 외환유치죄(제92조)・여적죄(제93조)・모병이적죄(제94조)에 대해서 그리고 미수죄는 기수죄에 대해서 보충관계에 있다.

(3) 흡수관계

어떤 구성요건에 해당하는 행위가 다른 구성요건에 해당하는 행위를 항상 수반(隨伴)하는 경우를 말한다. 예컨대 나이프로 사람을 살해한 경우 일반적으로 피해자의 의복이 손상된다. 이 경우 손괴죄(제366조)는 살인죄(제250조)에 흡수되어 별도로 처벌되지 않는다. 흡수관계는 「불가벌적 수반행위(살인에 수반된 재물의 손괴)」와 「불가벌적 사후행위(절도범이 도품을 손괴)」가 있다.

3. 법조경합의 효과

법조경합에서 적용이 배제되는 법률은 형사처벌의 근거가 되지 않는다. 따라서 행위자는 적용된 법률에 정한 형으로 처벌되며, 배제된 법률은 판결주문에는 물론 이유에도 기재할 필요가 없다.

제 3 절　포괄일죄

1. 의　의

형식적으로는 수 개의 구성요건에 해당하는 것처럼 보이지만, 1개의 범죄로 평가되어 일죄가 성립되는 것에 불과한 경우를 말한다. 여기에는 결합범 · 계속범 · 접속범 · 연속범 · 집합범 등이 있다.

2. 포괄적 일죄의 유형

(1) 결합범

결합범(結合犯)은 개별적으로 독립된 구성요건에 해당하는 수 개의 행위가 결합하여 일죄를 구성하는 경우를 말한다. 예컨대 강도죄(제333조)는 폭행죄 또는 협박죄와 절도죄, 강도강간죄(제339조)는 강도죄와 강간죄의 결합범이다.

(2) 계속범

일정한 시간 동안 위법상태가 계속되어야 하는 범죄유형을 계속범(繼續犯)이라고 한다. 체포·감금죄(제276조)가 여기에 해당한다.

(3) 접속범

동일한 기회에 구성요건에 해당하는 행위를 반복하여 행하는 경우를 접속범(接續犯)이라고 한다. 예컨대 동일한 기회에 같은 부녀를 수회 간음한 경우를 말한다.

(4) 연속범

연속한 수 개의 행위가 동종의 범죄에 해당하는 경우를 연속범(連續犯)이라고 한다. 예컨대 절도범이 창고에서 수일에 걸쳐 매일 밤 쌀 한 가마씩을 절도한 경우이다. 연속된 수 개의 행위가 반드시 구성요건적으로 일치할 것을 요하지 않고, 시간적·장소적 접속도 요건으로 하지 않는 점에서 접속범과 구별된다.

(5) 집합범

구성요건상 동종의 행위가 반복하여 행해질 것이 예상되는 범죄유형을 말한다. 집합범(集合犯)에는 상습적으로 하는 상습범과 영업범(무면

허의료행위)이 있다.

3. 포괄일죄의 효과

포괄적 일죄는 실체법적으로나 소송법적으로 일죄이다. 따라서 수 개의 행위가 포괄적 일죄에 해당하는 경우 가장 중한 죄만 성립하며, 이 행위 전부에 대해 공소효력과 기판력이 미친다.

수 죄

제1절 수죄의 의의와 입법례

1. 수죄의 의의와 종류

어떤 행위가 수 개의 구성성요건에 해당하고, 수 개의 법익을 침해한 경우를 수죄(數罪)라고 한다. 형법상 수죄에는 상상적 경합과 실체적 경합이 있다.

상상적 경합은 실체법상 수죄이나 소송법적으로 일죄로 취급되어 과형상 일죄(科刑上一罪)라고도 한다. 그러나 실체적 경합은 실체법은 물론 소송법적으로도 수죄로 취급된다.

2. 수죄의 입법례

(1) 병과주의

구성요건을 실현한 수 개의 행위에 대해서 규정된 각각의 형을 단순

합산하여 형을 정하는 방법을 병과주의(倂科主義)라고 한다. 영미법에서 채택하고 있는 주의로서, 형법은 경합범에 있어서 각 죄에 정한 형이 무기징역이나 무기금고 이외의 이종의 형인 경우에 병과주의를 채택하고 있다(제38조 1항 3호).

(2) 가중주의

구성요건을 실현한 수 개의 행위에 대하여 하나의 형만을 선고하되, 가장 중한 죄에 정한 형으로 하고, 이에 대하여 가중하는 방법을 가중주의(加重主義)라고 한다. 형법은 경합범에서 각 죄에 정한 형이 사형 또는 무기징역이나 무기금고 이외의 동종의 형인 경우에 가중주의를 채택하고 있다(제38조 1항 2호).

(3) 흡수주의

구성요건을 실현한 수 개의 행위 가운데서 가장 중한 죄에 정한 형을 선고하고, 다른 구성요건에 정한 형을 이에 흡수시키는 방법을 흡수주의(吸收主義)라고 한다. 형법은 상상적 경합(제40조)의 경우와 경합범 가운데 중한 죄에 정한 형이 사형 또는 무기징역이나 무기금고인 때(제38조 1항 1호)에 흡수주의에 의하고 있다.

제 2 절 상상적 경합

1. 의 의

이론상 수 개의 범죄에 해당하지만 형벌의 적용상 일죄로 처벌되는 범죄를 말하며 과형상 일죄(제40조)라고도 한다. 예컨대 한 개의 폭탄으로 여러 사람을 살해하는 경우를 말한다.

2. 성립요건

상상적 경합은 1개의 행위가 수 개의 죄에 해당할 때 성립한다. 즉 i) 행위가 1개 일 것, ii) 수 개의 죄에 해당할 것을 그 요건으로 한다.

(1) 행위가 한 개일 것

상상적 경합이 성립하려면 행위가 한 개이어야 한다. 여기서 한 개의 행위란, 구성요건적 의미에서 행위가 한 개일 것을 의미한다. 그러나 행위가 두 개 이상 존재하더라도 그 행위가 구성요건상 중복되는 경우는 그 부분에 한해서 한 개의 행위를 인정하여야 한다.

(2) 수 개의 죄에 해당할 것

상상적 경합은 한 개의 행위가 수 개의 구성요건에 해당하여야 한다. 즉 한 개의 행위가 실질적으로 수 개의 구성요건에 해당하여 수죄가 성립될 것을 의미한다. 외형상 수 개의 죄에 해당하는 「법조경합(法條競合)」과 이 점에서 구별된다.

또한 한 개의 행위가 수 개의 구성요건에 해당하는 경우 동일한 구성요건에 해당하면 상상적 경합이 성립된다. 즉 이를 「동종(同種)의 상상적 경합(1개의 발포 행위로 두 명을 살해한 경우)」이라고 하고, 다른 구성요건에 해당하는 경우를 「이종(異種)의 상상적 경합(1개의 돌을 던져 사람을 상해하고 기물을 손괴한 경우)」이라고 한다.

3. 상상적 경합의 효과

상상적 경합이 인정되면 수 개의 죄 가운데 가장 중한 죄에 정한 형으로 처벌한다(제40조). 실질적으로는 수죄이나 과형상 일죄로 취급되기 때문에 소송법적으로도 한 개의 사건으로 취급된다. 따라서 공소효력과 기판력은 전체에 미친다. 그러나 상상적 경합은 수죄이기 때문에 판결이유에서 경합관계에 있는 모든 범죄사실과 적용법조를 기재하여야 하고 일부가 무죄인 경우에는 그 이유를 밝혀야 한다.

제 3 절 실체적 경합(競合犯)

1. 의 의

판결이 확정되지 아니한 수 개의 죄 또는 판결이 확정된 죄와 그 판결확정 전에 범한 죄를 「경합범(競合犯)」이라고 한다(제37조). 이를 실체적 경합(實體的競合)이라고도 하며 수 개의 행위에 의해 수 개의 죄가 성립한다는 점에서, 한 개의 행위로 수죄가 성립되는 상상적 경합과 구별된다.

2. 성립요건

(1) 동시적 경합범

판결이 확정되지 않은 수 개의 죄를 동시적 경합범(同時的競合犯)이라고 한다(제37조). 여기서 수 개의 죄는 동일인이 수 개의 행위로 범한 것이어야 한다. 또 판결의 확정은 상소 등의 불복절차에 의하여 다툴 수 없는 상태에 있어야 하며, 수 개의 죄는 동시에 판결할 수 있는 상태이어야 한다.

(2) 사후적 경합범

판결이 확정된 죄와 그 판결확정 전에 범한 죄의 경합범을 사후적 경합범(事後的競合犯)이라고 한다(제37조 후단). 여기서 확정판결이란, 금고 이상의 형은 물론 벌금형이나 약식명령이 확정된 경우에도 해당된다.

3. 실체적 경합의 처분

경합범의 처벌에 관해 형법은 「가중주의(加重主義)」를 원칙으로 하고 있고 흡수주의와 병과주의를 예외적으로 가미하고 있다.

제 9 편

형 벌 론

제 1 장 형벌의 개념과 종류
제 2 장 형의 양정
제 3 장 형의 선고유예, 집행유예, 가석방
제 4 장 형의 시효와 소멸
제 5 장 보안처분

형벌의 개념과 종류

제1절 의의 및 본질

범죄에 대하여 법률상 효과로서 국가가 범인에게 부과하는 형사제제를 형벌(刑罰)이라고 한다. 형벌은 책임을 전제로 하는 점에서 장래의 위험을 근거로 하는 보안처분(保安處分)과 구별된다. 형벌의 본질은 응보이며 고통과 해악을 그 내용으로 한다. 그렇기 때문에 형벌은 그것 자체로는 존재이유가 없고, 법익보호에 의한 사회질서의 유지라고 하는 일정한 목적을 가질 때 국가적 제도로서 정당화된다.

제2절 종 류

형법상 형벌의 종류는 박탈되는 법익의 종류에 따라 「생명형」, 「자유형」, 「명예형」, 「재산형」으로 분류할 수 있다. 또한 형벌은 주형과 부가형으로도 구분할 수 있다. 주형(主刑)은 그것 자체로 독립해서 선고할 수 있는 형벌을 말하며, 부가형(附加刑)은 주형과 함께 선고되는 형을 말한다. 현행 형법은 몰수를 제외한 모든 형을 주형으로 하고 있다(제49조).

〈법익의 유형에 따른 형벌의 종류〉

법익에 의한 분류	
	생명형: 사형
	자유형: 징역, 금고, 구류
	명예형: 자격상실, 자격정지
	재산형: 벌금, 과료, 몰수

1. 사 형

(1) 의의

사형(死刑)은 생명형, 즉 수형자의 생명을 박탈하는 것을 내용으로 하는 형벌이다.

(2) 집행방법

사형은 교도소 내에서 교수하여 집행한다(제66조). 그러나 군형법(동법 제3조)에서는 총살형을 인정하고 있다.

(3) 현행법상의 사형규정

형법 각칙에서 사형을 규정하고 있는 범죄는 내란죄(제87조) 등 다수의 범죄가 있다. 그러나 이 가운데 여적죄(제93조)만이 「절대적 법정형」으로서 사형만이 규정되어 있고, 나머지는 상대적 법정형으로 사형과 자유형이 규정되어 있다.

2. 자유형

(1) 의의

자유형은 수형자를 구금하여 신체적 자유를 박탈하는 것을 내용으로 하는 형벌로서, 현행법상 징역 · 금고 · 구류의 3종이 있다. 자유형은 「유기형(有期刑)」이 원칙이며, 무기형은 법에 규정된 경우에 한하여 가능하다.

(2) 자유형의 종류

1) 징역

징역(懲役)은 수형자를 교도소 내에 구치하여 「정역(定役)」에 복무하게 하는 형벌이다. 징역에는 유기와 무기의 두 종류가 있다. 유기징역은 1월 이상 15년 이하의 기간으로 하여야 하며, 가중하는 경우에도 25년을 넘지 못한다(제42조). 무기징역은 10년이 경과하면 가석방이 가능하다(제72조 1항).

2) 금고

금고(禁錮)는 수형자를 교도소 내에 구치하여 자유를 박탈하는 것을 내용으로 하는 형벌이며, 정역에 종사하지 않는 점에서 징역과 구별된다. 그러나 수형자의 신청이 있으면 작업을 할 수 있다(형의집행및수용자의처우에관한법률 제67조).

3) 구류

구류(拘留)는 1일 이상 30일 미만의 기간 동안 수형자를 구치소 내에 구치하는 자유형의 일종이다(제46조). 수형자는 정역을 하지 않는 점에서 금고와 동일하다. 그러나 이 경우에도 본인의 신청이 있으면 가능하다.

형법상 구류가 규정되어 있는 범죄로는 공연음란죄(제245조), 폭행죄

(제260조), 과실치상죄(제266조), 협박죄(제283조) 등이 있다. 그 밖에 경범죄처벌법 등에도 규정되어 있다.

3. 재산형

(1) 의의

재산형(財産刑)은 범죄인으로부터 일정한 재산을 박탈하는 것을 내용으로 하는 형벌을 의미한다. 현행 형법은 재산형으로서 벌금형과 과료·몰수를 규정하고 있다.

(2) 벌금

벌금형(罰金刑)은 범죄인으로 하여금 일정한 금액을 지불하도록 강제하는 형벌이다. 적용대상이 되는 범죄와 금액의 면에서 과료와 구별된다.

(3) 과료

과료(科料)는 벌금형과 동일하나 경미한 범죄에 부과되기 때문에 그 금액(2천원 이상 5만원 미만)이 적다는 점에서 벌금과 구별된다(제47조).

(4) 몰수·추징

1) 몰수·추징의 의의

몰수(沒收)는 범죄의 반복을 막거나 범죄에 의한 이득을 얻지 못하게 할 목적으로 범죄행위와 관련된 재산을 박탈하는 것을 내용으로 하는 재산형이다. 이에 대하여 추징(追徵)이란, 몰수의 대상인 물건을 몰수하기 불가능한 경우에 몰수에 갈음하여 가액의 납부를 명하는 사법상 처분을 말한다.

2) 몰수의 종류 및 법적 성격

몰수의 종류는 임의적 몰수와 필요적 몰수가 있으며, 그 법적 성질에 관하여 학설이 대립되어 있다. 통설은 형식적으로는 형벌이나 실질적으로는 「대물적 보안처분」에 속한다.

3) 몰수의 대상

몰수의 대상은 i) 범죄행위에 제공하였거나 제공하려고 한 물건, ii) 범죄행위로 인하여 생겼거나 이로 인하여 취득한 물건, iii) 이러한 대가로 취득한 물건의 전부 또는 일부이다(제48조 1항).

4) 몰수의 요건(제48조 1항)

몰수의 요건은 i) 범인 이외의 자의 소유에 속하지 아니할 것, ii) 범죄 후 범인 이외의 자가 정을 알면서 취득한 물건 등이 있다.

4. 명예형

(1) 의의

명예형(名譽刑)은 범인의 명예 또는 자격을 박탈하는 것을 내용으로 하는 형벌을 말한다. 형법이 규정하고 있는 자격형으로는 「자격상실」(제43조 1항)과 「자격정지」(동조 2항)가 있다.

(2) 자격상실

자격상실(資格喪失)은 사형·무기징역 또는 무기금고의 판결을 받으면 당연히 다음과 같은 자격이 상실되는 형을 말한다.

i) 공무원이 되는 자격

ii) 공무원의 선거권과 피선거권

iii) 법률로 요건을 정한 공법상의 업무에 관한 자격

iv) 법인의 이사·감사 또는 지배인 기타 법인의 업무에 관한 검사

역이나 재산관리인이 되는 자격

(3) 자격정지

자격정지(資格停止)는 일정한 기간 동안 일정한 자격의 전부 또는 일부를 정지시키는 것을 말한다. 자격정지는 선택형 또는 병과형으로 되어 있고 당연정지와 판결의 선고에 의한 자격정지가 있다.

형의 양정

제1절 의 의

국가의 형벌권은 재판에 의해서 현실화된다. 범죄가 성립되면 법관은 구체적으로 형을 적용하여야 한다. 따라서 법관은 구체적인 사건에 대하여 범죄자에게 선고할 형의 종류 및 양을 결정해야 하는데, 이것을 형의 양정(量定) 또는 양형(量刑)이라고 한다.

제2절 양형의 단계

양형은 범인이 범한 구성요건에 기술되어 있는 「법정형(法定刑)」을 근거로 하여 형벌의 종류를 선택하고, 이를 가중하거나 감경하여 「처단형(處斷刑)」을 정한다. 그리고 이것을 기초로 범인에게 부과하는 「선고형(宣告刑)」을 선택하게 된다.

1. 법정형

형벌법규의 각조에 규정되어 있는 형을 「법정형(法定刑)」이라고 한다. 예컨대 살인죄의 법정형은 사형·무기 또는 5년 이상의 징역이고, 절도죄의 법정형은 6년 이하의 징역 또는 1천만원 이하의 벌금이다.

2. 처단형

법정형에 필요한 가중·감경을 한 후의 형을 「처단형(處斷刑)」이라고 한다. 법관은 이 처단형의 범위 내에서 형의 종류와 양을 재량으로 결정하지 않으면 안 된다. 형의 가중·감경사유에는 그것이 법률로 규정되어 있는 법률상 가중·감경사유와 법관의 재량에 의한 감경사유가 있다.

3. 선고형

법관은 법정형 및 처단형의 범위 내에서 구체적으로 형을 정하여 형을 언도하여야 한다. 이것을 「선고형(宣告刑)」이라고 한다. 선고형에는 법관이 형의 종류와 기간을 특정하여 선고하는 정기형과 그 전부 또는 일부를 집행기관에 위임하는 부정기형이 있다. 또한 부정기형은 형의 기간을 전혀 정하지 않은 절대적 부정기형과 장기와 단기만을 정하여 언도하는 상대적 부정기형이 있다. 현행법은 정기형을 취하고 있으며, 소년법은 그 특성상 상대적 부정기형(동법 제60조)을 택하고 있다.

제3절 형의 가중과 감경

1. 형의 가중

형의 가중에는 법률상 가중만을 인정하고, 재판상 가중은 인정하고 있지 않다.

(1) 일반적 가중사유

① 경합범의 가중(제38조)
② 누범의 가중(제35조 2항)
③ 특수교사·특수방조의 가중(제34조 2항)

(2) 특별가중사유

① 상습범의 가중(제264조 등)
② 특수공무방해(제144조), 특수체포·특수감금(제278조)

2. 형의 감경

형의 감경에는 법률상 감경과 재판상 감경이 있다.

(1) 법률상 감경

법률상 감경에는 그 사유가 존재하면 반드시 감경해야 하는 필요적 감경과 감경이 법관의 재량에 위임되어 있는 임의적 감경이 있다. i) 「필요적 감경」은 방조범(제32조 2항)·중지범(제26조)·심신미약자나 농아자의 범죄 등이 있다. ii) 「임의적 감경」은 과잉방위(제21조 2

항)·과잉피난(제22조 3항)·과잉자구행위(제23조 2항)·장애미수(제25조 2항)·불능미수(제27조)·자수 또는 자복(제52조) 등이 있다.

(2) 재판상 감경

재판상 감경은 작량감경(酌量減輕)이라고도 하며, 법원은 형법 제55조(법률상 감경)의 범위 내에서 작량할 수 있다.

3. 가중·감경의 순서

동시에 가중·감경사유가 경합된 때에는 법률에 규정된 순서에 의해야 한다. 즉 i) 각칙 본조에 의한 가중, ii) 제34조 2항의 가중, iii) 누범가중, iv) 법률상 감경, v) 경합범 가중, vi) 작량감경의 순서에 의해야 한다(제56조).

제 4 절 양형의 기준과 조건

양형의 기초는 행위자의 책임이다. 형법은 양형을 할 경우, 특히 참작하여야 할 일반적 조건을 다음과 같이 규정하고 있다(제51조).

(1) 범인의 연령·성행·지능과 환경
(2) 피해자에 대한 관계
(3) 범행의 동기·수단과 결과
(4) 범행 후의 정황

제5절 누 범

1. 의 의

누범(累犯)은 범죄를 누적적으로 반복하여 범하는 것을 말한다. 형법은 「금고 이상의 형을 받아 그 집행을 종료하거나 면제받은 후 3년 내에 금고 이상에 해당하는 죄를 범한 자를 누범으로 처벌한다」(제35조 1항)고 규정하고 있다.

2. 누범의 성립요건

(1) 금고 이상의 형의 선고
(2) 형의 집행종료 또는 면제 후 3년 내에 범한 범죄
(3) 금고 이상에 해당하는 죄

3. 누범의 법적효과

(1) 누범의 가중

누범의 형은 그 죄에 정한 형의 장기의 2배까지 가중한다(제35조 2항). 다만 25년을 초과할 수 없다(제42조 단서).

(2) 판결선고 후의 누범발각

판결선고 후 누범인 것이 발각된 때에는 그 선고한 형을 통산하여 다시 형을 정할 수 있다(제36조).

형의 선고유예 · 집행유예 · 가석방

제1절 선고유예

1. 의 의

「선고유예(宣告猶豫)」는 경미한 범죄자에 대하여 일정한 기간 형의 선고를 유예하고 이 기간이 경과하면 면소된 것으로 보는 제도를 말한다.

2. 선고유예의 요건(제59조)

(1) 1년 이하의 징역이나 금고 · 자격정지 또는 벌금의 형을 선고할 경우

① 선고유예형은 주형과 부가형을 포함한 처단형의 전체를 의미한다.

② 구류 · 과료의 형을 선고할 경우에는 선고유예를 할 수 없다.

③ 형을 병과할 경우에는 형의 전부 또는 일부에 대하여 선고유예를

할 수 있다.

(2) 개전(改悛)의 정상이 현저할 것

(3) 자격정지 이상의 형을 받은 전과가 없을 것

3. 선고유예의 효과 및 실효

(1) 효과

형의 선고를 유예하는 경우에 재범의 방지를 위하여 지도 및 원호가 필요한 경우에는 보호관찰을 명할 수 있으며 보호관찰의 기간은 1년으로 한다(제59조의2). 형의 선고유예를 받은 날로부터 2년을 경과한 때에는 면소된 것으로 간주한다(제60조). 면소판결은 형사소송을 더 진행시켜야 할 이익이 없을 때 소송을 종결시키는 형식재판이다.

(2) 실효

형의 선고유예를 받은 자가 i) 유예기간 중에 자격정지 이상의 형에 처한 판결이 확정되거나 ii) 자격정지 이상의 형에 처한 전과가 발견된 때에는 유예한 형을 선고한다(제61조 1항). 또한 iii) 보호관찰을 명한 선고유예를 받은 자가 보호관찰기간 중에 준수사항을 위반하고 그 정도가 무거운 때에는 유예한 형을 선고할 수 있다(제61조 2항).

제 2 절 집행유예

1. 의 의

「집행유예(執行猶豫)」는 선고한 형의 집행을 일정기간 유예하고 이 유예기간이 경과하면 형의 선고효력을 잃게 하는 제도이다(제62조).

2. 집행유예의 요건

(1) 3년 이하의 징역 또는 금고의 형을 선고할 경우

① 벌금을 선고할 경우에는 집행유예를 할 수 없다.

② 형을 병과할 경우에는 그 형의 일부에 대하여 집행을 유예할 수 있다(제62조 2항).

(2) 정상에 참작할 만한 사유가 있을 것

형법 제51조의 양형의 조건이 동시에 집행유예의 정상참작의 사유로 인정되고 있다.

(3) 금고 이상의 형의 선고를 받아 그 집행을 종료하거나 면제된 후 3년이 경과하였을 것

① 금고 이상의 형의 선고란 실형뿐만 아니라 형의 집행유예도 포함한다.

② 집행유예기간 중의 범죄에 대해서는 다시 집행유예를 할 수 없다. 단 여죄가 있어서 동시에 집행유예를 선고받을 수 있었던 경우와 비교하여 현저히 불균형이 있을 경우에 한해서는 집행유예기간 중의 범죄에 대해서도 집행유예를 선고할 수 있다(판례).

(4) 집행유예와 보호관찰 · 사회봉사 · 수강명령

형법상 집행유예를 선고할 경우에는 보호관찰을 받을 것을 명하거나 사회봉사 또는 수강을 명할 수 있다(제62조의2).

3. 집행유예의 효과

집행유예의 선고를 받은 후 그 선고가 실효 또는 취소되지 않고, 유예기간을 경과한 때에는 형의 선고는 효력을 잃는다(제65조). 형의 선고가 효력을 잃는다는 것은 형의 집행은 물론 처음부터 형의 선고가 없었던 것으로 된다.

4. 집행유예의 실효와 취소

(1) 집행유예의 실효

집행유예의 선고를 받은 자가 유예기간 중 고의로 범한 죄로 금고 이상의 형의 선고를 받아 그 판결이 확정된 때에는 집행유예의 선고는 그 효력을 잃는다(제63조).

(2) 집행유예의 취소

집행유예의 선고를 받은 후 금고 이상의 형이 확정된 때로부터 그 집행을 종료하거나 면제된 후로부터 3년을 경과하지 않은 것이 발각된 때에는 집행유예의 선고를 취소한다(제64조 1항). 이 때 그 판결확정 전에 결격사유가 발각된 경우에는 이를 취소할 수 없다. 또한 보호관찰이나 사회봉사 또는 수강을 명한 집행유예를 받은 자가 준수사항이나 명령을 위반하고, 그 정도가 무거운 때에는 집행유예의 선고를 취소할 수 있다(제64조 2항).

제3절 가 석 방

1. 의 의

「가석방(假釋放)」은 징역 또는 금고의 집행 중에 있는 자가 개전의 정이 현저하다고 인정되는 때에 형기만료 전에 조건부로 수형자를 석

방하고 일정한 기간이 경과한 때에는 형의 집행이 종료된 것으로 보는 제도를 말한다(제72조, 제76조). 가석방 이외에 형기만료 전의 석방제도로는 소년원 수용자에 대한 가퇴원 및 피보호감호자에 대한 가출소가 있다. 그러나 선고유예나 집행유예가 법원의 판결에 의한 것인데 반하여 가석방은 행정처분(行政處分)이다.

2. 가석방의 요건

(1) 징역 또는 금고의 집행 중에 있는 자가 무기에 있어서는 10년, 유기에 있어서는 형기의 3분의 1을 경과한 후일 것
(2) 행장이 양호하여 개전의 정이 현저할 것
(3) 벌금 또는 과료의 병과가 있는 때에는 그 금액을 완납할 것

3. 가석방의 기간 및 보호관찰

가석방의 기간은 무기형에 있어서는 10년으로 하고, 유기형에 있어서는 남은 형기로 하되 그 기간은 10년을 초과할 수 없다(제73조의2 1항). 또한 가석방된 자는 당연히 가석방기간 중 보호관찰을 받는다(동조 2항). 이 점에서 보호관찰을 임의적으로 규정하고 있는 선고유예나 집행유예와 다르다. 다만 수형자의 성격에 비추어 보호관찰이 불필요하다고 인정되는 때에는 행정관청의 재량으로 보호관찰을 하지 않을 수 있다(동조 2항의 단서).

4. 가석방의 효과

가석방의 처분을 받은 후 그 처분이 실효 또는 취소되지 아니하고 가석방기간이 경과한 때에는 형의 집행을 종료한 것으로 본다(제76조 1항).

5. 가석방의 실효와 취소

(1) 가석방의 실효

가석방 기간 중 금고 이상의 형의 선고를 받아 그 판결이 확정된 때에는 가석방처분의 효력을 잃는다. 다만 과실로 인한 죄로 형의 선고를 받은 때에는 예외로 한다(제74조).

(2) 가석방의 취소

가석방의 처분을 받은 자가 감시에 관한 규칙을 위배하거나 보호관찰의 준수사항을 위반하고 그 정도가 무거운 때에는 가석방처분을 취소할 수 있다(제75조).

(3) 가석방의 실효와 취소의 효과

가석방이 실효되거나 취소되었을 때에는 가석방중의 일수는 형기에 산입하지 아니한다(제76조 2항).

형의 시효와 소멸

제 1 절 형의 시효

1. 의 의

「형의 시효(時效)」는 형의 선고를 받은 자가 재판이 확정된 후, 그 형의 집행을 받지 않고 일정한 기간이 경과한 때에는 집행이 면제되는 것을 말한다(제77조). 형사시효(刑事時效)에는 「형의 시효」와 「공소시효」가 있는데, 전자는 확정된 형벌집행권을 소멸시키는 것임에 반하여, 후자는 미확정의 형벌권인 공소권을 소멸시키는 점에 차이가 있다.

2. 시효의 기간

형의 시효는 형을 선고하는 재판이 확정된 후 그 집행을 받음이 없이 일정한 기간이 경과함으로써 완성된다. 그 기간은 i) 사형은 30년, ii) 무기의 징역 또는 금고는 20년, iii) 10년 이상의 징역 또는 금고는 15년, iv) 3년 이상의 징역이나 금고 또는 10년 이상의 자격정지는 10

년, v) 3년 미만의 징역이나 금고 또는 5년 이상의 자격정지는 5년, vi) 5년 미만의 자격정지·벌금·몰수 또는 추징은 3년, vii) 구류 또는 과료는 1년이다(제78조). 시효의 개시일은 판결확정일로부터 진행하고 그 말일 24시에 종료한다.

3. 시효의 효과

형의 선고를 받은 자는 시효의 완성으로 인하여 그 형의 집행이 면제된다(제77조). 그러므로 형의 선고 자체는 유효하다.

4. 시효의 정지와 중단

(1) 시효의 정지

시효는 형의 집행의 유예나 정지 또는 가석방 기타 집행할 수 없는 기간에는 진행하지 않는다(제79조).

(2) 시효의 중단

시효는 사형·징역·금고와 구류에서는 수형자를 체포함으로써 벌금·과료, 몰수와 추징에서는 강제처분을 개시함으로 인하여 중단된다(제80조).

제 2 절 형의 소멸

1. 의 의

「형의 소멸(消滅)」은 유죄판결의 확정에 의하여 발생한 형의 집행권이 소멸하는 것을 말한다.

2. 소멸의 원인

(1) 형의 집행종료
(2) 형의 집행면제
(3) 형의 선고유예 또는 집행유예기간의 경과
(4) 가석방기간의 만료
(5) 시효의 완성
(6) 사망 · 사면 · 형의 실효 및 복권 등이 있다.

보 안 처 분

제1절 의 의

형벌에 의해서는 행위자의 사회복귀와 범죄의 예방이 불가능하거나 행위자의 특수한 위험성으로 인하여 형벌의 목적을 달성할 수 없는 경우에 형벌을 대체하거나 보완하기 위한 처분을 보안처분(保安處分)이라고 한다.

제2절 형벌과 보안처분

1. 이원주의

형벌과 보안처분이 동시에 선고되고 중복적으로 집행되는 주의를 말한다. 즉 형벌은 책임을 한계로, 그리고 보안처분은 책임 이외에 행위자의 장래의 위험성을 근거로 과해지는 처분을 말한다.

2. 일원주의

일원주의에서는 형벌과 보안처분을 동일시하여 양자 가운데 택일하여 적용한다. 형벌의 집행이 부적합한 경우에는 보안처분만을 적용하는 주의이다.

3. 대체주의

형벌과 보안처분을 동시에 선고하되 그 집행에 있어서는 형벌 대신 보안처분으로 대체할 수 있도록 하는 제도이다.

제 3 절 소년법상의 보안처분

1. 법적 규정

소년법은 반사회성이 있는 소년(19세미만의 자)에 대하여 그 환경의 조정과 품행의 교정에 관한 보호처분을 행하고 형사처분에 관한 특별조치를 행함으로서 소년의 건전한 육성을 기함을 목적으로 하고 있다(동법 제1조).

2. 보호처분의 개념과 종류

(1) 개념

소년범에 대한 보안처분을 보호처분(保護處分)이라고 한다. 보호처분에 대한 결정은 소년부 판사가 내린다. 이 점에서 행정처분의 성격을 띠는 다른 보안처분과 다르다.

(2) 종류

소년법에 규정되어 있는 보호처분의 종류는 다음과 같다(제32조).

① 보호자 또는 보호자를 대신하여 소년을 보호할 수 있는 자에게 감호를 위탁
② 수강명령
③ 사회봉사명령
④ 보호관찰관의 단기보호관찰
⑤ 보호관찰관의 장기보호관찰
⑥ 아동복지법상의 아동복지시설 기타 소년보호시설에 감호를 위탁
⑦ 병원·요양소에 또는 보호소년 등의 처우에 관한 법률상의 소년의료보호시설에 위탁
⑧ 1개월 이내의 소년원에 송치
⑨ 단기 소년원 송치
⑩ 장기 소년원 송치

제 4 절 보안관찰법상의 보안처분

1. 보안관찰의 개념

보안관찰은 보안관찰법 제2조 소정의 범죄 또는 이와 경합된 범죄로 금고 이상의 형의 선고를 받고 그 형기합계가 3년 이상인 자로서 형의 전부 또는 일부의 집행을 받은 사실이 있고 재범위험성이 있는 자를 사회 내에서 감독·지도·원호하는 보안처분을 말한다.

사회보호법상의 보호관찰처분이 사법처분이고 보호관찰소가 담당하는 데에 비해 보안관찰은 보안관찰처분심의위원회에 의한 행정처분이고, 경찰서장이 보안관찰업무를 담당한다는 점에 차이가 있다.

2. 보안관찰의 내용

보안관찰처분청구는 검사가 행한다(제7조). 보안관찰처분을 받은 자는 이 법이 정하는 바에 따라 소정의 사항을 주거지 관할경찰서장에게 신고하고 재범방지에 필요한 범위 안에서 그 지시에 따라 보안관찰을 받아야 한다(제4조 2항). 보안관찰처분의 기간은 2년으로 한다.

제 5 절 치료감호법상의 보안처분

치료감호법은 「심신장애 또는 마약류 · 알코올 그 밖에 약물중독 상태 등에서 범죄행위를 한 자로서 재범의 위험성이 있고 특수한 교육 · 개선 및 치료가 필요하다고 인정되는 자에 대하여 적절한 보호와 치료를 함으로써 재범을 방지하고 사회복귀를 촉진하는 것을 목적으로」 일정한 요건 하에서 치료감호(동법 제2조)와 보호관찰(동법 제32조)의 보안처분을 규정하고 있다.

1. 치료감호의 요건

(1) 심신장애자의 치료감호

심신장애자로서 형법 제10조 1항의 규정에 의하여 벌할 수 없거나 동조 2항의 규정에 의하여 형이 감경되는 자가 금고 이상의 형에 해당하는 죄를 범한 때(제8조 1항 1호)

(2) 중독자에 대한 치료감호

마약·향정신성의약품·대마 기타 남용되거나 해독작용을 일으킬 우려가 있는 물질이나 알코올을 식음·섭취·흡입·흡연 또는 주입하는 습벽이 있거나 그에 중독된 자가 금고 이상의 형에 해당하는 죄를 범한 때(제8조 1항 2호)

2. 치료감호의 내용

치료감호시설에의 수용기간에는 제한이 없다. 즉 피치료감호자가 감호의 필요가 없을 정도로 치유되어 사회보호위원회의 종료결정을 받을 때까지로 한다(제9조 2항).

3. 보호관찰

(1) 의의

보호관찰(保護觀察)은 가출소한 피보호감호자와 치료위탁된 피치료감호자 그리고 치료감호의 가종료자를 감호시설 외에서 지도·감독·원호하는 것을 내용으로 하는 보안처분이다.

(2) 보호관찰의 요건

1) 피보호감호자가 가출소한 때 또는 병과된 형의 집행 중 가석방된 후 그 가석방이 취소되거나 실효되지 않고 잔여형기를 경과한 때

2) 피치료감호자가 치료감호시설 밖에서 치료를 위하여 친족에게 위탁된 경우에 개시된다(제10조 1항).

(3) 내용

1) 지도와 감독

피보호관찰자에 대하여는 대통령령이 정하는 바에 따라 일정한 장소에의 출입제한이나 특정물품의 사용금지, 기타 필요한 준수사항을 부과할 수 있으며 보호관찰담당자의 지도와 감독을 받게 된다(제11조).

2) 보호관찰의 기간

보호관찰기간은 3년이다(제10조 3항). 다만 그 이전이라도 사회보호위원회가 보호감호집행면제 또는 치료감호의 종료결정을 하거나 피보호관찰자가 다시 감호집행을 받게 되어 재수용 되거나 금고 이상의 형의 집행을 받게 된 때에는 보호관찰이 종료된다(제10조 3항).

찾아보기

[ㄱ]

가석방 329
가감적 신분 293
가로팔로 52
가벌성차용설 265
가석방의 기간 및 보호관찰 330
가석방의 실효와 취소 331
가석방의 요건 330
_______ 효과 330
가설적 규범 26
가언적판단 101
가정적 인과관계 110
가중·감경의 순서 324
가중주의 308
간접교사 287
간접방조(間接幫助) 291
간접적 착오 210
간접정범 255, 277
간접정범의 중지미수 244
감독과실 135
강요된 행위 218
개괄적 고의 120
개방된 구성요건 85
개별행위책임론 189
개별화설 105
개인적 책임 39
객관적 구성요건요소 86
객관적 귀속(책)이론 107
객관적 귀책범위 105
객관적 미수론 226
객관적 상당인과관계설 106
객관적 위법성론 150
객관적 주의의무 131
객관적 처벌조건 62
객관주의 54
객체의 착오 125
거동범 64, 233
거동성 73
격리범 231
결과무가치론 152
결과범 64
결과예견의무 133
결과적 가중범 138
____________ 미수 142
____________ 공범 142
____________ 종류 140
결과책임 137
결과회피가능성 100
결과회피의무 133
결합범 305
결합요소로서의 기능 72
겸억주의 37
경과실 135
경향범 91, 92
계속범 66, 305
계약·사무관리 99
고도의 개연성 113
고의 114
고의공동설 260
고의규제적 기능 83
고의설 206
고의와 과실의 결합범죄 138
고의와 과실의 분수령 207
고의의 결과적 가중범 140
고의의 범죄론체계상의 지위 116
고의의 본질 115
고의의 성립요건 117
공동실행의 의사 269
공동의사주체설 261
공동정범과 합동범 271
공동정범의 본질 260
공동정범의 중지미수 244
공모공동정범 274
공범과 간접정범과 264
공범독립성설 263
공범론의 과제 253
공범의 처벌근거 265
공범종속성설 262
과료 318
과실범 129
_____ 구조 130
과실범의 처벌을 제한하는 원리 136
과실의 결과적 가중범 140
과실의 공동정범 273
과실의 종류 134
과잉방위 164
_______ 효과 164
과잉자구행위 175
과잉피난 171
과형(科刑)의 전제 299
관리과실 135
광의의 공범 255
_____ 미수범 228
_____ 정범 254

교사범 282
교사범과 종범의 중지미수 244
교사범의 착오 284
교사의 고의 283
_____ 교사 287
_____ 방조 291
_____ 수단 283
구과실론(舊過失論) 131
구류 317
구성요건 79
구성요건공동설 260
구성요건사실 80
구성요건요소설 및 책임요소설 117
구성요건요소설(위법유형설) 116
구성요건의 기능 82
구성요건의 수정형식 223
구성요건의 요소 85
_________ 종류 84
구성요건적 결과 89
_________ 고의 116
_________ 상황 89
_________ 착오 124
구성요건표준설 300
구성요건해당성 80
구성요건해당성 60
구성요건흠결이론 246
구성적 신분 293
구체적 부합설 126
구체적 사실의 착오 124
구체적·개별적 조건관계 109
국제사법공조 47
권리침해설 149
귀책의 문제 107
규범목적보호이론 108
규범보호범위 108
규범위반설 148
규범적 구성요건요소 94
규범적 책임론 187, 191
금고 317
금지규범 95
금지의 착오 209
기능적 행위지배 274
기대가능성 214
_________ 종류 216
_________ 착오 217
기본법은 보충법에 우선한다는 원칙 303
기본적 구성요건 84
기술적 구성요건요소 93
긴급구조 163
긴급적 위법성조각사유 153
긴급피난 166
긴급피난상황 168
긴급피난행위 168

[ㄴ]

나글러(Nagler) 98
裸의 행위론 70
노동쟁의행위 158
논리적 관계설 109
농아자 200
누범 325
누범의 가중 325
_____ 법적효과 325
_____ 성립요건 325

[ㄷ]

단순일죄 302
대물방위(對物防衛) 162
대상의 착오 247
대위(代位)책임 88
대체주의 336
대향범(對向犯) 256
도구이론 277
도의적 책임론 187, 188
도의적응보사상 51
동기설 43
동시적 경합범 310
동일한 구성요건간의 착오 124
등가설 104

[ㄹ], [ㅁ]

롬브로조 52
리스트(Liszt) 52
마그나 카르타(Magna Charta)적 기능 29
마이호퍼(Werner Maihofer) 71
명령·요구규범 95
명령설 150
명예형 315, 319
목적범 91, 92
목적설 154
목적성 73
목적적 행위론 55, 73
목적추구활동 73
목적형론 49, 53
몰수·추징 318
몰수의 대상 319
_____ 요건 319
문외한으로서 소박한 인식 118
물적 준비행위 224
미수의 교사 287
_____ 방조 289
미신범 246
미필적 고의 120

[ㅂ]

반무의식적 상태 203
반의사불벌죄 63
반전된 금지의 착오 209
방법의 착오 125
방위의사 163
방조범 288
방조의 방조 291
백지형법 43
벌금 318
범죄개별화 기능 82
범죄공동설 260
범죄론의 체계 67
범죄유형과 실행의 착수시기 231
범죄의 소추조건 62
범죄이론 49
범죄인상 53
범죄인인도조약 47
법령 99
법령에 의한 행위 156
법률상 감경 323
법률의 부지 210
_____ 착오 209
법익의 균형성 166, 169
_____ 보충성 169
법익침해불가결 178
법익침해설 149
법익표준설 300
법익형량설 154
법인의 범죄능력 87
법적 금지성 206
법적대(法敵對)적 의사 249
법정적 부합설 126
법정형 37, 322
법조경합 303
법질서수호의 원칙 161
법효과제한책임설 212
베버(V. Weber) 121
베카리아(Cesare Beccaria) 50
벨링(Beling)의 3분설 67
벨첼(Welzel) 55
병과주의 307
보안처분 335
보증인적 의무 98
보충관계 303
보충규범 43
보충성의 원칙 166
보호객체 88
보호관찰 339
보호관찰대상자 338
보호관찰법상의 보안처분 337
보호관찰의 개념 337
보호관찰의 요건 339
보호법익 88
보호주의 44
복켈만(Bokelmann) 74
본질론 115
부분적 범죄공동설 260
부작위 75
부작위범에 대한 공범 102
부작위범의 미수 101, 234
부작위에 의한 간접정범 281
___________ 공범 102
___________ 작위범 96
부정적인 가치판단 147
부진정결과적 가중범 140
부진정부작위범 96
부진정부작위범의 실행행위성 문제 96
부진정작위범의 문제성 97
불가벌적 사후행위 304
_______ 수반행위 304
불능미수 245
불능범 245
불확정적 고의 120
비행위 74

[ㅅ]

사형 316
사물의 변별능력 199
사실상 일죄 302
사실의 인식 118
사실의 흠결이론 246
사실판단 80
사인의 현행범 체포행위 158
사전고의 121
사회보호법상의 보호처분 338
사회상규 149
사회상규에 위배되지 않는 행위 160
사회적 책임론 187, 188
사회적 행위론 75
사회적상당성설 154
사후고의 121
사후법금지의 원칙 36
사후적 경합범 310
사후종범 289
삼권분립론 34
상관의 명령에 의한 행위 157
상당성의 내용 112
_______ 정도 112
상당인과관계설 105
상상적 경합 308
상태범 66
생명형 316
서술적 구성요건요소 93
선고유예 326
선고유예의 요건 326

선고유예의 효과 및 실효 327
선고형 37, 322
선행행위 99
성격책임론 187, 189
세계주의 44
소극적 신분 293, 295
소극적 착오 123
소극적 책임주의 38
소극적구성요건이론 69
소급효금지 36
소년법상의 보안처분 336
소멸의 원인 334
소송조건 62
소추조건 62
속인주의 44
속지주의 44
수단의 착오 247
수정된 구성요건 84, 223
수정야기설 267
수죄 307
수죄의 입법례 307
수형능력 195
순수야기설 267
슈미트(Ed. Schmidt) 75
승계적 공동정범 271
시제형법 40
시효의 기간 332
_____ 정지와 중단 333
_____ 효과 333
신과실론 131
신구성요건론 68
신뢰의 원칙 136
신법우선의 원칙 41
신분 293
신분범 66, 86
신분의 개별성 294
_____ 연대성 294
신사회방위론 55
실질범 64
실질적 위법성론 148
실질적 의미의 범죄 59
실체적 경합 310
실행의 착수 230
실행종속성 262
실행중지 240
실행행위시설 197
실행행위의 공동 269
심리강제설 35
심리적 준비행위 224
심리적 책임론 191
심리적 폭력 218
심리적책임론 187
심신미약자 199
심신상실자 199
심신장애자 199

[ㅇ]

앙시아레짐 50
양벌규정 88
양형의 기준과 조건 324
양형의 단계 321
엄격고의설 207
엄격책임설 208
업무 134
업무로 인한 행위 159
업무상 과실 134
엥키쉬(Engisch) 112
역학적 인과관계 111
연속범 305
연쇄교사 287
연쇄방조 291
예비 224
예비죄의 공동정범 276
오상과잉방위 165
오상과잉피난 171
오상방위 165
오상자구행위 175
오상피난 171
외국판결의 효력 46
요소 종속성 264
우연방위 163
우월적이익설 154
원인설 105
원인행위시설 197
위법공범설(불법공범설) 266
위법성 60
위법성가중기능 117
위법성의 본질 148
_______ 인식 205
_______ 인식가능성 207
_______ 인식근거 68
_______ 착오 209
위법성조각사유 153
위법성조각사유의 객관적 전제사실에 관한 착오 211
위법성조각사유의 범위와 한계에 관한 착오 211
위법성조각사유의 일반원리 153
위법성조각사유의 전제 사실에 관한 착오 165
위법성추정 기능 83
위법유형으로서 구성요건 68
위법은 객관적으로, 책임은 주관적으로 90
위법조각적 신분 294, 295
위법행위의 유형 69
위험범 65
위험증가이론 107
유의성 73
유책행위능력 195
유체성 73
유추적용제한책임설 212

유추해석 36
음모 224
응보형론 49, 53
의무의 충돌 217
의미의 인식 118
의사결정규범 27
의사결정능력 199
의사결정론 188
의사설 115
의사적요소 115
의사책임 189
의사표준설 300
이원주의 335
이종(異種)의 구성요건간의 착오 125
이중적 인과관계 109
인격의 가역성 198
인격적 책임론 187
인격적 행위론 74
인격책임론 190
인격형성책임 190
인과경과의 상당성 112
인과공범설(야기설) 266
인과관계 103
_______ 기능 103
_______ 문제 107
_______ 인식 118
_______ 착오 125
인과관계중단론 107
인과적 행위론 72
인식 없는 과실 134
인식 있는 과실 134
인식설(표상설) 115
인적 처벌조각사유 62
인적처벌조각사유 48
일반범 66
일반예방론 54
일반적 가중사유 323
일반적 위법성조각사유 153
일반적 · 주관적요소 91
일부행위의 전부책임의 원칙 268
일사부재리의 원칙 46
일원주의 336
일죄 302
임의적 공범 256

[ㅈ]

자격상실 319
자격정지 320
자구행위 172, 174
자구행위상황 173
자기보전의 원칙 161
자력구제의 보충성 174
자수범 66
자유형 315
자의성의 구체적 검토 239
작위가능성 100
작위범 95
작위의무 98
작위의무의 발생근거 99
장애미수 229
재산형 315, 318
재판권 43
재판규범 27
재판상 감경 324
재판시법 41
적극적 신분 293
적극적 착오 123
적극적 책임주의 38
전가책임 88
전형법적 104
절대적 책임무능력자 198
절대적부정기형 36
절대적응보형론 51
절대폭력 218
절충적 상당인과관계설 106
접속범 305
정당방위 161
정당방위상황 162
정당방위행위 163
정당행위 156
정당화사유 153
정당화사유에 관한 착오 165
정범개념의 우위성 257
정역 317
제소기능 117
제한고의설 207
제한적 정범개념 254
제한책임설 208
조건관계 104, 108
조건관계공식 104
조건관계의 단절 111
조건설 104
조리 99
종범 288
종범의 고의 289
_____ 착오 290
죄수 299
죄수결정의 기준 299
죄의 성립요소 114
죄형법정주의 33
죄형법정주의의 파생원칙 35
죄형법정주의적 기능 82
죄형전단주의 31
주관적 구성요건요소 90
주관적 미수론 226
주관적 상당인과관계설 106
주관적 위법성론 150
주관적 주의의무 131
주관적 책임 38
주관주의 54
주의의무위반 132
주체의 착오 248

중과실 135
중지미수 235
중지범의 법적 성질 236
중첩적 인과관계 110
즉성범 65
즉시범 65
지적요소 115
직접적 착오 210
직접정범 255
진정결과적 가중범 140
진정부작위범 96
집단범 256
집합범 305
집행유예 327
집행유예의 실효와 취소 329
집행유예의 요건 328
_________ 효과 328
징계행위 157
징역 317

[ㅊ]

착수중지 240
책임고의 116
책임공범설 266
책임능력 194
책임무능력 198
책임설 208
책임성 61
책임요소 192
책임요소설 116
책임조각적 신분 294, 296
책임조건 192
책임주의 138, 185
책임주의 원칙 38
책임추정기능 81
처단형 37, 322
처벌조건 62
초과주관적요소 92
최광의의 미수범 228
최후수단 28
추급효부정설(다수설) 42
추상적 부합설 126
추상적 사실의 착오 125
추정적 승낙 180
친고죄 63
침해범(侵害犯) 65

[ㅋ], [ㅌ]

카르네아데스 판자사건 167
칸트(Kant) 51
택일적 고의 120
택일적경합과관계 109
통일요소로서의 기능 72
통일적 정범개념 254
통일적 처벌근거 266
특별가중사유 323
특별관계 303
특별법우선의 원칙 303
특별예방론 54
특수적 · 주관적 요소 91
특수적 · 주관적위법요소 91

[ㅍ]

페리(Ferri) 52
편면적 공동정범 272
편면적 방조 289
평가규범 27
평가대상 148
평가방법 148
평균인표준설 133
폐쇄적 구성요건 85
포괄일죄 304
포섭의 착오 210
포이에르바하 51
표현범 91, 92
프랑스 안셀 55
프랑크(Fank)의 공식 239
피교사자에 대한 착오 284
피해자의 승낙에 의한 행위 176
피해자의 양해 176
필요적 공범 256

[ㅎ]

한계요소로서의 기능 72
한미의 주둔군 지위협정 48
한시법 42
함정교사 287
합동범 271
합리적인 의심 111
합법칙적 조건설 109
행위개념의 기능 71
행위공동설 261
행위규범 27
행위능력 87
행위론의 의의 70
행위무가치론 151
행위시법 41
행위시법주의 36
행위와 책임의 동시존재의 원칙 200
행위의 객체 88
_____ 상당성 112
_____ 상황 89
_____ 조건 89
_____ 주체 86
_____ 태양 90
행위자의 위험성 188
행위자표준설 133
행위주의원칙 71
행위지배설 258
행위책임론 189

행위표준설 299
허용구성요건에 관한 착오 211
허용된 위험의 원칙 136
헤겔(Hegel) 51
협의의 공범 256
협의의 미수범 228
협의의 정범 254
협의의 착오 123
형벌 315
형벌권의 근거와 한계 24
형벌법규위반 147
형벌이론 49
형벌적응능력 195
형벌조각적 신분 296
형벌축소사유 254
형벌확장사유 254
형법상 책임 185
형법상의 착오 122
형법상의 착오론 123
형법의 보충성 37
형법이론의 근본문제 49
형사미성년자 198
형사정책설 236
형식범 64
형식적 위법성론 148
형식적 의미의 범죄 59
형식적판단 80
형의 가중 323
형의 감경 323
형의 소멸 334
형의 시효 332
형의 시효와 소멸 332
형의 양정 321
혼합야기설 267
확장적 정범개념 254
확정적 고의 120
환각범 246
황금교이론 236
효력의 착오 210
흡수관계 304
흡수주의 308

[저자 소개]

• 김형만(金炯晩)
숭실대학교 법과대학 졸업
일본 명치대학 대학원(법학석사 · 박사취득)
경찰청 치안연구소 연구위원
국립경찰대학 강사
중앙경찰학교 외래교수
사법시험출제위원
전라남도 행정심판위원
전 대불대학교 경찰학부 교수
현) 광주대학교 경찰 · 법 · 행정학부 교수

〈저서 및 논문〉
객관식 형법(서울고시각, 2001)
객관식 형사소송법(청목출판사, 2002)
형법총론(청목출판사, 2002)
범죄학개론(청목출판사, 2001년, 공역)
비교경찰제도론(법문사, 2002, 공저)
경찰학개론(법문사, 2004, 공저)
경찰행정학(법문사, 2005, 공저)
형사소송법강의(청목출판사, 2008)
「일본의 범죄피해자 형사재판 참가제도에 관한 고찰」, 비교형사법학회(2008)
「형사절차상 오판원인」, 비교형사법학회(2007)
「형법상 정보보호」, 한국경찰발전연구회(2006) 외 다수

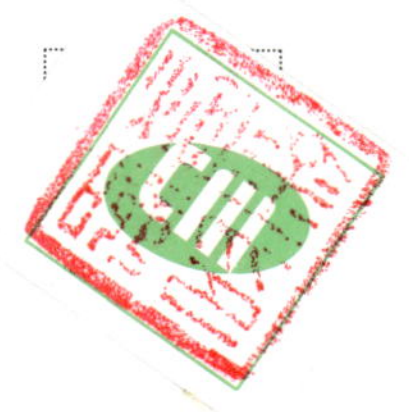

형법총론강의(제2판)

2008년 3월 5일 초판발행
2009년 3월 5일 제2판발행

저 자 김 형 만
발행인 유 성 렬
발행처 **형 지 사**
서울특별시 영등포구 신길동 233-96
전화 (02) 833-6090(代)
FAX (02) 849-0817
등록 제318-2005-000030호

파본은 바꾸어 드립니다. 값 20,000원

http : //www.chongmok.co.kr

ISBN 978-89-92938-28-0